NEOPLATONISMO

Giovanni Reale

Plotino e o Neoplatonismo

História da Filosofia Grega e Romana
Vol. VIII

Tradução
Henrique Cláudio de Lima Vaz
Marcelo Perine

Edições Loyola

Título original:
Storia della filosofia antica, in cinque volumi
1ª edição da obra completa: 1975-1980
9ª edição: janeiro de 1992

Largo Gemelli, 1 – 20123 Milano
ISBN 88 343-2561-3

Dados Internacionais de Catalogação na Publicação (CIP)
(Câmara Brasileira do Livro, SP, Brasil)

Reale, Giovanni
Plotino e o neoplatonismo / Giovanni Reale ; tradução Henrique Cláudio de Lima Vaz, Marcelo Perine. -- 3. ed. -- São Paulo : Edições Loyola, 2014. -- (História da filosofia grega e romana ; v. 8)

Título original: Storia della filosofia antica.
ISBN 978-85-15-03520-5

1. Filosofia antiga - História 2. Neoplatonismo I. Título. II. Série.

14-06800 CDD-186.4

Índices para catálogo sistemático:

1. Neoplatonismo : Filosofia 186.4
2. Plotino : Filosofia 186.4

Capa: Mauro C. Naxara
Obra *A Escola de Atenas* (detalhe),
Raphael Sanzio
Revisão: Cristina Peres

Edições Loyola Jesuítas
Rua 1822, 341 – Ipiranga
04216-000 São Paulo, SP
T 55 11 3385 8500/8501 • 2063 4275
editorial@loyola.com.br
vendas@loyola.com.br
www.loyola.com.br

ISBN 978-85-15-03520-5

3ª edição: 2014

109134

SUMÁRIO

Segunda seção — O sistema de Plotino: Fundamentos e estrutura

A meu filho, Francesco

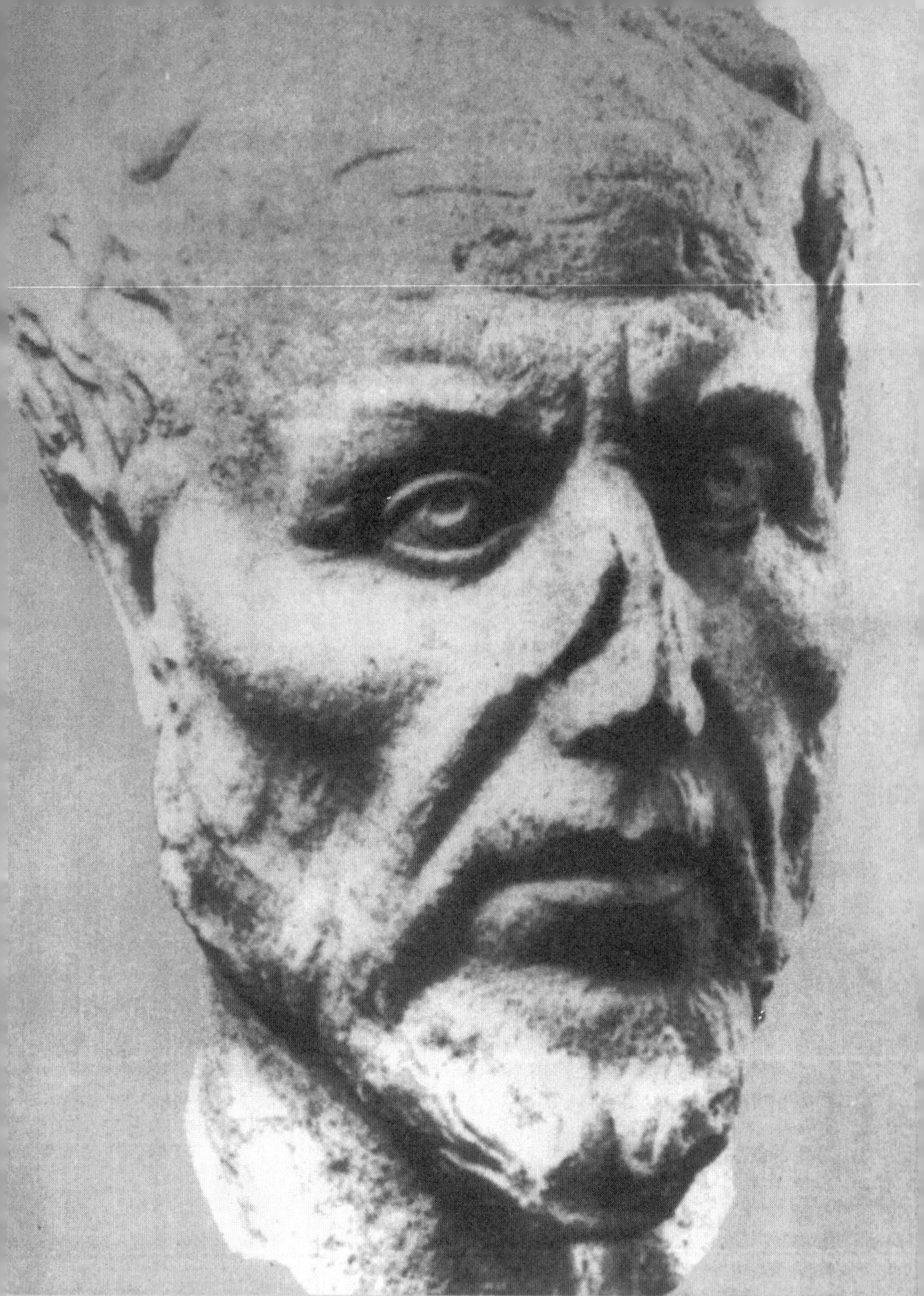

Esta é uma bela cabeça-retrato, quase certamente de Plotino, conservada (com outras semelhantes) no Museu de Óstia.

ADVERTÊNCIA

O presente volume da História da filosofia grega e romana trata das escolas filosóficas e dos movimentos de pensamento filosófico-religioso no arco de tempo que vai, salvo algumas exceções, do final da era pagã aos inícios do século VI. Como o precedente período, que vai da morte de Alexandre Magno ao final da era pagã (ou seja, o período helenístico propriamente dito), também este período da história da filosofia greco-pagã tem sido descuidado e não foi apreciado nem avaliado a fundo, pelos mais variados motivos.

Muitos estudiosos viram nesses séculos pouco mais que uma repetição monótona de velhas ideias, ou seja, a inexorável involução do gênio helênico, que se extinguiu no curso de uma exasperante dissolução, e preferiram voltar a atenção ao nascente paralelo pensamento cristão e, sob muitos aspectos, bem mais estimulante.

Com efeito, o quadro complexivo das escolas deste período, visto do exterior, parece apresentar nada mais que uma sequência de tentativas de repropor e repensar velhas posições, que raramente parecem avançar. Assistimos, no curso desses séculos, à redescoberta do aristotelismo, aos últimos testemunhos do epicurismo, ao renascimento do estoicismo, à retomada do pirronismo, à revivescência do cinismo, ao renascimento do pitagorismo e, sobretudo, a uma retomada do platonismo, que, por meio de etapas sucessivas, torna-se uma espécie de filosofia ecumênica (à qual os próprios cristãos recorrem para elaborar e fundar criticamente as suas concepções). Portanto, parece que, nesse caso, as novidades se restringem ao adjetivo "neo" que distingue as várias correntes de pensamento: neoaristotelismo, neoestoicismo, neoceticismo, neocinismo, neopitagorismo, neoplatonismo (não se pode falar de neoepicurismo, dado que os dogmas da escola permanecem imutáveis e, como observam os antigos, jazem "em grande paz"). E parece tratar-se de um adjetivo que, no caso, não modifica, a não ser em medida limitada, o substantivo que acompanha.

Na verdade, uma autêntica originalidade é reconhecida quase exclusivamente ao neoplatonismo, mais ainda, ao neoplatonismo de Plotino. A propósito deste autor, os consensos são quase unânimes. Com efeito, algumas páginas das Enéadas alcançam vértices comparáveis apenas aos de alguns diálogos platônicos ou de alguns tratados aristotélicos. E, por outro lado, o grande influxo que Plotino teve ao longo de todo o curso do pensamento ocidental — da Antiguidade tardia à Idade Média, do Humanismo e do Renascimento à era romântica, bem como às diferentes formas do espiritualismo contemporâneo — é a melhor prova disso.

Mas exatamente este é o ponto sobre o qual queremos chamar a atenção do leitor, o qual, provavelmente, olhará diretamente para Plotino, reservando para ele toda ou quase toda a sua atenção. Plotino só é compreensível no quadro histórico no qual se situa e em função das correntes que o precedem e lhe preparam as vias. As Enéadas pressupõem muitas coisas que não são demonstradas, mas simplesmente pressupostas. E isso ocorre porque, no século III d.C., aquelas coisas eram consideradas efetivamente tais pela unanimidade dos filósofos. As Enéadas, ademais, caracterizam-se por um clima de intensíssima religiosidade e por uma têmpera espiritual impregnada de forte misticismo. Mas também esse clima e essa têmpera já se encontram preparados e difundidos, em larga medida, por outras correntes de pensamento.

Exatamente nisso consiste a originalidade do presente volume: na tentativa de reconstruir a história das componentes espirituais que levaram à última genial criação da especulação grega (até agora feita apenas ou prevalentemente no âmbito dos estudos altamente especializados, e, ademais, em nível prevalentemente filológico, mais que histórico-filosófico), de modo a explicitar todo o "não-dito" que acompanha de modo — por assim dizer — subterrâneo, o que é dito explicitamente nas Enéadas. E o leitor que tiver a paciência de nos seguir dar-se-á conta — cremos — de que em nenhum caso, mais do que neste, é verdadeira a afirmação de que o segredo para compreender os "maiores" encontra-se, justamente, nos "menores".

Todavia dito nestes termos, o nosso argumento poderia parecer redutivo. Com efeito, aos muitos pensadores "menores" tratados neste volume não atribuímos apenas o significado de preparar Plotino, mas também um significado em si, como demonstraremos amplamente, embora acreditando firmemente em certas hierarquias e nas diferenças de níveis, que hoje se tende obstinadamente a diminuir, dando a toda a Antiguidade (e especialmente a esta parte da Antiguidade) o significado de museu ou de antiquário.

Revisitados a partir de dentro, todas as escolas e os antigos autores tratados neste volume revelaram-nos a sua mensagem específica, que tentamos trazer progressivamente à luz, convencidos de que a história da filosofia não é constituída apenas pelas novas ideias, mas também pelo modo como se transmitem as antigas, pelo modo como elas se restringem e desaparecem, ou se ampliam e se reforçam, crescendo também pela absorção de outras e gerando, desse modo, as novas.

O volume segue passo a passo as últimas revivescências das antigas escolas e a sua dissolução, paralelamente ao nascimento, à afirmação e à clamorosa vitória do platonismo, com todo o complexo jogo de osmose interna e externa entre as várias correntes na medida em que, em nível de síntese, torna-se possível.

A ideia de fundo que guia toda a reconstrução é a seguinte.

As grandes escolas surgidas na era helenística, logo após a morte de Alexandre Magno (como já demonstramos no terceiro volume), caracterizam-se pelo esquecimento do significado e enfraquecimento das conquistas da "segunda navegação" e pela consequente tentativa de reconstruir uma visão materialístico-corporeísta e imanentista da realidade. Ademais, as filosofias do primeiro helenismo são grandes profissões de fé no homem e na possibilidade de alcançar, sozinho, o fim supremo, que era, para o grego, substancialmente, a "eudamonia", ou, como dizemos com um termo não totalmente adequado, a felicidade. Ao contrário, na era imperial, essas convicções lentamente se diluem e no magma eclético produzido pela mistura das ideias das várias escolas (que, como demonstramos, eram apenas relativamente e não absolutamente opostas), emergem de novo pouco a pouco, justamente daquelas concepções ligadas à "segunda navegação" platônica, penetram de vários modos em quase todas as escolas e se tornam, enfim, o mínimo denominador comum entre todas elas.

Voltam assim a impor-se os conceitos de incorpóreo e de transcendência; a natureza (imanentisticamente e corporeisticamente concebida) deixa de ser parâmetro para a dedução da lei moral; Deus (transcendente e incorpóreo) volta a ser declarado a verdadeira "medida", e a regra do viver é posta na "imitação de Deus", no "seguimento de Deus", ou, até mesmo, na "união extática" com Ele.

Em suma, a retomada, a continuação e o fim da "segunda navegação": eis o que nos oferece o pensamento grego desses últimos séculos.

Essa ideia condutora nos ofereceu — parece-nos — um verdadeiro fio de Ariadne para nos mover no labirinto das escolas, dos movimentos e das correntes de pensamento que caracterizam a tardia Antiguidade greco-pagã, e nos permitiu também reinventar uma série de linhas de força, a maioria delas desconhecidas ou inadequadamente destacadas.

Da metade do século I a.C. até Plotino, o platonismo se desenvolve com características "intermédias" entre as do velho e as do novo platonismo, de onde a denominação de "médio platonismo", hoje em dia definitivamente aceita. É a esse platonismo "do meio" que se remetem os Padres da Igreja para elaborar racionalmente a mensagem evangélica.

A reconstrução do pensamento de Plotino, que constitui a maior parte deste volume, centra-se sobre uma reinterpretação do conceito de "processão", que é algo totalmente diferente seja da emanação oriental, seja das várias formas de monismo e de panteísmo que o Ocidente conheceu, e que sempre mais se revela como um verdadeiro unicum na história das ideias. Para essa reconstrução (que não podemos antecipar aqui por razões de espaço, mas que o leitor poderá ver resumida no capítulo conclusivo sobre Plotino), servimo-nos das numerosas contribuições recentemente publicadas sobre o nosso filósofo e que fizeram progredir as pesquisas de maneira muito relevante.

Também na reconstrução do neoplatonismo pós-plotiniano, servimo-nos das mais recentes descobertas, que, literalmente, revolucionaram o quadro tradicional que se reporta o Zeller, e, algumas vezes chegaram a inverter os juízes correntes.

Mas, antes de concluir, julgamos necessárias ainda algumas advertências.

Esse período da filosofia tardo-antiga foi o menos adequadamente historicizado e é, portanto, lógico que se encontrem divergências de tratamento e também de estrutura assaz notáveis entre as diversas Histórias da filosofia. (Os clichês adotados pela manualística mais vulgar são totalmente inadequados.) Ao invés, as pesquisas científicas de vanguarda e as novas contribuições resultam sempre mais precisas e circunstanciadas em definir os traços peculiares dessa fase do pensamento da Antiguidade e impõem novas sistematizações historiográficas.

***

Recordamos ao leitor que, sobretudo depois da publicação da primeira edição do presente volume, concentramos algumas das nossas pesquisas e as de nossos alunos sobre as temáticas nele tratadas, ou solicitamos intervenções ou ainda acolhemos preciosas contribuições de colegas sobre os mesmos pontos, na seção de uma coleção das Edições Rusconi por nós dirigida, com a finalidade de lançar mais luz sobre esse período, tão descuidado pelos estudiosos no passado e, no entanto, tão interessante sob diferentes aspectos.

Deixando de lado as contribuições menores, recordamos o seguinte.

Sobre Plotino, M. L. Gatti publicou o volume Plotino e la metafisica della contemplazione (CUSL, Milão, 1982), na qual as hipóteses interpretativas por nós aventadas são submetidas a uma série de verificações atentas e pormenorizadas.

Sempre na coleção Rusconi foram publicadas obras de Proclo (I Manuali, I testi magico-teurgici, 1985), muitos pela primeira vez em italiano, junto com a Vita di Proclo, de Marino, com uma nossa ampla e pormenorizada monografia introdutória: L'estremo messaggio spirituale del mondo antico nel pensiero metafisico e teurgico di Proclo (pp. I-CCXXXIII).

Enfim, pelas Edições Laterza, publicamos uma Introduzione a Proclo, Roma-Bari 1989.

GIOVANNI REALE

PLOTINO E NEOPLATONISMO

[...] ἡ σπουδὴ οὐκ ἔξω ἁμαρτίας εἶναι, ἀλλὰ θεὸν εἶναι.

"[...] A aspiração do homem não deveria limitar-se a não ser culpado, mas a ser Deus".

Plotino, *Enéadas*, I, 2, 6

Esta é uma bela expressão de um busto do qual se conservam algumas cópias no museu de Óstia. Ele é comumente atribuído pelos estudiosos a Plotino.

PRIMEIRA SEÇÃO

A GÊNESE DO NEOPLATONISMO: DA ESCOLA DE AMÔNIO EM ALEXANDRIA À ESCOLA DE PLOTINO EM ROMA

Καὶ οὗτος θεῶν καὶ ἀνθρώπων θείων καὶ εὐδαιμόνων βίος. ἀπαλλαγὴ τῶν ἄλλων τῶν τῇδε, βίος ἀνήδονος τῶν τῇδε, φυγὴ μόνου πρὸς μόνον.

"E essa é a vida dos Deuses e dos homens bem-aventurados e divinos: separação de todas as outras coisas daqui, vida que não tem mais prazer com as realidades daqui, fuga do só para o Só".

Plotino, *Enéadas*, VI, 9, 11

É uma das cabeças-retrato atribuídas unanimemente a Plotino, conservada no Museu de Óstia (A foto foi-nos fornecida pela Superintendência Antichità di Ostia, série B, n. 3107.)

I. AMÔNIO SACAS E A SUA ESCOLA EM ALEXANDRIA

1. O enigma de Amônio Sacas

Se, com Numênio, alcançamos o limiar do neoplatonismo, com Amônio Sacas — que viveu na passagem do século II ao século III[1] — ultrapassamos, sem dúvida, esse limiar. Em outras palavras, Amônio não é mais somente um precursor, mas o *iniciador do neoplatonismo*.

Amônio, porém, como Sócrates, nada escreveu, e o que as nossas fontes mais antigas dele nos transmitem, se permitem-nos afirmar esse fato com certeza, não nos permitem concluir a que grau de desenvolvimento ele levou a doutrina neoplatônica.

Examinemos os mais importantes documentos concernentes ao nosso filósofo.

Não sabemos com certeza por que Amônio se chamava "Sacas". A interpretação "carregador de sacos", referida pela primeira vez pelo bispo Teodoreto (Amônio teria exercido o humilde ofício de carregador de sacos antes de dedicar-se à filosofia) não é de todo segura[2]. Mas também algumas hipóteses modernas parecem pouco plausíveis. Alguém, com efeito, opina que Sacas indica o fato de Amônio pertencer à estirpe indiana dos Saker, ou ainda que o nosso filósofo fosse um Saca-Muni, um monge budista[3].

Porém, por intermédio de Porfírio, sabemos que Amônio nasceu e foi educado numa família cristã e que, quando se entregou à prática da filosofia, tornou a abraçar a religião pagã[4]. Eusébio contesta essa notícia, acusando Porfírio de ter dito uma falsidade e aduzindo como

---

1. Teodoreto (*Gr. affect. cur.*, VI, 96) afirma que Amônio floresceu sob o reino de Cômodo (180-192 d.C.).

2. Cf. Teodoreto, na obra citada na nota precedente, e Amiano Marcelino, XXII, 528.

3. Cf., por exemplo, E. Seeberg, *Ammonios Sakkas*, in "Zeitschrift fuer Kirchengeschichte", 61 (1941), pp. 136-170.

4. Cf. Porfírio, em Eusébio, *Hist. eccles.*, VI, 19, 7.

prova o escrito de Amônio *Das concordâncias entre Moisés e Jesus*[5]. Mas Amônio nada escreveu, e Eusébio foi vítima de uma confusão de pessoas que se deve, além da homonímia, ao fato de o Orígenes cristão — que foi um dos discípulos de Amônio Sacas — ter sido talvez também discípulo do Amônio cristão. De resto, o próprio pensamento de Plotino que, como veremos, está intimamente ligado ao do Mestre, leva-nos a excluir que Amônio tenha permanecido cristão até o fim da sua vida. Estão, portanto, sem dúvida, no caminho errado os estudiosos que dão fé à tese de Eusébio (sem contar, naturalmente, a hipótese verdadeiramente romanesca de quem pensou ver em Amônio nada menos do que o autor dos escritos atribuídos ao Pseudo-Dionísio)[6].

Amônio não está no rol das celebridades aclamadas do seu tempo. Vale dizer que ele não deve ter tido em vista nem honras, nem fama, nem número de discípulos, tendo sem dúvida vivido uma vida esquiva e retirada do clamor do mundo e cultivado a filosofia entendida não só como exercício de inteligência, mas também, e especialmente, como exercício de vida e como ascese espiritual, juntamente com poucos discípulos, profundamente ligados a si. A seguinte passagem de Porfírio, extraída da *Vida de Plotino*, é particularmente eloquente:

> Com vinte e oito anos [Plotino] se entregou totalmente à filosofia: apresentando-se às celebridades alexandrinas do tempo, saía das suas aulas desanimado e triste, tanto que desabafou com um amigo seu estado de espírito; *esse intuiu o desejo da sua alma e o conduziu a Amônio, que ele não tinha ainda frequentado. Plotino entrou e ouviu a lição; disse depois ao amigo: "Este é o homem que procurava!"*. Desde aquele dia, foi um constante discípulo de Amônio e aprofundou de tal maneira a filosofia de modo a ter em vista *uma experiência direta seja da filosofia praticada pelos persas, seja daquela preponderante entre os hindus.*[7]

Não menos eloquentes são os onze anos que Plotino viveu na escola de Amônio[8].

---

5. Cf. Eusébio, *Hist. eccles.*, VI, 19, 7s.

6. Cf. H. Langerbeck, *The Philosophy of Ammonius Saccas and the Connection of Aristotelian and Christian Elements therein*, in "Journal of Hellenic Studies", 77 (1957), pp. 67-74. A hipótese de que Amônio seja o autor dos escritos atribuídos ao Pseudo-Dionísio é de E. Elroduy, *Es Ammonio Sakkas el Seudo-Areopagita?*, in "Estudios Eclesiásticos", 18 (1944), pp. 501-557, e em muitos outros artigos e ensaios.

7. Porfírio, *Vida de Plotino*, 3.

8. Cf. Porfírio, *Vida de Plotino*, 3.

Portanto, pode-se concluir que Amônio deve ter sido um homem de estatura excepcional não só no que diz respeito à personalidade espiritual, mas, igualmente, no que se refere propriamente à doutrina, se um homem do porte de Plotino, que se enfadara sem mais das celebridades de então, continuou a ouvir a palavra de Amônio por todos aqueles anos.

De resto, que a dívida de Plotino para com Amônio seja considerável, no que diz respeito ao *método* e aos *conteúdos*, é ainda Porfírio quem no-lo confirma:

> [...] Ele [Plotino] era personalíssimo e inovador na sua visão da doutrina dos outros; de resto, *no método de pesquisa, atinha-se ao espírito de Amônio* [...]. Certo dia, apareceu na reunião Orígenes [= Orígenes pagão, condiscípulo de Plotino na escola de Amônio]; Plotino cobriu-se de rubor e estava para levantar-se; mas, rogado por Orígenes para que falasse, ele se esquivou dizendo: "*Quando o orador sabe que fala a pessoas que já conhecem o que ele vai dizer, perde todo ardor*". E assim, depois de uma breve conversação, levantou-se para partir[9].

Como já dissemos, Amônio não quis escrever nada, reservando para a palavra viva e para o vínculo espiritual que nasce do consenso íntimo entre mestre e discípulo a comunicação da sua mensagem. Em consequência, os três discípulos mais dotados, Plotino, Orígenes (que não deve ser confundido, como abaixo explicaremos melhor, com o Orígenes cristão) e Herênio, por respeito à orientação peculiar dada pelo mestre ao próprio ensinamento, fizeram entre si um pacto rigoroso de não divulgar as doutrinas recebidas nas lições. Mas, depois de algum tempo, Herênio por primeiro, rompeu o pacto; logo o acompanhou Orígenes, publicando duas obras; Plotino, ao contrário, continuou por muito tempo a seguir o exemplo de Amônio, mesmo depois de ter fundado uma escola própria em Roma, e somente depois de dez anos começou a fixar por escrito alguns temas[10]. De Herênio, porém, tudo se perdeu; de Orígenes conhecemos somente o título das obras[11], de sorte que restam somente as *Enéadas* plotinianas como fruto espiritual direto da escola de Amônio. Delas, porém, não se pode

9. Porfírio, *Vida de Plotino*, 14.
10. Cf. Porfírio, *Vida de Plotino*, 3.
11. Cf. mais adiante, pp. 12s.

extrair certamente a doutrina originária de Amônio. Seria como se tivessem chegado até nós apenas os escritos de Platão e a partir deles pretendêssemos remontar ao ensinamento originário de Sócrates.

Ainda mais problemática é a tentativa de extrair do Orígenes cristão elementos válidos para a reconstrução da filosofia de Amônio[12].

Estará, então, o pensamento de Amônio destinado a permanecer um enigma para nós?[13]

2. Os testemunhos de Hiérocles e de Nemésio sobre o pensamento de Amônio

Na verdade, a Antiguidade transmitiu-nos testemunhos sobre o pensamento de Amônio, que remontam, porém, ao século V d.C. Eles foram conservados pelo neoplatônico Hiérocles de Alexandria e por Nemésio, bispo de Emesa[14]. Muitos estudiosos não estão, porém, dispostos a aceitá-los como dignos de fé, pois não se consegue compreender como esses autores tenham podido possuir informações que os outros neoplatônicos ignoram. Mas é evidente que não se pode excluir de maneira categórica que alguns apontamentos, compilados por algum ouvinte de Amônio, possam ter chegado, mesmo sem ter sido publicados, às mãos de Hiérocles e de Nemésio.

Em todo caso, mesmo deixando suspensa a questão da credibilidade dessas fontes que, na base dos estudos até agora feitos não pode ser resolvida de maneira satisfatória, julgamos oportuno condensar as principais doutrinas atribuídas a Amônio[15].

---

12. Ver o eruditíssimo estudo de W. Theiler, *Ammonios der Lehrer des Origenes*, na coletânea de ensaios desse mesmo autor com o título *Forschungen zum Neuplatonismus*, Berlim 1966, pp. 1-45, que, porém, não alcança suficiente clareza na demonstração da tese.

13. Ver também o interessante ensaio de H. Doerrie, *Ammonios, der Lehrer Plotins*, in "Hermes", 83 (1955), pp. 439-478, que, ao invés, interpreta Amônio em chave pitagorizante.

14. Cf. Hierocles, em Fócio, *Biblioth.*, cód. 214 e 251; Nemésio, *De nat. hom*, caps. 2 e 3. Segundo alguns, também Prisciano Lido fala do nosso Amônio, em *Solut. ad Chosroen*, que se poderá ver no "Supplementum Aristotelicum" aos "Commentaria in Aristotelem Graeca", I, 2, p. 42, 15ss.

15. Sobre essas fontes ver: H. von Arnim, *Quelle der Ueberlieferung ueber Ammonius Sakkas*, in "Rheinisches Museum", 42 (1887), pp. 276-285 e E. Zeller,

Antes de tudo, Amônio é apresentado como o filósofo que, por primeiro, elevando-se acima das disputas e das polêmicas das escolas rivais, soube conciliar Platão e Aristóteles e transmitir a seus discípulos, sobretudo a Plotino e a Orígenes, uma filosofia livre do espírito de polêmica. Amônio operou essa purificação "por inspiração de Deus", ou seja, como "instruído por Deus" (termo grego), e "por um elevar-se divino ao que é verdadeiro na filosofia"[16].

Tudo isso pode ser confirmado com os dados plenamente dignos de fé que nos foram transmitidos por Porfírio.

São, além disso, muito significativas as teses metafísicas amonianas que se podem deduzir de Hiérocles. O nosso filósofo teria antevisto a derivação de toda a realidade a partir de Deus, interpretando a doutrina platônica num sentido criacionista. Eis a passagem mais significativa:

> Platão [...] faz preexistir um Deus artífice, que governa a estrutura inteira do universo visível e invisível, não gerado de alguma matéria preexistente. Com efeito, basta a Sua Vontade para produzir a subsistência das coisas. Unindo a natureza física à realidade incorpórea, produziu um cosmo perfeitíssimo, duplo [= sensível e suprassensível] e ao mesmo tempo uno"[17].

Nesse cosmo distinguem-se três planos: 1) o das realidades supremas, isto é: Deus criador, as "realidades celestes" e os "Deuses"; 2) o das realidades intermediárias, constituídas pelas naturezas etéreas (aéreas) e pelos Demônios bons, intérpretes e mensageiros (anjos) para os homens; 3) o das realidades ínfimas, ou seja, as almas humanas e os homens, bem como os animais terrestres. Acrescenta-se, além disso, a seguinte explicação:

> As realidades que estão acima governam as que estão embaixo, e sobre todas elas reina o Deus que as produziu e que é pai. E este seu domínio e

---

Ammonius Sakkas und Plotinus, in "Archiv für Greschichte der Philosophie", 7 (1894), pp. 295-312. Excelente reconstrução do pensamento de Amônio com base nessas fontes foi feita por F. Heinemann, *Ammonios Sakkas und der Ursprung des Neuplatonismus*, in "Hermes", 61 (1926), pp. 1-27, embora peque por excesso, acabando por extrair mais do que o que elas dizem.

16. Cf. Hierocles, em Fócio, *Biblioth.*, cód. 251, p. 461 a 24ss. e cód. 214, p. 172 a 9ss.

17. Fócio, *Biblioth.*, cód. 251, p. 461 b 6ss.

poder paterno é providência que estabelece o que convém a cada gênero. A justiça que se segue à providência chama-se destino[18].

Não menos significativas são as teses que Nemésio atribui a Amônio; constitui novidade não tanto a demonstração da incorporeidade da alma, na qual nosso filósofo está associado a Numênio e sustenta teses doravante estabelecidas, mas a interpretação das relações alma-corpo, incorpóreo-corpóreo:

> Amônio, mestre de Plotino, dizia que as realidades inteligíveis têm uma natureza que as torna capazes de se unir às coisas que podem acolhê-las, como as coisas sujeitas à corrupção; *mas que, embora a elas unidas permanecem puras e incorruptíveis*, subsistindo junto delas sem perder a própria natureza. Com efeito, nos corpos, a união produz a transformação completa das coisas que se unem, já que acontece uma transformação em outros corpos; assim, os elementos se transformam nos compostos, o alimento no sangue, o sangue na carne e nas outras partes do corpo. Ao invés, *no caso das realidades inteligíveis, a união acontece sem que se siga uma transformação.* Com efeito, pela sua natureza, o sensível não pode mudar a essência; mas, ou subsiste ou passa ao não ser; ao invés, o inteligível nem sofre mudança nem passa ao não ser. Doutra forma, ele não seria incorruptível e a alma, que é vida, se mudasse ao unir-se com o corpo, tornar-se-ia outra coisa e não seria mais vida. E que outra coisa poderia trazer ao corpo senão a vida? Portanto, a alma no corpo não se transforma[19].

Justamente enquanto incorpórea a alma, continua Nemésio, não está, segundo Amônio, *no corpo*, como se fosse um recipiente e, mais em geral, não está no corpo como *num lugar*, mas tem uma relação ontológica de natureza totalmente diversa com respeito à que é própria dos corpos. A alma está no corpo no mesmo sentido em que se diz que "Deus está em nós", ou seja, como princípio no principiado, isto é, no sentido de que o princípio produz e governa o principiado. Por isso, não se deve dizer "a alma *está* aqui", mas "a alma *age* aqui". No corpo é a atividade da alma como princípio que o vivifica e rege[20].

Se esses testemunhos fossem dignos de fé, então poderíamos estabelecer o seguinte.

---

18. Fócio, *Biblioth.*, cód. 251, p. 461 b 17ss.
19. Nemésio, *De nat. hom.*, cap. 3, pp. 129ss. Matthaei.
20. Nemésio, *De nat. hom.*, cap. 3, pp. 133ss. Matthaei.

A novidade de Amônio teria consistido sobretudo, com relação ao médio-platonismo, *na tentativa de unificar os diversos planos do ser* (o cosmo é duplo e, ao mesmo tempo, uno, todo plano na hierarquia do real é causa do seguinte e um primeiro princípio é a causa de tudo) e de eliminar até mesmo o pressuposto da matéria eterna. Com respeito ao neopitagorismo, a novidade teria consistido e*m ter entendido o processo de derivação de toda a realidade como criação*, determinando assim de modo exato a derivação de todas as coisas a partir do Uno, que os neopitagóricos deixaram indeterminada.

Naturalmente pode-se pensar que Nemésio coloriu Amônio com tintas cristãs. Mas não há dúvida de que Amônio não somente poderia mas deveria conhecer a doutrina da criação, dado que nasceu e foi educado numa família cristã e dado que em Alexandria, já com Filo, a doutrina tivera uma larga ressonância. Doutra parte, como observou alguém, o Amônio de Nemésio é claramente grego e pagão, na medida em que professa, de modo inequívoco, o politeísmo[21]. Por conseguinte, a doutrina de Amônio é inteiramente plausível nos lábios de um homem que nasceu e se educou como cristão e em seguida tornou-se pagão.

Além disso, a concepção das relações entre a alma e o corpo, isto é, entre o incorpóreo e o corpóreo, revela o estabelecimento de alguns dos princípios que encontraremos na base das concepções das Enéadas e dos quais falaremos pormenorizadamente. Em geral, a doutrina da íntima união *(hénosis)* entre incorpóreo e corpóreo, entre Deus e o cos-mo, constituiria uma base sólida para uma nova concepção do homem e do seu *telos,* no sentido de que a unificação do homem com o divino não seria senão o momento ético-religioso da lei geral que governa toda a realidade. E, assim, também a orientação profundamente religiosa da especulação de Amônio estaria perfeitamente fundamentada.

Todavia, se fosse assim, as relações entre a filosofia pagã tardia e o pensamento hebreu-cristão deveriam ser redimensionadas, já que o terreno sobre o qual se apoia o último grande sistema filosófico dos gregos e que unifica numa síntese poderosa a totalidade do real, fazendo derivar do primeiro princípio todas as hipóstases e o próprio substrato material e ligando o corpóreo ao incorpóreo em função do conceito dinâmico de "atividade" e "ação", teria vindo à tona em

21. Cf. Heinemann, *Ammonios...*, pp. 21ss.

Amônio por influência do conceito bíblico de criação e posteriormente, em Plotino, teria sido mais solidamente entrelaçado e sistematizado em categorias genuinamente gregas ligadas à teoria da "processão", que só adquiriria sentido pleno dentro dessa ótica. Em todo caso, as fontes das quais falamos não atribuem a Amônio nem a doutrina do Uno nem a complexa e grandiosa teoria do *Nous* como síntese de ser e pensamento, que encontraremos em Plotino.

3. Os discípulos de Amônio

Já falamos dos discípulos de Amônio.

Nada sabemos do pensamento de Herênio, o primeiro que rompeu o pacto de manter secretas as doutrinas do Mestre.

Sabemos que Orígenes, o Pagão, publicou, além de um tratado *Sobre os demônios,* um outro com o título programático *O único Criador é o Deus supremo.* Nesse título, é impossível não reconhecer um eco das doutrinas que Hiérocles atribui a Amônio (até com coincidências verbais): ele devia ser dirigido contra os que distinguiam o Deus supremo do Deus criador. Mas também o primeiro título revela teses típicas da escola, em harmonia perfeita com as que as fontes acima referidas nos transmitem a respeito de Amônio[22].

Ligado ao círculo do nosso filósofo esteve também Longino, cujos interesses, porém, foram predominantemente literários. Ele foi louvado como filólogo por Plotino e por Porfírio[23]. Conhecemos apenas uma das suas concepções filosóficas, mas ela é significativa. Ele não admitia que as Ideias fossem pensamentos de Deus e, ao contrário, sustentava que existiam separadamente do *Nous*. Tal concepção, durante certo tempo, foi admitida também por Porfírio (e talvez fosse própria também de Amônio)[24]. O *Tratado sobre o Sublime,* que nos chegou sob o nome de Longino, é interessante sob muitos aspectos, mas é considerado

22. Cf. Porfírio, *Vida de Plotino*, 3; cf. Heinemann, *Ammonios...*, p. 19.

23. Cf. Porfírio, *Vida de Plotino*, 14; 20.

24. Cf. Porfírio, *Vida de Plotino*, 18, e Proclo, *In Plat. Tim.*, I, p. 322, 24 Diehl. Isto poderia ser uma confirmação do que acima dissemos, ou seja, de que Amônio não deve ter professado a doutrina da segunda hipóstase como *Nous*, entendido como unidade de essência (Ideia) e pensamento, que encontraremos em Plotino.

inautêntico pela maior parte dos estudiosos e não nos serve, por conseguinte, para reconstruir o pensamento do nosso autor[25].

Orígenes cristão não pertence ao grupo dos filósofos acima mencionados e nem mesmo parece ter encontrado Plotino em Alexandria. Os estudiosos admitem que talvez tenha frequentado Amônio (mais velho do que ele cerca de dez anos) em torno de 205/210 d.C. Em 231 parece ter abandonado Alexandria.[26]

Plotino, porém, chegou a Alexandria em 232. Seu encontro com Amônio foi decisivo, não somente para ele, como lemos na passagem de Porfírio, mas para a história das ideias no Ocidente, quase como o encontro, em Atenas, de Platão com Sócrates. As poderosas energias espirituais que Amônio soube suscitar nos discípulos e que teriam desaparecido em breve espaço de tempo tornaram-se, com Plotino, uma "aquisição perpétua".

---

25. Ver a edição de D. A. Russel, *Longinus, On the Sublime*, Oxford 1964, com introdução e comentário. Ver também a versão italiana com texto ao lado de A. Rostagni, Milão 1947.

26. Cf. o ensaio de Theiler, citado na nota 12.

II. A ESCOLA DE PLOTINO EM ROMA E A GÊNESE DAS *ENÉADAS*

1. De Alexandria a Roma

Plotino tinha vinte e oito anos quando entrou no círculo de Amônio Sacas e nele permaneceu até os trinta e oito[1]. Na escola de Amônio, como já sabemos, Plotino "aprofundou-se de tal maneira na filosofia, de sorte a ter em vista uma experiência *direta* tanto da filosofia praticada

---

1. Da vida de Plotino sabemos quase exclusivamente o que nos é referido por Porfírio na célebre *Vida de Plotino*. De fato, não só Plotino nunca falou de si na sua obra, mas não quis falar nem mesmo com os amigos mais íntimos. Escreve Porfírio (*Vida de Plotino*, 1): "Plotino, o filósofo da nossa época, tinha o aspecto de alguém que se envergonha de estar num corpo. Por causa de tal disposição espiritual, resistia a falar sobre o seu nascimento, sobre os seus pais, sobre a sua pátria. Resistia de tal modo sujeitar-se a um pintor ou a um escultor que a Amélio, que pedia o seu consentimento para fazer o seu retrato, respondeu: 'Não basta, portanto, arrastar este simulacro com o qual a natureza quis nos revestir; e pretendeis até mesmo que eu consinta em deixar uma imagem mais duradoura de tal simulacro, como se fosse algo que, verdadeiramente, vale a pena ver?'". Dos pormenores mais significativos da vida de nosso filósofo, narrados por Porfírio, falaremos no texto. Aqui nos limitamos a traçar a cronologia e a completar o que não diremos no texto. Plotino nasceu em Licópolis, segundo Suda. A data que se extrai de Porfírio é 205 d.C. Em 232, começou a dedicar-se inteiramente à filosofia em Alexandria. Em 243, deixou Alexandria para seguir o imperador Gordiano na sua expedição oriental. Em 244, chegou a Roma, onde fundou a sua escola. Compôs os seus tratados entre 253 e 269. Morreu em 270, aos 66 anos, por causa de um mal (não identificado) que lhe produziu chagas nas mãos e nos pés e deixou a sua voz muito rouca. Nos últimos tempos, por causa desse mal, abandonou a escola e os amigos e se retirou à chácara de um velho amigo na Campanha, onde morreu na solidão. Das *Enéadas* plotinianas (sobre cuja origem e ordenação falaremos no texto) foi, recentemente, preparada uma excelente edição crítica por P. Henry e H. R. Schwyzer, *Plotini Opera*, 3 vols., Paris, Bruxelas 1951-1973 e Oxford 1964-1982 (*editio minor*). A única tradução italiana integral é a de V. Cilento, *Plotino, Enneadi*, 3 vols. em 4 tomos, Laterza, Bari 1947-1949. Esta tradução [que é adotada por G. Reale, N.d.T.] tem excelentes qualidades, sobretudo literárias. O comentário, infelizmente, é apenas filológico. Em apêndice ao último volume, encontrar-se-á uma excelente *Bibliografia critica degli studi plotiniani con rassegna delle loro recensioni*, de B. Mariën. Muito importante é o *Lexicon Plotinianum*, preparado por J. H. Sleeman e G. Pollet, Leiden-Lovaina 1980. [Em atenção à índole da língua portuguesa, a tradução de todos os textos de Plotino foi cotejada com o texto grego da edição de Henry-Schwyzer acima citada. N.d.T.]

entre os persas como daquela preponderante entre os hindus"[2]. O contato direto com a sabedoria oriental deve ter sido considerado o coroamento ou, pelo menos, o complemento de tudo o que aprendera com Amônio. De resto, os gimnosofistas e os magos do Oriente eram, desde algum tempo, apontados como uma das principais fontes do saber.

A expedição do imperador romano Gordiano III, em 243 d.C., pareceu oferecer-lhe a ocasião propícia. Mas foi uma experiência dramática, que não conseguiu produzir nenhum dos frutos esperados. Gordiano foi morto na Mesopotâmia e Plotino fugiu para Antioquia, salvando-se com muita dificuldade. Dali não pôde ou não quis retornar a Alexandria (provavelmente Amônio já falecera) e decidiu dirigir-se a Roma em 244 d.C., quando Filipe já conquistara o poder imperial[3]. Nessa época, Plotino alcançara já "*il mezzo del cammin di nostra vita*", isto é, tinha chegado aos quarenta anos, sentindo-se suficientemente maduro para abrir, na capital do Império, uma escola própria.

Por um decênio (244-253 d.C.) nosso filósofo ensinou, adotando o estilo de conversações de Amônio e o seu método, dando àqueles que o frequentavam amplo espaço para a discussão e a pesquisa direta, mas sem escrever nada, mantendo-se fiel ao velho pacto contraído com Herênio e Orígenes, mesmo que o pacto já tivesse sido rompido por eles[4].

Só a partir de 254 d.C. Plotino começou a escrever. Quando Porfírio chegou a Roma, em 263, ele já havia composto vinte e um tratados. Compôs outros vinte e quatro entre 264 e 268, e os nove restantes depois de 268[5].

Muito interessante é a informação que nos dá Porfírio sobre a maneira de Plotino compor os seus tratados. Escrevia de um só jato (sem reler, por causa de um defeito da vista, o que havia escrito)[6], de maneira contínua e muito regular, como se estivesse copiando um livro, e assim continuava interminavelmente. Seu ato de compor era como se conversasse por escrito em vez de falar. Quem não tiver presente este fato dificilmente poderá compreender o espírito das *Enéadas*.

---

2. Porfírio, *Vida de Plotino*, 3.
3. Cf. Porfírio, *Vida de Plotino*, 3.
4. Cf. Porfírio, *Vida de Plotino*, 3.
5. Cf. Porfírio, *Vida de Plotino*, 4-6.
6. Cf. Porfírio, *Vida de Plotino*, 8.

Porfírio recebeu diretamente de Plotino a tarefa de emendar e reordenar os vários tratados[7]. Ora, dado que estes tinham sido compostos sem uma ordem sistemática rígida, Porfírio decidiu seguir o método já adotado por Andrônico de Rodes ao publicar os escritos esotéricos de Aristóteles, ou seja, de reunir os livros que tratavam de temáticas iguais ou diretamente relacionadas entre si. Além disso, Porfírio deixou-se guiar pela convicção pitagórica acerca do significado metafísico do número e, combinando com a "perfeição do número seis" a "enéada", ou seja, o número nove, dividiu os cinquenta e quatro tratados plotinianos justamente em seis grupos de nove cada um, e reuniu os temas afins, ordenando-os segundo o grau de dificuldade, dos mais fáceis aos mais complexos[8]. Nasceram assim as *Enéadas* que, juntamente com os diálogos de Platão e os escritos esotéricos de Aristóteles, contêm a mais alta mensagem filosófica da Antiguidade, e uma das mais notáveis de todos os tempos.

2. Características e finalidade da escola plotiniana

A escola de Plotino não se assemelhava, provavelmente, a nenhuma das anteriores. A autoridade e o prestígio que o filósofo conquistara junto à classe nobre eram tais que muitos, "ao pensamento da morte iminente", confiavam-lhe os filhos e filhas para educar e os seus bens para conservar e administrar, como a "um guardião sagrado e divino", de modo que a casa na qual habitava (que pertencia a uma tal Gemina, da qual era hóspede) fervilhava de jovens, donzelas e viúvas. A Plotino acorriam igualmente políticos, com o propósito de compor desavenças e litígios, e confiavam nele como num árbitro infalível[9].

O próprio imperador Galieno e sua esposa Salonina tinham-no em altíssima estima, a ponto de considerar seriamente o projeto plotiniano de fundar uma cidade de filósofos que deveria chamar-se Platonópolis, na Campania, e cujos habitantes deveriam observar "as leis de Platão". O projeto, porém, em razão das tramas dos cortesãos, fracasssou[10].

---

7. Cf. Porfírio, *Vida de Plotino*, 7.
8. Cf. Porfírio, *Vida de Plotino*, 24-26.
9. Cf. Porfírio, *Vida de Plotino*, 9.
10. Cf. Porfírio, *Vida de Plotino*, 12.

Quem, no entanto, concluísse daqui que Plotino tinha interesse em assuntos políticos ou que alimentava propósitos políticos de qualquer espécie, enganar-se-ia. O espírito que animava o seu projeto da Platonópolis era muito diferente do espírito que havia inspirado a Platão os seus projetos, ideais e utopias políticas. Platão, com efeito, ainda todo impregnado do espírito e do *ethos* da pólis grega, pretendia verdadeiramente, como vimos no seu devido lugar, influenciar a atividade política e operar uma transformação radical na teoria e na prática políticas; pretendia reformar radicalmente o Estado na sua totalidade; Plotino, ao contrário, não desejava de modo algum propor um projeto de renovação do império romano em função dos princípios filosóficos, mas simplesmente *construir um oásis de paz, uma cidade feita para filósofos* (como ficará claro do que diremos em seguida), *feita para quem desejava viver uma vida numa comunidade que tornasse possível alcançar o fim supremo, ou seja, a união com o divino*. Não surpreende, portanto, que ele dissuadisse expressamente seus discípulos de dedicar-se à vida política.

Os que acorriam para ouvir a palavra de Plotino tinham interesses os mais variados.

No entanto, deve-se notar que "a qualquer um era permitido frequentar as reuniões"[11]. Por conseguinte, haveria, sem dúvida, numerosos ouvintes ocasionais e irregulares, atraídos simplesmente pela fama da personagem e, portanto, pela curiosidade. Havia além disso — e bastante numerosos — os ouvintes que frequentavam com certa constância, e entre estes contavam-se muitos senadores romanos e nobres de origem oriental. Finalmente, havia os "seguidores" propriamente ditos. Notava-se também certo número de mulheres que, como refere Porfírio, tomavam parte nas reuniões, "todas ardentemente entregues à filosofia"[12].

Contudo, bem poucos tinham direito de acesso aos escritos do mestre, e só depois de terem demonstrado possuir determinados requisitos intelectuais e morais[13].

---

11. Porfírio, *Vida de Plotino*, 1.

12. Porfírio, *Vida de Plotino*, 9.

13. Refere Porfírio que os livros escritos por Plotino "eram confiados a muito poucos [...]. Não era [...] fácil a cessão dos manuscritos, nem se os cedia assim,

Platão fundara a Academia para formar na filosofia os homens que deveriam renovar o Estado; Aristóteles fundara o Perípato para organizar de modo sistemático a pesquisa e o saber; Pirro, Epicuro, Zenão fundaram os seus movimentos para tentar dar aos homens a ataraxia, a paz e a tranquilidade da alma. A escola de Plotino tendia a um novo e ulterior fim: *aspirava ensinar aos homens a libertar-se da vida deste mundo para reunir-se ao divino e para poder contemplá-lo até o ápice de uma união extática transcendente.* A finalidade da nova escola era, pois, fortemente religiosa e mística. Era a mesma que estava na base do projeto da Platonópolis.

Algumas palavras de Porfírio que ilustram perfeitamente este *telos* supremo ao qual aspirava o nosso filósofo:

> É-nos referido ainda que ele [Plotino] possuía um espírito vigilante, puro, sempre voltado para o divino, ao qual aspirava *com toda a sua alma;* além disso, *ele nada descuidou para poder libertar-se*, "para livrar-se do fluxo envolvente da vida" que, aqui embaixo, "alimenta-se de sangue"! Assim, justamente a esse homem possuído pelo divino, aconteceu muitas vezes, ou seja, quando ele *se movia até o primeiro e transcendente Deus*, por meio do pensamento e pelos caminhos indicados por Platão no *Banquete*, apareceu aquele Deus que não tem figura nem forma alguma, mas tem seu trono acima do Espírito e do mundo inteligível inteiro. *Na verdade, também eu, Porfírio, posso atestar ter-me aproximado e me unido a Ele somente uma vez*: e agora tenho sessenta e oito anos. Portanto, "apareceu" a Plotino e "ficou junto dele o Fim supremo". *Com efeito, para ele a Meta e o Fim eram estar junto e unir-se com o Deus que está acima de tudo*; mas, enquanto sei, no tempo em que com ele convivi, ele alcançou bem quatro vezes esse Fim, com um ato inefável[14].

Ao morrer, as últimas palavras de Plotino ao médico Eustóquio foram estas:

> "Procura reunir o divino que está em ti ao divino que está no universo"[15].

Tais palavras soam verdadeiramente como seu testamento espiritual e constituem como que o sinete de todo o seu ensinamento.

---

de boa-fé, de qualquer maneira e a qualquer um, mas escolhendo com todo rigor as pessoas que os podiam obter" (Vida de Plotino, 4).

14. Porfírio, *Vida de Plotino*, 23.

15. Porfírio, *Vida de Plotino*, 2.

III. RETOMADA E CONCLUSÃO DA "SEGUNDA NAVEGAÇÃO"

1. Relação entre Plotino e os filósofos precedentes

Plotino pressupõe cerca de oito séculos de especulação precedente e só pode ser compreendido levando-se em conta os progressos essenciais do pensamento antigo nesse lapso de tempo.

É bastante ampla a lista dos pontos pelos quais Plotino pode ser considerado devedor dos seus predecessores. Limitando-nos ao essencial, assinalemos o seguinte.

O espírito de Pitágoras ou, melhor dito, do que foi posteriormente considerado o espírito pitagórico, bem como a doutrina dos princípios supremos da Mônada e da Díade, constituem uma componente importante na formação do seu pensamento.

A Parmênides o nosso filósofo reconhece acima de tudo o mérito de ter descoberto a identidade entre Ser e Pensamento; princípio que, reinterpretado sob novos fundamentos, governa a concepção eneádica do Espírito.

Platão é reconhecido como a autoridade autêntica, quase sempre infalível. Mas o Platão que interessa a Plotino não é o aporético e problemático dos diálogos socráticos, com os seus momentos de dúvida e com sua carga irônico-maiêutica, nem é o Platão que visa ao projeto do Estado ideal e é porta-voz da grande paixão política dos gregos. O Platão que interessa a Plotino é o místico-teológico e metafísico e, portanto, os diálogos que lhe são caros são o *Fédon,* o *Fedro,* o *Banquete*, o *Timeu*, os livros centrais da *República* e, secundariamente, alguns aspectos do *Sofista*, do *Parmênides*, do *Filebo* e da *Carta II.* Platão nunca é criticado e muitíssimas vezes é mesmo mencionado com o pronome da terceira pessoa do singular. Platão, como o Aristóteles dos escolásticos, é o filósofo por excelência, a autoridade suprema (veremos que, em suma, Plotino considerava-se apenas um intérprete de Platão).

Já as doutrinas de Aristóteles frequentes vezes são criticadas como, por exemplo, a doutrina de Deus como pensamento do pensamento, a teoria da alma como enteléquia, a concepção do éter, a doutrina das categorias. Todavia, alguns dos conceitos metafísicos e psicológicos de Aristóteles são determinantes na constituição do pensamento de Plotino, como teremos ocasião de verificar.

Também a doutrina do Pórtico, muito combatida em razão do seu materialismo de fundo, tem, no entanto, uma presença considerável nas *Enéadas*. Plotino critica a concepção materialista de Deus e da alma, a doutrina das categorias e a teoria do tempo, próprias da escola estoica, mas aceita as doutrinas da simpatia universal e do *Logos*, como também os pressupostos de uma concepção unitária do real, reformulando-os porém sob outras bases, assim como uma série de conceitos morais, orientando-os numa direção espiritualista e mística.

De resto, já o notava Porfírio:

> Nos seus tratados, estão igualmente dispersas também algumas doutrinas estoicas e peripatéticas, como também estão condensadas questões de metafísica aristotélica[1].

Mesmo o negligenciado Epicuro e os céticos alguma coisa vieram a ensinar-lhe.

Mas a filosofia de Plotino seria simplesmente impensável fora do ambiente cultural de Alexandria tal como se formou entre o século I a.C. e o século II d.C., ou seja, sem Filo o Hebreu, sem o médio-platonismo e o neopitagorismo, de cujas doutrinas a escola de Amônio representou a síntese mais eficaz.

Não obstante essas dívidas e outras das quais falaremos, a filosofia de Plotino não é nem um ecletismo nem uma forma de sincretismo, porque no sistema plotiniano há uma inspiração nova, que confere um sentido inédito a velhas doutrinas. Escreve Dodds: "Se fazeis em pedaços o sistema de Plotino podereis normalmente encontrar para cada fragmento, se não algo que se possa denominar rigorosamente uma fonte, pelo menos algum modelo ou antecedente ou estímulo relacionado com ele, seja que o estímulo provenha do interior da escola platônica ou de fora dela. Plotino construiu seu sistema aproveitando amplamente pedaços já usados, materiais que a tradição filosófica grega lhe oferecia. Mas a essência do sistema plotiniano está na nova significação que o todo impôs às partes; sua

1. Porfírio, *Vida de Plotino*, 14.

verdadeira originalidade não consiste nos materiais, mas no desenho (como, penso, acontece em todo grande sistema filosófico)"[2]. Se isso é verdade, é necessário, por outro lado, reconhecer que também ao traçar o novo desenho com os velhos materiais, Plotino recebeu não poucas sugestões dos últimos filósofos que citamos, a saber, de Filo, dos médio-platônicos e dos neopitagóricos, como aparece claro no estado atual das pesquisas.

No entanto, sobre esse problema devemos falar mais longamente, justamente porque essas correntes filosóficas que floresceram nos dois primeiros séculos da era imperial constituem um verdadeiro e sem dúvida grandioso prólogo ao neoplatonismo. Fato só raramente reconhecido pela *communis opinio* ou mesmo quase completamente ignorado.

2. Plotino ratifica e leva ao seu pleno desenvolvimento as teses do médio-platonismo e do neopitagorismo

O leitor moderno das *Enéadas* pode ter frequentemente a impressão de que muitas teses não são demonstradas ou de que, pelo menos, não são convenientemente justificadas. Porém, quem se detivesse nessa impressão e julgasse que a especulação plotiniana não é adequadamente fundamentada, cairia num grave erro de perspectiva histórica e prejudicaria de modo irreparável a sua compreensão. Com efeito, é necessário ter presente que, no século imediatamente anterior, o médio-platonismo e o neopitagorismo tinham alcançado a sua *acmé*. Eles tinham levado a uma crise definitiva o materialismo dos grandes sistemas helenísticos, haviam recuperado — como acima demonstramos amplamente — os resultados da "segunda navegação" platônica e haviam tentado até integrá-los, reelaborá-los e ressistematizá-los, levando em conta sobretudo conquistas aristotélicas, mas sem transcurar nenhum dos tópicos valorizados pelos próprios sistemas da era helenística[3].

---

2. E. R. Dodds, *The Ancient Concept of Progress and other Essays on Greek Literature and Belief*, Oxford 1973, p. 129.

3. Ver, vol. VII, toda a segunda parte, pp. 213-398.

Plotino encontrava, pois, uma série de verdades filosóficas já conquistadas e justificadas pelos seus predecessores e, justamente por isso, não via necessidade de tornar a demonstrá-las e aprofundá-las, considerando-as como já estabelecidas. A respeito disso é fundamental o testemunho de Porfírio, ao qual muitas vezes nos referimos ao expor o pensamento do médio platonismo, e que convém agora reler:

> Nas reuniões da escola ele [Plotino] primeiramente providenciava a leitura de comentários quaisquer que fossem: de *Severo*, ou de *Cronos*, ou de *Numênio*, ou de *Gaio*, ou de *Ático*, ou ainda, entre os peripatéticos, os de *Aspásio*, de *Alexandre,* de *Adrasto*, ou de outros, ao acaso[4].

Como se vê, justamente os textos dos médio-platônicos, dos neopitagóricos e dos últimos peripatéticos, influenciados pelo médio-platonismo, constituíam o ponto de partida de Plotino nas suas aulas, sendo portanto o *húmus* do qual nascia e se desenvolvia o seu pensamento. De resto, lendo e meditando o que chegou até nós daqueles autores (de *Gaio* não nos chegou nada, mas, como já vimos, seu discípulo Albino supre largamente essa perda), torna-se enormemente facilitada a compreensão dos conteúdos filosóficos e do próprio teor espiritual das *Enéadas.*

Convém recordar outro fato particularmente importante para a avaliação do alcance da tese que aqui sustentamos. Já na Antiguidade, notou-se a semelhança entre algumas teses de Numênio e teses paralelas de Plotino. Aliás, essa semelhança era julgada de tal maneira acentuada que, em Atenas, Plotino foi mesmo acusado de plágio e Amélio, um seu discípulo, julgou ser seu dever refutar publicamente semelhante acusação[5]. Ora, se tal acusação é, sem dúvida, infundada, não se pode negar a existência de pontos de contato bem comprovados entre as filosofias de Plotino e de Numênio, como acima assinalamos.

---

4. Porfírio, *Vida de Plotino*, 14.

5. Eis o que refere Porfírio a respeito disso: "Espalhou-se pela Grécia essa voz: 'Ele plagia os escritos de Numênio'. E a Amélio, reportou-a Trífon estoico e platônico; Amélio escreveu um livro com o título *Diferenças doutrinais entre Plotino e Numênio*" (*Vida de Plotino*, 17). Deve-se notar que Amélio conhecia muito bem o pensamento de Numênio, como o próprio Porfírio no-lo refere: "Amélio [...] superava todos os seus contemporâneos pela laboriosidade da qual deu prova, seja expondo por escrito quase todas as doutrinas de Numênio, seja resumindo-o, seja conhecendo praticamente de memória a maior parte" (*Vida de Plotino*, 3).

Em suma, Plotino retomou os tópicos evidenciados pelos médio-platônicos e pelos neopitagóricos mais avançados, desenvolveu-os e levou-os a seu pleno amadurecimento com profundidade, lucidez e audácia sem paralelos, de modo que acabou eclipsando e fazendo esquecer seus predecessores imediatos. No entanto, nunca como nesse caso, permanece verdadeiro o princípio de que o segredo para entender os "maiores" reside em grande parte nos "menores" que os precederam. Por esse motivo, dedicamos tanto espaço aos médio-platônicos e aos neopitagóricos (cujo conhecimento, infelizmente, é ainda privilégio de poucos especialistas): *foram eles que lançaram os fundamentos a partir dos quais era possível subir às altitudes às quais Plotino soube elevar-se na trilha de Amônio.*

Contra essa argumentação, poder-se-ia objetar o fato de que Plotino não cita tais autores nem uma só vez. Mas a objeção perde a sua pertinência se considerarmos os três fatos seguintes. Em primeiro lugar, Plotino não cita nominalmente senão os filósofos muito afastados dele no tempo[6]. Em segundo lugar, os filósofos dos quais falamos se consideravam exegetas e intérpretes de Platão, e não pensadores originais; e também Plotino se considera apenas um intérprete de Platão[7]. Sem dúvida, considerou ele aqueles seus predecessores simplesmente como homens que beberam da mesma fonte na qual está contida toda a verdade. Finalmente, é muito significativo o fato de que o próprio Amônio não é citado nem mesmo uma só vez[8].

---

6. Nenhum filósofo posterior a Epicuro é citado expressamente.

7. Cf. Plotino, *Enéadas*, V, 1, 8.

8. Que Plotino nunca fale de Amônio, ao qual deve, provavelmente, não menos do que Platão deve a Sócrates, é *para nós* admirável. Todavia, como Heinemann observa justamente (*Ammonios...*, p. 2), se até mesmo Platão tivesse frequentado a escola de Amônio, ele não teria se comportado como se comportou com relação a Sócrates. No século III d.C. e no contexto filosófico do círculo de Amônio, um hino ao Mestre, vale dizer, ao *homem* Amônio, era impensável, dado que cada um sentia a si próprio e aos outros (e de modo particular um homem inspirado como Amônio) quase exclusivamente como expressão do Divino suprassensível. Portanto, era preciso exaltar o divino e não quem era simples veículo do divino. De resto, também de si e da própria vida Plotino nunca quis falar (cf., *supra*, p. 14, nota 1).

3. Relações entre Plotino, o pensamento oriental, Filo, a gnose e o cristianismo

Para compreender o complexo quadro das diversas componentes culturais que concorreram para a formação do pensamento plotiniano, devemos falar ainda, embora brevemente, do problema dos influxos da sabedoria oriental, da filosofia mosaica de Filo de Alexandria, da gnose e do cristianismo. Em que medida bebeu Plotino nessas fontes?

A pretensa influência do Oriente sobre Plotino foi amplamente redimensionada pelos estudiosos modernos. Por outro lado, sabemos que Plotino desejou ardentemente obter uma experiência direta da filosofia tal como praticada pelos persas e pelos hindus mas, pelas razões já explicadas, não conseguiu contato direto com aquelas fontes[9]. Além disso, o chamado "emanantismo" plotiniano nada tem a ver com o próprio e verdadeiro emanantismo da sabedoria oriental. Ao contrário, teremos ocasião de ver que, falando propriamente, a doutrina plotiniana *não é uma forma de emanantismo*[10]. As fontes orientais de Plotino reduzem-se às que foram largamente helenizadas no ambiente alexandrino. Mais que de conteúdos específicos trata-se do espírito místico e religioso, fruto de uma mediação e de uma síntese entre categorias orientais e ocidentais; em suma, trata-se do espírito do qual se alimentaram todas as correntes de pensamento já examinadas e que floresceram em Alexandria a partir do século I a.C.

Todavia, não é só provável, mas quase certa, a influência de Filo, o Judeu, sobre Plotino. Em Alexandria, cidade na qual ele desenvolvera sua atividade, os livros de Filo eram facilmente acessíveis. De qualquer maneira, ao menos mediatamente, isto é, por intermédio de Numênio, Plotino deve ter vindo ao conhecimento de Filo. São, de fato, notáveis as analogias entre o pensamento filoniano e o plotiniano. Já no seu tempo, o próprio Zeller reconheceu que, entre todos os precursores de Plotino, Filo é o que apresenta as analogias mais consistentes com o pensamento das *Enéadas*. A concepção filoniana de Deus mostra afinidades numerosas com a concepção plotiniana do Absoluto. A doutrina do *Logos* e das potências tem correspondências

---

9. Cf. Porfírio, *Vida de Plotino*, 3.
10. Cf. Zeller, *Die Philosophie der Griechen*, III, 2, pp. 468-500.

com a doutrina plotiniana da segunda hipóstase, não só quanto ao seu conteúdo conceptual, mas até em certas expressões lexicais (a expressão "cosmos inteligível" forjada por Filo volta em Plotino com as mesmas conotações). A atividade divina, criadora de todas as realidades inteligíveis e do próprio cosmos sensível, entendida dinamicamente como manifestação da potência divina e como produção de efeitos por parte da mesma, prefigura, ainda que em direção paralela e não convergente, a processão plotiniana. Enfim, a metafísica filoniana da interioridade e a concepção do fim supremo do homem posto na união místico-estática com Deus encontram plena correspondência nas páginas das *Enéadas*[11].

As relações de Plotino com a gnose foram de contraposição polêmica. Naturalmente, Plotino obteve, com o confronto dialético, maior clareza quanto às próprias posições. No entanto, deve-se observar que os planos nos quais se movem os gnósticos e Plotino são muito diversos e que os influxos positivos dos primeiros sobre o segundo foram indevidamente exagerados por alguns estudiosos, tanto mais que não conhecemos com exatidão os gnósticos aos quais Plotino se refere. V. Cilento parece-nos ter recentemente iluminado muito bem o problema, ao expor com exatidão o seguinte: "[...] os gnósticos e Plotino movem-se em mundos opostos de pensamento: a doutrina plotiniana é uma séria tentativa de resolver o antigo problema do Uno-Todo, ou seja, de pôr o Princípio supremo em relação com o Universo. Embora se possa usar a palavra emanação, para Plotino ela nada tem em comum com as emanações gnósticas, que constituem um dos poucos exemplos, no pensamento europeu, da curiosa aplicação da imaginação, no que ela tem de mais desregrado e irracional, aos problemas filosóficos e teológicos: trata-se da decadente transposição europeia do pensamento hindu, que denominamos teosofia. No neoplatonismo tardio, existem traços dessa contaminação entre fantasia e razão, com a sua indiscriminada aceitação de qualquer entidade fictícia da astronomia caldaica, embora mesmo aqui o racionalismo helênico nativo tente ingenuamente sua sistematização. Não existe nada de tal irracionalidade em Plotino, nem mesmo no Plotino mais sublime e extático; já que mesmo a sua mística é helenicamente dialetizada. Os

11. Ver, vol. VII, pp. 217-267.

sistemas gnósticos, se é que merecem tal nome, parecem inspirados, em parte no sincretismo da época, no desejo de encontrar um lugar no seu mundo espiritual para todo tipo de ser que aparecia nas religiões soteriológicas ou filosóficas das quais tinham algum conhecimento; e, em parte, na paixão oriental pela personificação de ideias abstratas, característica da era escolástica, da qual dão testemunho os nomes bárbaros dos Éons [...]. Outros traços que separam Plotino da gnose é que a produção dos Éons não é necessária ou eterna, mas depende da vontade do Primeiro Princípio; e, além disso, a sexualidade, o 'transfert' erótico sublimado ao mundo espiritual, característico das gnoses simoniana e valentiniana. Entre os simonianos, uma parte notável é confiada à grande Mãe, *magna peccatrix*, Helena terrestre, oscilante entre o épico antigo e o segundo Fausto; ao passo que o valentinianismo é uma verdadeira orgia de προυνικία, de desejos e de uniões. Plotino está bem longe de tudo isso"[12]. Não obstante, da polêmica antignóstica Plotino ganhou sobretudo a consciência plena da positividade do cosmos que, ao contrário, é mau para os gnósticos. Talvez movido por certos tópicos da doutrina gnóstica, ele foi conduzido a colocar-se um problema estranho à especulação grega precedente e que diz respeito ao próprio Absoluto, a saber, o problema *do por que existe o próprio Princípio e qual a razão do seu existir*. Mas a resposta que ele soube dar, como haveremos de ver, vai além dos horizontes da gnose, e alcança os cimos mais altos a que chegou o pensamento ocidental[13].

Plotino deve ter tido também relações com os cristãos propriamente ditos. Porfírio nos fala da frequência de numerosos cristãos às aulas de Plotino, os quais "induziam em erro a muitos" ao sustentar que "Platão não havia devassado a profundidade da essência inteligível", de modo que muitas vezes Plotino intervinha para refutá-los. Mas esses cristãos são misturados por Porfírio com os gnósticos ou mesmo identificados *in toto* com eles[14]. Em todo caso, é certo que Plotino posicionou-se expressamente contra o dogma fundamental da

12. V. Cilento, *Plotino, Paideia Antignostica. Ricostruzione d'un unico scritto da Enneadi* III 8, V 8, V 5, II 9, Florença 1971, pp. 23s.

13. Cf. adiante, pp. 51.

14. Cf. Porfírio, *Vida de Plotino*, 16.

ressurreição da carne[15]. O princípio fundamental do cristianismo, do *Deus que se faz carne permanecendo verdadeiro Deus e tornando-se, ao mesmo tempo, verdadeiro homem,* não poderia ter sido acolhido por Plotino *nem na sua significação revolucionária de evento histórico, nem na sua significação metafísica e teológica.* Também não podia ser acolhida a doutrina da Graça sobrenatural. Plotino pretendia, ao invés, levar *o homem a ser Deus.* Além disso, estava firmemente convencido de que para tanto são suficientes as forças do homem: a união mística com Deus, a saber, a consecução do *telos* supremo do homem, não acontece, como veremos, através de uma graça sobrenatural, mas por uma *energia espiritual natural*, que entra na dialética circular da *processão* e do *retorno* ao Absoluto[16].

4. Os eixos do pensamento plotiniano, sua relação com a especulação precedente e sua novidade

O quadro complexo que até aqui traçamos, com a finalidade de conscientizar o leitor da necessidade de levar a cabo uma série de averiguações complexas para poder ler e compreender as *Enéadas,* a última obra-prima da cultura grega, ficará ainda mais claro com as observações que agora faremos.

O pensamento plotiniano gira inteiramente em torno de seis eixos:

1) A tese fundamental reside na nítida distinção entre o mundo sensível e o mundo inteligível, entre o ser corpóreo e o incorpóreo.

2) O segundo eixo reside na determinação do incorpóreo em função do esquema triádico, ou seja, em função da teoria das três hipóstases, que são o *Uno*, o *Nous* e a *Psyché.*

---

15. Cf. Plotino, *Enéadas*, III, 6, 6.

16. Para aprofundar a extremamente complexa questão das fontes e da gênese histórica do pensamento plotiniano, ver, além do já citado volume *Les sources de Plotin* (que contém as contribuições de E. R. Dodds, W. Theiler, P. Hadot, H. C. Puech, H. Doerrie, V. Cilento, R. Harder, H. R. Schwyzer, A. H. Armostrong, P. Henry), as seguintes contribuições, sob muitos aspectos estimulantes: W. Theiler, *Die Vorbereitung des Neuplatonismus*, Berlim 1930 (Berlim-Zurique 1964²); Ph. Merlan, *From Platonism to Neoplatonism*, The Hague, 1953 (1960²); H. J. Krämer, *Der Ursprung der Geistmetaphysik. Untersuchungen zur Geschichte des Platonismus zwischen Platon nd Plotin*, Amsterdã 1964 (1967²).

3) O terceiro eixo consiste na determinação exata da relação que une as três hipóstases, a saber, do processo segundo o qual a segunda deriva da primeira e a terceira da segunda. O grau mais elevado produz o mais baixo sem se diminuir, ele dá sem se empobrecer. (Essa doutrina é comumente designada como *emanação*; ora, como veremos, tal termo é inadequado, na medida em que se torna fonte de toda espécie de equívocos, sendo, pois, necessário substituí-lo pelo termo "processão.)

4) Estritamente unida à doutrina da "processão" das hipóstases é a doutrina segundo a qual a matéria sensível não constitui, por si mesma, um princípio subsistente, mas procede da última das hipóstases; por conseguinte, o mundo sensível é inteiramente "deduzido" do suprassensível.

5) Como nenhum outro dos metafísicos gregos, Plotino preocupa-se em fundar a unidade de toda a realidade. Num certo sentido, como veremos, tudo está no Uno e o Uno está em tudo, assim como cada um dos degraus inferiores está no superior e é produzido e sustentado por ele. Assim, não somente as hipóstases suprassensíveis são unificadas, mas também o mundo corpóreo é estreitamente envolvido pelo incorpóreo, a tal ponto que, invertendo a maneira tradicional de falar, Plotino afirma que não é a alma que está no corpo mas, antes, o corpo é que está *na alma* e, portanto, não o suprassensível no sensível, mas vice-versa. Avançando por esse caminho Plotino chega aos limites do *acosmismo*, mas esse é, justamente, um traço muito peculiar da sua filosofia.

6) Nesse contexto ontológico, no qual tudo "procede" do Princípio, nada é verdadeiramente estranho ao Princípio (uma vez que não existe nada que lhe seja contraposto), sendo possível, portanto, um "retorno" ao Princípio, uma reunificação plena e total com o Princípio, que o homem pode realizar mesmo enquanto ainda está em vida, na união mística e no êxtase. O homem pode desprender-se do mundo exterior e reentrar em si mesmo, tomar posse do seu Eu verdadeiro que é a alma e, já que a alma deriva do Espírito e o Espírito do Uno, o homem pode retornar ao Uno. Esse princípio revoluciona a escala tradicional de valores tanto clássica como helenística, e transforma a ética em ascese espiritual, pondo a felicidade — o *telos* humano — na união extática com o divino.

Pois bem, tais eixos, embora desempenhando uma função igualmente essencial nas *Enéadas,* acabam não tendo todos eles uma fundamentação e uma justificação proporcionais ao seu alcance. O que até aqui dissemos deveria já ter tornado clara a razão desse fato aparentemente estranho. Na realidade, Plotino não demonstra, mas apenas afirma e reitera os eixos que haviam sido estabelecidos pelos dois séculos de especulação que o precederam. Detêm-se só em parte nos que já haviam recebido alguma justificação e, ao contrário, insiste sobre as novidades específicas trazidas por ele. Eis por que o conhecimento da especulação dos séculos I e II é indispensável para compreender as *Enéadas.*

Exemplifiquemos. O primeiro eixo, que já fora amplamente estabelecido, é simplesmente assumido por Plotino: se o leitor moderno sente a falta da demonstração de tal princípio, Plotino não apenas não a sente mas ainda, por estritas razões histórico-culturais, não podia senti-la porque, como repetidamente tivemos ocasião de ver, os médio-platônicos e os neopitagóricos, dos quais ele parte, já haviam dito o necessário a respeito. No que diz respeito ao segundo eixo, Plotino dedica-se a demonstrar não *que haja hipóstases* (a saber, a existência de uma hierarquia no âmbito do incorpóreo), pois que também essa era uma tese corrente, mas *que as hipóstases são três* (sobretudo contra os gnósticos que multiplicavam os Éons; Valentino, por exemplo, admitia trinta). Aliás, Plotino considera essa tese como tendo sido já admitida por Platão e entrevista por Parmênides (como, de resto, Numênio admitia que Sócrates já conhecia a teologia trinitária)[17]. Plotino sobretudo se esforça por demonstrar que as hipóstases são *essas três e não outras*: o *Uno,* que está acima do ser e da essência, o *Espírito*, que é unidade de ser e pensamento, e a *Alma*. Juntamente com o precedente, o terceiro eixo é o mais longamente discutido. De resto, é justamente *esse o traço novo e distintivo do neoplatonismo, a saber, a determinação do princípio segundo o qual da primeira hipóstase procedem as posteriores e da última procede o próprio cosmo sensível, bem como a determinação da natureza desse processo.*

Podem-se fazer observações análogas acerca dos três eixos restantes. De modo particular deve-se ressaltar que o último dos eixos

17. Cf. Plotino, *Enéadas*, V, 1, 8, e Numênio, fr. 2 des Places = fr. 1 Leemans.

só se torna perfeitamente inteligível se for situado no clima espiritual do tempo, no qual, por consenso, os valores religiosos situavam-se no vértice da escala de valores. Outra coisa não faz Plotino senão dar a esse modo de sentir um fundamento especulativo adequado.

O que acabamos de expor é suficiente portanto para fazer compreender que é *impossível entender Plotino fora do fundo e da perspectiva histórica nos quais está situado.*

5. O método de Plotino

Qual o método próprio da especulação plotiniana? É o mesmo método da especulação platônica, a saber, a "dialética", entendida no seu sentido originário metafísico e ontológico e não no sentido lógico-metodológico aristotélico nem, evidentemente, no sentido estoico. Em Platão, a dialética era não apenas o método, mas o próprio tipo de vida que caracterizava a "segunda navegação", vale dizer, *o método e o tipo de vida que unicamente sabem libertar o homem dos laços com o mundo sensível, sabem fazê-lo subir ao mundo inteligível e, uma vez alcançado o mundo inteligível, sabem elevá-lo de degrau em degrau à realidade suprema, ao princípio imprincipiado, à condição incondicionada*[18].

Assim como em Platão, também em Plotino as fases da dialética são duas: a primeira consiste em passar do sensível ao inteligível, a segunda consiste em subir, de degrau em degrau, no mundo inteligível, até chegar a tocar o ápice do inteligível. Eis uma passagem expressiva:

> Para dizer verdade, o caminho é duplo para todos, seja para quem está ainda na subida, seja para quem já chegou ao alto: vale dizer, o primeiro parte do baixo; o segundo é reservado àqueles que já estão dentro do mundo do Espírito e, por assim dizer, deixaram uma pegada lá em cima; esses caminharão fatalmente até chegar ao limite daquele lugar que coincide, de resto, com o termo da viagem, quando se encontrarem justamente no cimo: o reino do Espírito[19].

Na verdade, o texto fala de duas fases mas, depois, distingue três, na medida em que distingue (adiante veremos a razão disso)

18. Cf. vol. III, pp. 164ss.
19. Plotino, *Enéadas*, I, 3, 1.

no próprio âmbito do inteligível, a) o caminho no mundo do Espírito e b) o momento no qual se chega ao "termo da viagem", à sua conclusão (o êxtase).

Vejamos, no entanto, que homens são capazes de elevar-se e, portanto, de tornar-se dialéticos, para depois determinar de maneira mais exata o método dialético. Segundo Plotino, tais homens são de três espécies: os que têm natureza de *músicos*, os que têm natureza de *amantes* e os que têm natureza de *filósofos*. Trata-se, em suma, de *homens que aspiram ao imaterial* e são capazes de separar-se do sensível ou que, tais como os homens de natureza filosófica, de alguma maneira já operaram a separação.

Pois bem, ao homem que tem a natureza de músico será necessário, primeiramente, ensinar-lhe a passar dos sons sensíveis e da beleza sensível que neles se exprime à beleza espiritual que lhes é superior, insinuando nele, deste modo, as razões da filosofia.

De modo análogo, ao homem que tem a natureza de amante será necessário ensinar a passar além das belezas corporais que o perturbam e inquietam e será necessário acostumá-lo a descobrir a fascinação verdadeira das coisas incorpóreas e, assim, a subir ao mundo do Espírito. O homem que tem natureza filosófica já levou a cabo aquela separação e já está pronto para o caminho ulterior, vem a ser, para tornar-se dialético[20].

Mas, então, que é exatamente a dialética? Eis a resposta de Plotino:

> Mas, afinal, que é a dialética cujo ensinamento é necessário transmitir também aos que vieram antes? É a capacidade que se tem de exprimir com a razão, sobre cada coisa, o que ela é, como é diferente de outras e o que com elas tem de comum; além disso, em que seres se encontra e qual o lugar de cada um e se é realmente um ser; quantos são os seres e o que, sendo diferente, é não-ser. Ela também discorre sobre o bem e o não-bem, e sobre o que está sujeito ao bem ou ao seu contrário; trata do que é eterno e do que não o é, e em tudo isto procede segundo a ciência, não segundo a opinião. Dando um descanso ao nosso errar em meio às coisas sensíveis, ela se detém no domínio do inteligível; lá ela se exercita, lançando fora a falsidade e alimentando a alma na assim chamada "planície da verdade", usando o método de divisão de Platão para a distinção das ideias, usando-o também

20. Cf. Plotino, *Enéadas*, I, 3, 1-3.

para determinar a essência de um objeto e para alcançar os gêneros supremos. Entrelaçando inteligivelmente um com outro e o que deles é derivado, até que tenha percorrido todo o campo do inteligível, faz depois, por via de análise, o caminho inverso até ter alcançado o princípio. Então, gozando de tranquilidade, da tranquilidade que se goza no reino do inteligível, sem se preocupar com mais nada, recolhida na sua unidade, considera o chamado trabalho lógico feito com premissas e silogismos e o deixa de lado como se faz com a arte de escrever em vista de uma nova arte. Apreciando, é verdade, alguns elementos, como necessários à sua própria arte, ela os julga porém como aos demais, considerando alguns úteis, outros supérfluos, apropriados somente para uma espécie particular de pesquisa[21].

Esta ciência — é bom notar — não depende do mundo exterior e não parte da sensação no sentido de que não *retira da experiência sensível seus próprios princípios, mas do Espírito, pela mediação da alma*. Platão havia dito claramente que olhar diretamente as coisas sensíveis com os sentidos "cega a alma", e tinha sustentado a necessidade de refugiar-se "nos *logoi*" e avançar nessa esfera[22]. De maneira ainda mais clara, Plotino afirma que os *princípios são dados pelo próprio Espírito e são evidentes, desde que se saiba acolhê-los justamente com a alma que, como veremos, depende do Espírito.* A dialética, por sua vez, tira desses princípios todas as consequências, entrelaçando-os e separando-os até captar toda a trama das relações que constitui o mundo do Espírito de maneira adequada e até mesmo, como veremos, até captar o próprio Espírito, o Uno, o Absoluto.

Dois elementos devem ainda ser postos em evidência para uma correta compreensão da dialética plotiniana.

Em primeiro lugar, como já dissemos, a dialética *não é um puro método de pesquisa,* ou seja, um puro *instrumento*. Com efeito, ela não consiste, como para Aristóteles e para a escola estoica, na determinação de *meros procedimentos racionais* ou do modo correto de proceder nas perguntas e respostas, mas num processo de pensamento que, como em Platão, capta imediatamente o ser e a realidade:

De maneira alguma se deve pensar que ela [a dialética] seja um simples instrumento do filósofo: na realidade, ela não consiste em puros teoremas e em regras, mas atinge as próprias coisas e tem os seres, por assim dizer,

---

21. Plotino, *Enéadas*, I, 3, 4.
22. Cf. Platão, *Fédon*, 99 b-100d.

como a sua matéria: no entanto, aproxima-se dos seres com um método próprio porque possui ao mesmo tempo, juntamente com os teoremas, as próprias coisas[23].

Em segundo lugar, a dialética para Plotino, como para Platão, e também a isso já nos referimos, é elevação *moral,* é *subida* e é *conversão*. A dialética não pode existir sem a virtude e, mais ainda, *as virtudes superiores coincidem ou estão estreitamente ligadas à dialética*, uma vez que estas virtudes são separação do corpo, assimilação e identificação com o divino, e a dialética tem em vista justamente esse alvo. Em suma, a dialética plotiniana desemboca na mística.

Assim, com essa última observação, voltamos à observação inicial acerca da natureza muito peculiar do momento culminante da dialética plotiniana. O processo dialético platônico já terminava na intuição do Bem, ou seja, numa apreensão imediata do incondicionado. Ora, Plotino acentua com extremo vigor a natureza extraordinária desse momento final, a ponto de contrapô-lo à ciência, e chega até mesmo a falar de contato, assimilação, identificação, êxtase[24].

Mas, para compreender esse ponto é necessário primeiramente examinar todo o sistema plotiniano e, por essa razão, somente poderemos caracterizá-lo adequadamente no fim da nossa exposição.

23. Plotino, *Enéadas*, I, 3, 5.
24. Cf. adiante, pp. 124ss.

IV. MÉTODOS PARA INTERPRETAR E EXPOR O PENSAMENTO PLOTINIANO

1. As interpretações propostas pelos historiadores da filosofia

As componentes do pensamento plotiniano, como os estudiosos já de há muito advertiram, são duas: uma de caráter *subjetivo*, ou como diríamos hoje, *existencial*; a outra de caráter *objetivo* ou, propriamente, *especulativo*. Com efeito, do princípio ao fim das *Enéadas*, emergem a ânsia do Divino e o desejo fervoroso de unir-se a ele, o sentimento religioso e a tensão mística; mas também é evidente, do começo ao fim das *Enéadas*, a lúcida tentativa de explicar a totalidade do real e de explicar, fundando-se em bases racionais, a tendência do homem e de todas as coisas ao Divino.

Ora, os intérpretes se dividiram e alguns deram primazia à primeira componente, oferecendo-nos uma série de interpretações que podem ser ditas, *grosso modo*, de caráter *religioso*, enquanto para outros a primazia cabe à segunda componente, e eles nos oferecem, assim, uma série de interpretações mais *filosóficas* e *metafísicas*[1].

Em primeiro lugar, é preciso acentuar que, em Plotino, essas duas componentes dificilmente podem ser separadas. Bréhier afirmou mesmo, e com razão, que o traço característico de Plotino é justamente "a união íntima desses problemas, de tal sorte que a questão de saber qual deles é subordinado ao outro não deve mais ser posta"[2]. Mais ainda, explica o estudioso francês, "Plotino deve ser situado entre os pensadores que tentaram superar o conflito entre a razão e a fé (porque, nessa forma, tal conflito se dará a partir de circunstâncias históricas que, na época, ainda não se haviam verificado), mas conflito

---

1. Privilegiam a primeira componente, por exemplo, M. Wundt (ver, abaixo, a nota 4) e R. Arnou, *Le désir de Dieu dans la philosophie de Plotin*, Paris 1921 (Roma 1967[2]); ao contrário, privilegia a segunda componente, Zeller, *Die Philosophie der Griechen*, III, pp. 500-687.

2. É. Bréhier, *La philosophie de Plotin*, Paris 1968[4]; trad. ital., *La filosofia di Plotino*, Milão 1976, p. 36.

de caráter muito mais geral, a saber, conflito entre uma representação religiosa do universo, vale dizer, uma representação tal que nela o nosso destino tenha um sentido, e uma representação racionalista que parece retirar toda significação a uma realidade, qual seja o destino individual da alma. Por ter formulado esse problema, Plotino permanece um dos mestres mais importantes da história da filosofia"[3].

Além disso, convém salientar que, em todo caso, nos ocupamos de Plotino na história da filosofia somente em razão da segunda componente ou, se se quiser, na medida em que a segunda componente é que dá sentido à primeira. Assim sendo, as interpretações filosófico-metafísicas se mostram sem dúvida mais adequadas, tanto mais que as interpretações religiosas não conseguem, definitivamente, dar sentido ao momento religioso sem referir-se ao momento filosófico, não conseguem explicar o momento existencial sem fazer referência ao momento ontológico: em uma palavra, não conseguem prescindir do momento objetivo para explicar o momento subjetivo.

As interpretações filosóficas, por sua vez, seguiram diferentes caminhos.

Alguns estudiosos buscaram reconstituir a evolução do pensamento plotiniano e seu desenvolvimento cronológico[4]. No entanto, a ordem cronológica das *Enéadas* que nos foi transmitida por Porfírio não é inteiramente confiável. Sabemos, além disso, que Plotino começou a escrever em torno dos cinquenta anos, quando já havia cerca de um decênio tinha amadurecido seu pensamento. Entende-se, pois, a razão pela qual os êxitos dessas tentativas foram em parte decepcionantes.

Os que, ao contrário, se propuseram reconstruir sistematicamente o pensamento plotiniano encontraram-se diante de outra dificuldade. Plotino é, num certo sentido, um pensador muito sistemático, mas o modo como expõe o próprio pensamento é o mais assistemático que se possa imaginar. Do princípio ao fim, as *Enéadas* pressupõem a doutrina das três hipóstases e, mais ainda, todo o sistema já fixado, mas em parte nenhuma encontramos a indicação de um plano exato para reconstruí-lo.

---

3. Bréhier, *La filosofia di Plotino*, p. 44.

4. Ver, por exemplo: M. Wundt, *Plotin, Studien zur Geschichte des Neuplatonismus*, I, Leipzig 1919; F. Heinemann, *Plotin. Forschungen über die plotinische Frage, Plotins Entwicklung und sein System*, Leipzig 1921.

Entende-se, portanto, como também nesse caso os intérpretes se tenham dividido em duas correntes. Alguns preferiram seguir o caminho que poderemos denominar "de baixo para cima", ou seja, o caminho que parte da matéria e do mundo sensível para chegar ao mundo inteligível, e da hipóstase inferior à superior[5]. Outros, ao contrário, preferiram o caminho que poderemos denominar "de cima para baixo", isto é, partindo do princípio supremo, ou seja, do Uno, descendo passo a passo ao Espírito, à Alma e, finalmente, ao mundo sensível[6].

Qual o caminho mais certo e mais adequado?

2. O caminho seguido na presente exposição

Na verdade, é preciso notar que nas *Enéadas* podem ser encontrados ambos os caminhos. Com efeito, eles são apenas aparentemente antitéticos. De resto, sabemos que já em Platão a dialética era tanto "ascendente" como "descendente". Assim também acontece em Plotino. No entanto, os que escolhem a via ascendente, de baixo para cima, parecem estar em sintonia com o método aristotélico, que costuma partir do que é *primeiro para nós* (o sensível) para subir ao que é *último para nós*, mesmo se é *primeiro para si* (o suprassensível). Mas o método aristotélico é de natureza completamente diferente do método plotiniano. Com efeito, o mundo sensível não tem, para Plotino, a espessura ontológica e a autonomia que tem para Aristóteles e, por conseguinte, a sensação não possui uma valência cognoscitiva autônoma. Como já lembramos, a alma (a nossa inteligência) não haure os princípios do sensível, mas do próprio Espírito.

Doutra parte, é necessário salientar que Plotino usa o método de baixo para cima somente poucas vezes e só quando quer provar, a modo de verificação, que as hipóstases são três. Mas, como regra, ele usa o método do alto ao baixo, pois somente com ele é possível

---

5. Cf., por exemplo, Bréhier, *La filosofia di Plotino*; C. Carbonara, *La filosofia di Plotino*, Roma 1938-1939 (Nápoles 1964[3]).

6. Cf., por exemplo, Zeller, citado na nota 1; A. H, Armstrong, *The Architecture of the Intelligible Universe in the Philosophy of Plotinus*, Cambridge 1940 (reimpr. Amsterdã 1967).

representar adequadamente a "processão" das hipóstases, ou seja, o modo com que uma deriva da outra e as relações que reciprocamente as unem.

De resto, como teremos ocasião de ver, o princípio supremo, o Uno, desempenha um papel absolutamente condicionante no sistema plotiniano, de modo que nenhuma parte dele se mostra inteligível senão na sua referência ao Uno.

O caminho "de cima para baixo" é, pois, o mais adequado e mais conforme à especulação plotiniana.

3. As articulações do sistema

Os estudiosos estão também em desacordo no que diz respeito às articulações do sistema plotiniano. Trata-se de uma consequência inevitável dos diversos pontos de partida por eles escolhidos e da interpretação diversa que propõem da natureza do filosofar plotiniano.

A nós, todavia, parece-nos que tal articulação transpareça nas *Eneádas* de modo bastante claro.

Com efeito, por ser a base do sistema plotiniano, como se viu, a distinção platônica entre o mundo inteligível e o mundo sensível, que estão entre si na relação do condicionante ao condicionado, será necessário distinguir a exposição do mundo suprassensível da do mundo sensível e começar por aquela.

A respeito da articulação da exposição do suprassensível não pode haver dúvidas: a ordem hierárquica de cima para baixo, do Uno ao *Nous* e à Alma, é a mais lógica. Quem parte da hipóstase mais baixa, a alma, para subir à mais alta, não consegue explicar perfeitamente a natureza da "processão" plotiniana. Quem, por sua vez, parte da hipóstase intermédia, trabalha arbitrariamente[7].

À explicação do mundo inteligível deverá seguir-se a do mundo sensível. É essa a "física" ou, melhor, a cosmologia propriamente dita.

---

7. Toma como ponto de partida a hipóstase média, por exemplo, H. R. Schwyzer, no seu acuradíssimo artigo *Plotinos*, na *Realenzyclopaedie der classischen Altertumswissenschaft*, Pauly-Wissowa-Kroll, XXI, cols. 553ss.

Finalmente, será necessário tratar do homem, do seu fim e de como deve viver para alcançá-lo. É o objeto da ética.

Ora, relendo o tratado da primeira *Enéada* dedicado à dialética, iremos encontrar justamente esse esquema. A filosofia tem partes distintas: a mais nobre é, exatamente, a dialética (que é o conhecimento do inteligível e do imaterial); as duas outras partes, expressamente mencionadas e declaradas dependentes da dialética são a física e a ética[8].

Porém, considerando bem, Plotino se desinteressa completamente do estudo dos problemas físicos examinados sob o ângulo estritamente científico. O mundo físico lhe interessa só como momento da "processão" do Absoluto. Analogamente, a ética não possui uma espessura própria e nem mesmo uma autonomia relativa. Em Plotino, a ética torna-se o caminho de "retorno" ao Uno e somente sob esse aspecto nosso filósofo se interessa pelos problemas do homem.

Portanto, o sistema plotiniano só surge nas suas linhas fundamentais se recompusermos as "partes" tradicionais da filosofia no novo esquema "circular" da "processão" de todas as coisas do Uno e do "retorno" ao Uno.

No sistema plotiniano, com efeito, é-nos apresentada a mais audaz tentativa metafísica da Antiguidade, que desloca e quebra todos os esquemas tradicionais; as hipóstases e o próprio mundo são apenas graus diversos do Divino; em cada grau ou momento está presente, em certo sentido, o todo, o Uno está no todo, ainda que de maneira diversa, conforme cada coisa seja capaz de contê-lo, e o todo está no Uno.

Como foi observado com razão, a "processão" dos muitos a partir do Uno é "um caminho *de Deus a Deus,* mas também um caminho *em Deus*, porque há somente graus da vida divina, um eterno descer e um eterno subir da alma, segundo ritmos determinados e segundo uma lei imanente"[9].

Justamente por isso as "partes" da filosofia perdem sua significação tradicional e só adquirem nova significação e novo valor no círculo da "processão" e do "retorno".

Assim sendo, nossa exposição seguirá esse esquema.

---

8. Cf. Plotino, *Enéadas*, I, 3, 6.

9. Heinemann, *Ammonios...*, p. 27. Heinemann já refere a Amônio tudo isso. Talvez ele se exceda nesse ponto; contudo, é certo que este é o verdadeiro "movimento" do pensamento plotiniano.

SEGUNDA SEÇÃO

O SISTEMA DE PLOTINO: FUNDAMENTOS E ESTRUTURA

Ἔστι γάρ τι οἷον κέντρον, ἐπὶ δὲ τούτῳ κύκλος ἀπ' αὐτοῦ ἐκλάμπων, ἐπὶ δὲ τούτοις, ἄλλος, φῶς ἐκ φωτός.

"Existe, sim, alguma coisa que poderia chamar-se um centro: em torno a esse um círculo irradiando o esplendor que emana daquele centro; em torno a esses (centro e primeiro círculo), um segundo círculo: luz da luz!"

Enéadas, IV, 3, 17

MVSEVM LESSIANVM SERIES PHILOSOPHICA XXXIII

PLOTINI OPERA

TOMVS I

PORPHYRII VITA PLOTINI

ENNEADES I - III

EDIDERVNT

PAUL HENRY ET HANS-RUDOLF SCHWYZER

1951

DESCLÉE DE BROUWER ET Cie
76bis, RUE DES SAINTS-PÈRES,
PARIS, VIIe

L'ÉDITION UNIVERSELLE, S.A.
53, RUE ROYALE,
BRUXELLES

Este é o frontispício da exemplar edição crítica das *Enéadas,* obra de Henry e Schwyzer em três volumes (1951-1973). Os autores publicaram também uma *editio minor*, Oxford, 1964-1982.

I. A PRIMEIRA HIPÓSTASE: O UNO

1. Demonstração preliminar da existência do Uno e das três hipóstases

É impossível entender a originalidade e a novidade de Plotino e, em particular, sua contribuição pessoal à "segunda navegação", se não se compreende a reforma estrutural que ele realiza tanto na metafísica platônica como na aristotélica e que leva a resultados, sob mais de um aspecto, revolucionários. É verdade que se encontram em Platão indícios plotinianos *ante litteram*[1], e que na história subsequente do platonismo e do neopitagorismo esses indícios, como vimos[2], são desenvolvidos de modo considerável, mas Plotino vai muito além, porque desses indícios ele procede a uma *verdadeira refundação da metafísica clássica.*

O princípio último do real, para Aristóteles, era a *essência (ousía)* e a *inteligência* do Motor Imóvel; para Plotino, ao contrário, *o princípio é ainda ulterior,* é o Uno, o qual está *para além do ser e da essência, para além da inteligência;* é o Uno que transcende a própria *ousía* e o próprio *Nous*: ele retoma e leva às últimas consequências o núcleo central das "Doutrinas não-escritas" de Platão, notavelmente antecipadoras.

Vejamos o raciocínio com que Plotino motiva sua tese segundo a qual o Uno é *o fundamento e o princípio absoluto.*

Todo ser, em última instância, *é tal somente em virtude da unidade.* Se, com efeito, se quebra a unidade, a própria coisa deixa de subsistir. Portanto, a subsistência da coisa depende da unidade: negada essa, é o próprio ser da coisa que se nega.

Escreve Plotino:

Todos os seres são seres em virtude do Uno, tanto os que são seres num sentido originário como aqueles dos quais se diz que num sentido qualquer são contados entre os seres. Com efeito, o que poderia existir se não houvesse

---

1. Sobre esta questão, ver C. J. De Vogel, *On the Neoplatonic Character of Platonism and the Platonic Character of Neoplatonism*, na miscelânia da autora, intitulada *Philosophica*, Assen 1970, pp. 355-377.

2. Cf., vol. VII, pp. 269-398, e supra, p. 1-18.

a unidade? Tanto é verdade que, apenas privados da unidade que lhes é atribuída, os seres não são mais os mesmos. Exemplificando, não há exército se não sabe apresentar-se como uno, nem há coro nem rebanho se não são "uno". Do mesmo modo, nem há casa nem navio se não possuem unidade, dado que a casa é uma unidade e assim também o navio, tanto assim que, se perdem a unidade, a casa não será mais casa nem o navio será mais navio. Assim também as grandezas contínuas não existiriam se nelas não estivesse presente a unidade; sem dúvida, desde que sejam cortadas, ao perder a unidade mudam o seu ser. O mesmo vale dos corpos das plantas e dos animais: cada um é uma unidade e, se escapa dessa unidade repartindo-se numa pluralidade, perde aquele primeiro ser que lhe era próprio, não sendo mais o que era; no entanto, tornando-se algo diverso, também o novo ser existe enquanto unidade. De resto, só se goza de saúde se o corpo estiver coordenado em unidade; só se tem beleza quando as partes são mantidas juntamente pela virtude do uno; mas até mesmo a virtude da alma acontece quando as potências se fundem na unidade e, mais exatamente, numa concórdia unitária[3].

Perguntemos agora, uma vez que está comprovado que o ser dos entes depende da sua unidade, *de onde procede ulteriormente essa unidade*. Ora, observa Plotino, todos os entes físicos recebem a sua unidade da alma (como adiante se verá), que é justamente uma atividade plasmadora, formadora e coordenadora de todas as coisas sensíveis e, nesse sentido, é causa e fundamento da sua unidade. Diremos, então, que a própria alma é a unidade ou diremos, antes, que a alma *confere a unidade, mas não coincide com a unidade* e que, portanto, deriva a sua unidade de algo ulterior? A resposta de Plotino é claríssima: há *graus diversos de unidade*; a alma tem um grau de unidade superior ao dos corpos, mas ela não é a unidade:

[...] Todo ser que seja reconhecido como "uno" é uno exatamente na medida implicada pelo seu ser: em consequência, os seres menores têm a unidade em grau menor; os seres maiores têm maior unidade. Naturalmente também a alma — ainda que seja diferente do Uno — possui a unidade em grau mais alto, proporcionalmente ao seu ser mais alto e mais próprio dela; no entanto, ela não é o Uno em si; tanto é verdade que a alma é una e, num certo sentido, essa unidade é acidental; com efeito, temos aqui dois termos: a alma e mais a unidade; nem mais nem menos do que corpo e unidade. Assim o descontínuo — por exemplo, o coro — está bem distante do uno; ao passo que o contínuo está mais perto dele; e mais perto ainda está a alma que está

3. *Enéadas*, VI, 9, 1.

até em comunhão com o Uno. Mas se, pelo fato de que a alma não poderia ser alma sem ser uma unidade, se viesse a identificar a alma com o Uno, responderíamos primeiramente que todas e cada uma das almas só existem em companhia do "ser-unidade"; mas, no entanto, delas é diferente o Uno; pois também não se identificam corpo e unidade, mas o corpo participa do uno; em segundo lugar, também a alma una é múltipla, embora não conste de partes; já que nela existem muitíssimas potências — raciocinar, desejar, perceber — que são mantidas juntas como por um vínculo unicamente em virtude do uno. A alma enfim, sendo una em si mesma, introduz a unidade em outros seres; mas ela também a recebe por obra de outro[4].

Portanto, a alma introduz a unidade no mundo físico, mas ela a recebe de algo que lhe é superior, ou seja, do *Nous*, do Espírito e do Ser.

Nessa altura, apresenta-se o problema já levantado a respeito da alma: *o Uno coincide com o Ser e com o Espírito, ou seja, com o Nous*? Também nesse caso a resposta é negativa. O ser e o Espírito, não obstante gozem de um grau de unidade superior ao da alma, não são o Uno *porque implicam multiplicidade*: dualidade de pensante e de pensado e multiplicidade das Ideias, vale dizer, a totalidade das realidades inteligíveis:

A impossibilidade de que o Espírito seja o primeiro termo ficará clara pelo seguinte: o Espírito está necessariamente no pensamento; mais exatamente, na sua forma melhor o Espírito não pensa olhando para coisas exteriores, mas pensa o que lhe é anterior; voltando-se sobre si mesmo volta-se para o seu princípio. Ora, se ele é o pensante e o pensado será dúplice e não simples nem o uno; se, ao contrário, olha para um outro, de qualquer maneira olhará para o que é melhor e lhe é superior; e, finalmente, se olha para si mesmo e para o melhor, assim também ele é um segundo termo. Assim sendo, é necessário afirmar o Espírito de tal sorte que, de uma parte, esteja presente ao Bem e ao Primeiro e volte o olhar para ele e, de outra parte, esteja junto de si mesmo e se pense a si mesmo e se pense como sendo "todas as coisas". Sendo assim tão vário, o Espírito não é o Uno[5].

A raiz da unidade é, portanto, algo que transcende o próprio *Nous*, algo livre de qualquer pluralidade, *é o Uno em si*.

Eis ainda uma passagem significativa:

---

4. *Enéadas*, VI, 9, 1.
5. *Enéadas*, VI, 9, 2.

Portanto, o princípio criador do mundo sensível não poderia ser, ele mesmo, mundo sensível, mas Espírito e mundo do Espírito e assim, do mesmo modo, o princípio anterior a esse Espírito, o princípio que o gerou não é, em si mesmo, nem Espírito nem mundo do Espírito, mas é mais simples do que o Espírito e mais simples do que o mundo do Espírito. O "muito" não deriva certamente do "muito", mas esse nosso "muito" deriva do "não-muito". Se, com efeito, ele fosse "muitos", esse "muitos" não seria princípio, mas, antes dele, haveria um princípio desse "muito". *É preciso, pois, concentrar-se no que é realmente "uno", livre de qualquer multiplicidade e mesmo de qualquer simplicidade, se deve ser realmente simples*[6].

Para concluir: ao buscar o fundamento das coisas que é a unidade, somos obrigados a subir do mundo físico à alma (que é a hipóstase mais baixa) e, logo, da alma (que *tem,* mas não *é* unidade) ao Espírito (que tem uma unidade mais elevada do que a da alma, mas é multíplice também ele) a *um princípio ulterior, absolutamente simples: o Uno que é a hipóstase primeira, o Princípio imprincipiado, o Absoluto.*

Vejamos agora, de maneira mais exata, como Plotino compreendia esse seu Uno.

2. A infinitude, a absoluta transcendência e a inefabilidade do Uno

Característica fundamental do Uno é a *infinitude* e é necessário partir dela para compreender as diferenças entre a metafísica plotiniana e a platônico-aristotélica à qual acima acenamos. A infinitude fora atribuída ao Princípio somente por alguns dos antigos filósofos da *physis* e, justamente, numa dimensão física[7]. Em Platão e Aristóteles (e, em geral, no pensamento grego), prevaleceu a ideia de que o infinito comportasse imperfeição (isto é, que fosse sinônimo de in-determinado e de in-completo) ao passo que o finito (no sentido de de-terminado e completo) fora associado com o perfeito. Platão compreendera o primeiro Princípio como *limite* (πέρας) e o Princípio material como o ilimitado e o infinito (ἄπειρον)[8]. Aristóteles, por sua vez, declarara impossível a existência do infinito em ato e concebera

6. *Enéadas*, V, 3, 16; cf. também III, 8, 10.
7. Cf. Anaximandro, Anaxímenes, Melisso e Anaxágoras.
8. Cf. vol. II, pp. 83ss. e 120ss.

o infinito como *puramente potencial, circunscrevendo-o à categoria da quantidade* e, além disso, afirmara que o perfeito implica sempre um fim e o fim um limite[9].

Era, pois, necessário, para poder fazer reviver a antiga concepção do infinito afirmada pelos naturalistas que, no fundo, era uma infinitude espácio-temporal, fundamentá-la sobre um plano novo, ou seja, o plano do imaterial como, ao menos em certa medida, já o fizera Filo de Alexandria[10].

Justamente porque não compreenderam essa radical transformação sofrida pelo conceito de infinito ao ser transposto e repensado no plano do imaterial, muitos historiadores da filosofia apresentaram as mais diversas e inadequadas interpretações do Uno.

Que significa, pois, *o infinito na dimensão do imaterial*? Eis as mais claras e significativas afirmações de Plotino a esse respeito:

> Além disso, ele não é limitado no seu ser. Por quem o seria? Nem é ilimitado no sentido da grandeza. Por onde se estenderia? Ou que finalidade atribuir-lhe, se não tem necessidade de nada? A sua potência, sim, conserva a infinitude. Na verdade, ele não se alimenta em uma fonte distinta nem se exaure em si mesmo, pois é em razão dele que existe o inexaurível. Essa infinitude fundamenta-se justamente no fato de que Ele não é "mais de uno" e nada há no qual encontre seu limite alguma das realidades que estão nele: digo que, justamente porque é "uno", Ele não cabe nem em uma medida nem em um número. Assim não encontra fronteiras nem em outro nem em si mesmo; pois, em tal caso, ele incidiria na dualidade. Portanto, nem figura — porque nem mesmo tem partes — nem forma[11].

> O Uno [...] nem se encontra em outro nem se encontra em meio ao divisível, e também não é indivisível como o termo mínimo matemático; antes, entre todas as coisas, ele é máximo não por extensão real, mas por potência, de sorte a estar privado de grandeza justamente pela sua potência; tanto é verdade que os seres que vêm logo depois dele são indivisíveis e sem partes por potência e não por volume ou massa.

---

9. Cf. vol. IV, pp. 75ss.

10. Não nos deve levar a engano o fato de Filo não utilizar o termo ἄπειρον em referência a Deus, dado que ele o reserva à matéria. Mas de tudo o que ele diz de Deus, esta característica emerge com toda evidência.

11. *Enéadas*, V, 5, 10s.

Deve-se, pois, concebê-lo infinito não porque não tenha limite seja em grandeza seja em número, mas pela ilimitação da sua potência[12].

Mas, se alguém insiste em procurar o modo, lembre-se de que a potência não é determinada quantidade, mas mesmo dividindo-a ao infinito com o pensamento sempre se obtém a mesma potência abissalmente infinita; já que ela não tem matéria, de sorte a que com a grandeza da massa possa diminuir tornando-se menor[13].

Portanto, o infinito plotiniano não é o infinito do espaço nem da quantidade (ligada à espacialidade), mas como já sucedia em alguma medida com Filo de Alexandria, o infinito é entendido como ilimitada, inexaurível e imaterial *potência produtora.* Nesse contexto, a palavra *potência* (δύναμις) assume não a significação de *potencialidade*, porque essa significação aristotélica estava estruturalmente ligada à matéria e ao ser corporal, mas de *atividade* como já acontecia em Filo.

A potência, por conseguinte, coincide com a força ativa, com a atividade, com a (ἐνέργεια), com o ato puro, com o ato metafísico primeiro e supremo. Compreender o Uno como potência infinita significa, em suma, compreendê-lo como energia espiritual infinita e criadora (o Uno é criador de si mesmo e de todas as outras coisas, como veremos).

As consequências revolucionárias que o conceito positivo de *infinito imaterial* comporta no âmbito da "segunda navegação" são as seguintes:

Em primeiro lugar, o Uno não poderá ser entendido como Ideia, *ousía* no sentido platônico, porque forma e essência implicam para Platão, como já dissemos, *finitude, peras,* ou seja, *limite:* são e produzem de-limitação e de-terminação. Mas o Uno não poderá ser também a substância aristotélica, imóvel e separada, porque essa *ousía,* que é Inteligência que se pensa a si mesma, é igualmente finita e determinada[14].

Em consequência, já que o ser, tal como era entendido por esses filósofos, era o ser do *eidos* e da *ousía* (e daquilo que se refere à *ousía)* e, portanto, ser finito, entende-se a necessidade que sentia Plotino de

12. *Enéadas*, VI, 9, 6.
13. *Enéadas*, VI, 5, 12.
14. Cf. *Enéadas*, V, 5, 6.

pôr o Uno "acima do ser" e também, pelo mesmo motivo, "acima do pensamento" e de repetir essa tese através de todas as *Enéadas*, com tal insistência que não deixa descansar o leitor. Trata-se aqui de uma nova concepção da transcendência que tem vagas precedentes no âmbito da cultura grega, mas tem um claro antecedente em Filo de Alexandria[15]. O princípio supremo não somente transcende o mundo físico, mas transcende *toda forma de finitude*, incluindo-se a finitude na qual Platão e Aristóteles haviam aprisionado o próprio inteligível e a própria Inteligência.

Por conseguinte, compreende-se por que Plotino tende a dar do Uno determinações *prevalentemente negativas* (com efeito, enquanto é infinito, não lhe convém nenhuma das determinações do finito que são a ele posteriores) e até a declará-lo *inefável*:

> Daqui que, entre outras coisas, ele é *inefável* no verdadeiro sentido da palavra. Visto que com qualquer palavra que venhas a pronunciar, sempre exprimirás "alguma coisa". No entanto, a expressão "além do todo" ou essa outra "além do Espírito sumamente venerável" são as únicas que, entre todas as outras, correspondem à verdade porque, definitivamente, não são denominações que sejam alguma coisa de diferente daquilo que Ele é, e nem é uma coisa em meio às outras: e Ele é *inominado* exatamente porque não sabemos dizer nada a seu respeito, mas somente tentamos, como melhor nos suceda, dar alguma indicação acerca Dele, entre nós e para nosso uso[16].

Quando Plotino, porém, atribui ao Uno caracterizações positivas, não se contradiz como pensaram alguns intérpretes, já que usa uma linguagem claramente analógica, tal como já fizera Filo.

Vejamos, pois, quais são essas caracterizações positivas do Uno.

3. As caracterizações positivas do Uno

Comecemos com o próprio termo "Uno" com o qual Plotino designa o seu princípio supremo. O Uno, referido ao Princípio, não significa *um Uno particular*, ou seja, *uma unidade determinada*, mas

---

15. Cf., vol. VII, pp. 238ss. A tese está também em Albino, mas um tanto atenuada, cf., vol. VII, pp. 293s.

16. *Enéadas*, V, 3, 13.

é o Uno-em-si, a causa e razão de ser da unidade de todas as outras coisas. O Uno significa *o absolutamente simples que é razão de ser do complexo e do múltiplo.* Eis um texto bastante eloquente:

> Se há "alguma coisa" ulteriormente ao Primeiro, exige a necessidade ou que derive dele imediatamente, ou se relacione com ele por meio de intermediários; existe, assim, uma ordem de "coisas do segundo grau" e uma ordem de "coisas do terceiro grau": um remete ao Primeiro — se entende que seja o segundo —, o terceiro remete ao segundo. Entendo que esse nosso Primeiro deva ser de uma *simplicidade anterior a qualquer outra* e, precisamente, Ele é diverso de tudo o que vem depois dele, existente em si, não misturado com as coisas que dele derivam e, no entanto, capaz de, por sua vez, estar presente segundo um modo próprio dele, nas outras coisas, *uno que é verdadeiramente Uno* (não como se esse "é" fosse uma coisa diversa e depois se aplicasse ao Uno), em suma, o Uno a respeito do qual já a expressão "é uno" soa falsa; Uno do qual não se tem nem conceito nem ciência; em última análise, o Uno do qual se costuma dizer que "está além do ser". Com efeito, se não fosse simples, livre de toda causalidade e composição e verdadeiramente e propriamente uno, Ele não seria princípio; só pelo fato de ser simples ele possui independência soberana e primazia sobre todas as coisas; pois que o "não-primeiro" tem necessidade do que o precede e o "não-simples" tem necessidade dos elementos simples nele contidos para que seja constituído por eles[17].

Note-se, porém, que mesmo essas explicações podem induzir em erro, uma vez que a simplicidade do Uno *não é pobreza* mas, ao contrário, *potência infinita*, como já vimos, ou seja, *infinita riqueza.* Com efeito, o Uno é *potência de todas as coisas*, no sentido de que, por si mesmo, ele as leva ao ser e no ser as mantém[18], como haveremos de ver.

O outro termo que Plotino usa frequentemente para designar o Princípio absoluto é *Agathon*, isto é, Bem[19]. Trata-se, evidentemente,

---

17. *Enéadas*, V, 4, 1.

18. Cf. *Enéadas*, V, 3, 15.

19. *Enéadas*, II, 9, 1: *Enéadas,* II, 9, 1: "Pois que a essência simples do Bem se nos revelou como primeira — já que todo que não é primeiro não é simples — e como não tendo nada em si além de ser algo uno; e se o assim chamado 'Uno' é idêntico a essa essência — e, na verdade, tal essência não é primeiro outra coisa e somente depois 'Uno'; nem o 'Uno' é outra coisa e somente depois 'Bem' — então, quando dizemos o 'Uno' e quando dizemos o 'Bem' devemos julgar que se trate desse Ser;

não de *um bem particular*, mas do *Bem em si* ou, se assim o quisermos, não de algo que *tem* o bem, mas que *é* o próprio Bem[20].

Plotino explica também que, falando propriamente, o Princípio primeiro é bem não para si, no sentido de que não pode ser bem para proveito próprio, já que não tem necessidade de nada, mas é bem para todas as outras coisas que dele têm necessidade. Nesse sentido ele é Superbem:

> Mas, o que é princípio não pode ter necessidade do que vem depois dele; o princípio do Todo não tem de modo algum necessidade desse Todo; na realidade, o que é carente é carente enquanto aspira ao seu princípio; mas, se o Uno é carente, Ele, evidentemente, só pode buscar o não ser Uno. E assim, teria necessidade daquele que o suprimiria! No entanto, tudo o que pode ser dito carente é carente de bem, isto é, do que o conserva. Logo, para o Uno nada é bem; e assim ele não terá desejo de nada no mundo. Ao contrário, *Ele é Superbem; e não é bem para si mesmo, mas é bem para os outros seres que eventualmente estejam em condições de participar dele*[21].

Em suma, é o Bem absolutamente transcendente.

Sobre o fundamento de quanto foi dito até aqui, é possível esclarecer melhor o sentido das afirmações segundo as quais o Uno está *acima do ser* (da *ousía* e da essência), *acima do pensamento* e também *acima da vida*. Plotino evidentemente não quer dizer que o Primeiro seja o não-ser, o não-pensamento, ou alguma coisa sem vida. Ao contrário, ele quer dizer que, como princípio infinito do qual derivam o ser, o pensamento e a vida, é *alguma coisa de superior a esses produtos seus*. Com efeito, Plotino usa esses termos quando se refere ao Uno, acompanhando-os com um οἷον (que significa "por assim dizer"), ou seja, em sentido analógico, como acima dizíamos, ou fala mesmo de Superpensamento[22] e, em certo sentido, também de Superser[23] e, portanto, de Supervida[24].

---

e o termo 'Uno' não lhe é atribuído como predicado mas somente o indica a nós na medida do possível".

20. Cf. *Enéadas*, V, 5, 13.
21. *Enéadas*, VI, 9, 6.
22. Cf. *Enéadas*, VI, 8, 16.
23. Cf. *Enéadas*, VI, 8, 14.
24. Cf. *Enéadas*, VI, 8, 16.

Em resumo: O Uno subsiste não ao modo do ser das Ideias e das essências, porque elas são um ser principiado e múltiplo. Analogamente, o Uno não pensa desdobrando-se em pensante e pensado, já que esse desdobramento implica, justamente, ruptura da unidade e, portanto, o Seu pensamento transcende a nossa possibilidade de determiná-lo e de compreendê-lo. De resto, se Plotino nega decididamente que o Uno se pense e tenha consciência de si da mesma maneira com que o Espírito, como veremos, se pensa e tem consciência de si, nega também decididamente que o Uno seja inconsciente. E não menos decididamente nega analogamente que o Uno seja privado de vida, mesmo se a sua não é a vida própria do Espírito nem a da alma:

[o Uno]... não é, por assim dizer, um *Incônscio;* não, mas todo o seu conteúdo não só está nele mas também com ele; Ele discerne perfeitamente a si mesmo; nele há *vida*; mais ainda, tudo é nele; e até a sua contemplação — que é Ele mesmo — é acompanhada, segundo não sei que sentimento, por uma fixidez eterna e por uma atividade espiritual que nada tem a ver com o pensamento do Espírito[25].

E ainda:

Mas quem se resignará a acolher uma natureza que não tenha consciência e conhecimento de si? — Mas, que quereis que conheça? "Eu sou"? Ora, Ele não "é"! — Por que não dizer, ao menos, "Eu sou o Bem"? — Mas, assim Ele deveria atribuir-se de novo o predicado "é"! Enfim, se Ele se limita a exprimir unicamente "o Bem", qual seria esse acréscimo? Certamente, alguém poderia muito bem pensar o "bem", sem o "é", desde que não o predique de outro; quem, ao contrário, pensa de si mesmo ser ele o bem, deve desenvolver desta forma o seu pensamento: "Eu sou o Bem", pois de outra maneira ele terá o pensamento "bem", mas não terá presente que esse pensamento é Ele mesmo. É preciso, pois, que o pensamento seja "Sou o Bem". Mais exatamente: se o próprio pensamento é o Bem, o pensamento não se referiria a ele, mas ao Bem e Ele mesmo não seria o Bem, e sim o pensamento; se, ao contrário, o pensamento do Bem é diverso do Bem, o Bem já existe antes do pensamento dele. Mas se o Bem existe em plena suficiência antes do pensamento, sendo Ele suficiente a si mesmo com respeito ao bem, não tem de maneira alguma necessidade do pensamento em torno de si mesmo. Concluindo, Ele não pensa a si mesmo enquanto bem,

25. *Enéadas*, V, 4, 2.

mas enquanto "alguma coisa". Assim, *Ele não tem propriamente senão um simples ato intuitivo dirigido ao seu conteúdo*[26].

Em suma, o Absoluto plotiniano tem um pensamento que é metapensamento, tem uma intuição que é metaintuição, tem uma vida que é metavida; também a sua volição, como veremos, é metavolição.

4. O Uno como atividade livre autoprodutora

O Uno é a razão de ser de tudo que vem depois dele, e é tal justamente por ser aquele que é. Mas Plotino não se satisfaz com uma explicação nesse nível. Isto é, ele não se satisfaz com dizer que, desde o momento em que o Uno é, e é aquele que é, então todas as outras coisas procedem do Uno. Plotino formula uma pergunta ainda mais radical, tocando assim os limites extremos das possibilidades da metafísica: *por que o Uno é o que é*? Formulada em outros termos essa pergunta equivale à seguinte: porque o Absoluto é, e porque o Absoluto é assim como é?

Desde logo, *a*) deve-se excluir que Ele seja *por acaso ou por acidente*, porque dessa maneira podem existir somente as coisas do mundo sensível, sujeitas à circunstância do devir. Nem ainda *b*) Ele pode existir *por uma livre escolha, do tipo das que pressupõem a existência de contrários sobre os quais deve operar*, porque Ele está *para além de tudo isto*. Nem *c*) pode-se dizer que Ele *exista por necessidade* porque a necessidade é posterior a Ele, antes, é justamente Ele a lei e a necessidade para as outras coisas. Muito menos *d*) pode-se falar, com respeito ao Absoluto, de um ser, de uma essência e de determinada natureza e *explicar sua atividade em função da sua natureza*, porque, como sabemos, Ele transcende o ser e a essência e mesmo a sua "atividade" só é tal em sentido analógico.

Operari sequitur esse, dirão os medievais. Plotino, ao contrário, para caracterizar o seu Absoluto diria: *esse sequitur operari*; ou, melhor ainda, *ser e operar coincidem no Absoluto: o primeiro Princípio se autopõe, cria a si mesmo, é atividade autoprodutora*. Eis uma passagem exemplar:

26. *Enéadas*, VI, 7, 38.

Mas, para terminar, desde o momento em que a sua pretensa "existência" coincide com a sua pretensa "ação" — certamente o "ser" e o "agir" não são aqui coisas diversas, se é verdade que tal diversidade não ocorria nem mesmo no campo do Espírito —, então a expressão "agir em conformidade com o ser" não é de maneira alguma preferível à outra "ser em conformidade com o agir"; para concluir, o Bem não tem de modo algum uma atividade correspondente à sua natureza; a sua atividade, a saber, que pode ser chamada a sua vida, não pode ser referida ao seu pretenso ser; mas seu pretenso ser é unido e quase conatural com a sua atividade desde toda a eternidade; o Bem cria a si mesmo desde o ser e o ato, e pertence a si mesmo e a nenhum outro[27].

Nele a vontade corresponde ao seu ato e, portanto, ao seu ser. Ele é vontade de ser o que é, é liberdade total e absoluta. Além disso, diz Plotino, Ele quer ser o que é, *porque é o que é de mais elevado,* é o valor supremo e o supremo positivo. Eis a página na qual Plotino descreve o Absoluto como *causa sui.* É uma página na qual se transcendem os horizontes platônico e aristotélico e na qual a metafísica antiga e mesmo a metafísica de todos os tempos atinge seus limites extremos. Sem dúvida, é a mais poderosa página especulativa que a Antiguidade nos deixou:

No entanto, se é necessário introduzir essas expressões que são inadequadas ao objeto da investigação, deve-se repetir que com razão se afirma a exigência de não fazer Dele uma dualidade nem mesmo por abstração mental; no momento, porém, em vista da persuasão, permitir-nos-emos sair um pouco do caminho da lógica no nosso discurso.

Se, pois, nós Lhe atribuímos atos e se esses atos se cumprem, por assim dizer, através da Sua vontade — pois Ele não age involuntariamente — esses atos são, por assim dizer, a sua "essência", então a Sua vontade será idêntica à Sua essência. Mas, se assim é, então Ele é tal como quer ser. Portanto, para Ele, não é mais querer e agir segundo a Sua natureza do que querer e agir como idêntico a ser. Por conseguinte, Ele é senhor absoluto de si mesmo, tendo o Seu próprio ser no Seu querer.

Considera ainda o seguinte. Todo ser aspira ao Bem e quer o Bem de preferência ao que ele é; pensa que tanto mais é quanto mais participa do Bem. Assim sendo, todo ser escolhe para si ser na medida em que mais pode receber do Bem, pois é claro que a natureza do Bem é objeto de escolha primeiramente e antes de tudo por ela mesma, se é verdade que a medida

27. *Enéadas*, VI, 8, 7.

limitada de bem que se encontra num ser é o que primeiramente o torna preferível; portanto, sua essência é livremente, ela advém por meio da vontade, é una e idêntica com a vontade e existe pela vontade. Assim, enquanto cada ser não atingiu o Bem, deseja algo diverso; apenas porém possui o Bem deseja a si mesmo, e não por acaso existe essa presença do Bem, e sua essência não está fora do seu querer, pois a essência de cada ser é limitada pelo Bem e é em virtude do Bem que ele pertence a si mesmo.

Se, portanto, é pelo Bem que cada ser singular se faz a si mesmo, torna-se claro sem mais que o Bem é tal primeiramente para si, já que por Ele é dado aos seres ser eles mesmos e por Ele os seres têm a vontade de ser o que são segundo o que se pode chamar a sua "essência". Assim, é impossível concebê-lo sem a vontade de ser por ele mesmo o que Ele é; Ele é a si mesmo um bom companheiro na sua vontade de ser Ele mesmo e Ele é justamente o que quer ser e sua vontade e o seu ser são unidade; e por isso a sua unidade não é diminuída, pois o que Ele é, o que de fato é e o que queria ser, não são diferentes.

Com efeito, que mais teria podido querer se não aquilo que é? Explico-me: se supusermos que Ele escolhe para si mesmo o que quereria ser e lhe seja permitido mudar sua natureza em uma outra, Ele não quereria tornar-se outro com respeito ao que é, e não poderia repreender-se a si mesmo como se por fatalidade fosse o que é, a saber, esse ser que sempre quis e que ainda quer.

Na verdade, a natureza do Bem consiste substancialmente na Sua vontade, a vontade de um ser que não é corrompido nem atraído por sua própria natureza, mas escolhe livremente a si mesmo, pois que nada existe pelo qual possa ser arrastado.

Pode-se ainda dizer que os outros seres não contêm na sua essência uma razão de comprazer-se em si mesmos; com efeito, um ser pode não estar satisfeito consigo mesmo! Ao contrário, na hipóstase do Bem está necessariamente incluída a escolha e a vontade do próprio ser pois, de outra maneira, nunca poderia existir um ser "contente consigo mesmo" já que os seres só se comprazem em si mesmos pela participação ou representação do Bem.

No entanto, é preciso um pouco de condescendência com a terminologia já que, falando Dele, somos forçados, para fins de demonstração, a usar expressões que, em todo rigor, não aceitaríamos empregar. Em todo caso, para cada uma delas nos reservamos acrescentar o "por assim dizer". Se, portanto, o Bem subsiste e coexistem com Ele a escolha e a vontade (sem as quais Ele não poderia existir), e se é necessário que Ele não seja multiplicidade, é preciso reconduzir à unidade Sua vontade e Sua essência; Ele tem necessariamente, ao mesmo tempo, o querer — o querer que deriva Dele mesmo — e o ser — o ser que também deriva Dele mesmo — de sorte que nosso discurso descobriu que Ele é o Criador de si mesmo. Com efeito, se a vontade provém Dele e é, por assim dizer, sua obra, e se ela se identifica com a sua existência, então Ele existe por si mesmo tal como é. Em consequência, Ele não é como o que acontece por acaso, mas é o que Ele mesmo quis ser[28].

Pouco antes dessa página, Plotino observara:

[...] Ele não é como é porque não podia ser diferente, mas porque esse "assim como é" é o que de mais alto se possa imaginar[29].

Decorre daqui que o princípio supremo seja não só amável, mas também amor, amor de si:

Mais ainda, Ele é amável e é Ele mesmo amor, amor de si; pelo simples fato de que não pode ser belo senão a partir de si e em si. E seu modo de união a Ele mesmo não poderia obtê-lo por outra via senão pela unidade e identidade do que se une com aquele ao qual se une[30].

Ele porém possui o lugar supremo — na verdade não "possuindo" mas "sendo" Ele mesmo o vértice — Ele tem sujeitas as coisas na sua totalidade, não vindo a elas; são elas que vêm a Ele; mais ainda, os outros seres estão em torno Dele, mas não é Ele que volta o olhar para eles, mas eles que O contemplam. Ele é, por assim dizer, transportado ao interior de si mesmo amando a si mesmo e a sua pura luz, sendo Ele mesmo idêntico ao que ama [...][31].

Portanto, o Uno é atividade autoprodutora, absoluta liberdade criadora, causa de si mesmo, é o que existe por si e para si; "Ele é transcendente ao ser"[32].

5. A processão de todas as coisas do Uno

Por que e como do Uno derivam as outras coisas? Por que o Uno, satisfeito consigo mesmo, não permaneceu em si mesmo? No fundo essa é, como frequentes vezes tivemos ocasião de observar, a pergunta metafísica de mais árdua solução. Plotino a põe da maneira mais lúcida:

[...] Como [...] do Uno, de um "uno" assim feito como nós asseveramos que é o Uno, vem à existência qualquer outra coisa — multiplicidade, ou

28. *Enéadas*, VI, 8, 13.
29. *Enéadas*, VI, 8, 10.
30. *Enéadas*, VI, 8, 15.
31. *Enéadas*, VI, 8, 16.
32. *Enéadas*, VI, 8, 14.

díade ou número? Ou como, ao contrário, Ele não continuou em si mesmo, mas fez brotar uma multiplicidade tão difusa qual a que se descobre nos seres, a multiplicidade da qual, no entanto, nós postulamos que deva remontar a Ele?[33]

Também a tentativa plotiniana de responder a esse problema representa um dos vértices da metafísica da Antiguidade. Trata-se de uma resposta que é, como veremos, extremamente original e constitui mesmo um *unicum* na história das ideias do Ocidente.

Para responder ao problema, Plotino se vale, repetidamente, de imagens esplêndidas e que se tornaram justamente muito famosas. Mas, exatamente enquanto imagens, elas permanecem ambíguas se não forem explicitadas conceptualmente. Infelizmente, alguns intérpretes deixaram-se atrair mais pelas imagens do que pelas explicações conceptuais, com grave prejuízo para a compreensão do pensamento do nosso filósofo. Todavia, é necessário partir justamente das mais famosas entre essas imagens para poder determinar melhor a concepção teorética da qual elas são uma ilustração preliminar.

A mais célebre, certamente, é a da luz. A derivação das coisas do Uno é representada como o irradiar-se de uma luz a partir de uma fonte luminosa, na forma de círculos sucessivos que pouco a pouco diminuem de luminosidade, enquanto a própria fonte permanece sem empobrecer-se, mesmo no seu difundir-se em torno de si. O primeiro círculo luminoso depois da fonte da luz é o *Nous* ou Espírito, ou seja, a segunda hipóstase; o círculo sucessivo é a Alma, ou seja, a terceira hipóstase. O círculo que vem depois assinala o momento do apagar-se da luz e simboliza a matéria, que tem necessidade de uma irradiação de fora, sendo já treva:

> Existe, sim, alguma coisa que poderia chamar-se um centro; em torno a este centro um círculo irradiando o esplendor que emana daquele centro; em torno a estes (centro e primeiro círculo) um segundo círculo: luz da luz!
>
> Fora desses, porém, não existe um novo círculo de luz, mas o círculo que vem depois, por falta de luz própria, terá necessidade de uma irradiação que vem de fora. Será então uma roda, ou melhor, um globo que tira proveito do que ocupa o terceiro lugar (o segundo círculo) — pois com ele imediatamente confina — recebendo toda a luz que ele irradia. Ora, a luz

33. *Enéadas*, V, 1, 6.

imensa permanece enquanto irradia; e o raio que dela emana difunde-se segundo determinada proporção; mas as luzes restantes cooperam para a irradiação e, em parte, permanecem ali, em parte são, além disso, atraídas pelo esplendor das coisas iluminadas[34].

Eis como Plotino, nessa outra passagem, representa a imagem da luz entrelaçando-a com outras que se tornaram não menos famosas: o fogo que difunde calor, a substância olorosa que espalha perfume, o ser vivo que, chegando à maturidade, procria:

Como, pois, convém pensar a respeito Dele, que é imóvel? É um esplendor em torno que emana Dele, mas Ele permanece imóvel; como no sol o esplendor lhe faz uma auréola em torno, esplendor emanando Dele que permanece eternamente. De resto, todos os seres, enquanto duram, emanam do fundo da sua essência, em torno a si e fora de si, uma certa existência necessária ligada à sua operação atual, e é como a figura dos arquétipos dos quais brotou: o fogo difunde o seu calor e a neve não guarda o frio somente dentro de si. Mas uma prova excelente do que dissemos dão-na as substâncias olorosas: com efeito, enquanto duram, algo vindo delas se difunde em torno, de modo a causar prazer em quem está perto.

Além disso, todos os seres, tendo chegado à maturidade, procriam; mas o que é sempre perfeito procria sempre e eternamente; procria sempre algo de inferior ao seu ser. Que deveremos dizer, então, do que é perfeitíssimo? Dele nada pode nascer, a não ser o que é o maior depois Dele; mas o maior depois Dele é o Espírito que O segue como segundo; vale dizer que o Espírito tem a visão Dele e tem necessidade unicamente Dele, mas Ele não tem necessidade de nada. Mais ainda: o que é gerado pelo Uno, que é superior ao Espírito, deve ser Espírito e o Espírito, por sua vez, supera todas as coisas, pois que as outras coisas vêm depois dele. Assim ainda, a Alma é o Pensamento do Espírito e é, de alguma maneira, a sua atividade, exatamente como o Espírito é pensamento e atividade que se referem ao Uno[35].

Outras duas célebres imagens são as da nascente inexaurível que dá origem aos rios e a da árvore:

Que é propriamente [i. é. o Uno]? Potência de todos os seres a qual, se não existisse, não existiriam nem a totalidade dos seres e nem mesmo o Espírito — vida primeira e total. Mas, o que está acima da vida é causa da vida: já que não é a atividade da vida — isto é, a totalidade dos seres

---

34. *Enéadas*, IV, 3, 17.
35. *Enéadas*, V, 1, 6.

— que é em primeiro lugar; não, mas ela é exatamente como se brotasse de uma fonte. Pensa, com efeito, em uma fonte que não tenha outro princípio senão a si mesma e que, no entanto, de si mesma dê a todos os rios sem nunca deixar-se esgotar, mas em si permaneça tranquilamente; pensa ainda nos rios que dela nascem, os quais, antes de correr separados daqui e dali, por um trecho ainda estão juntos; mas cada um sabe, por assim dizer, por onde se derramarão as suas correntes. Ou então, pensa numa árvore gigantesca: a sua vida a pervade inteiramente enquanto o seu princípio permanece imóvel e não se dispersou no todo, mas, por assim dizer, está solidamente fundado na raiz. Portanto, esse princípio fornece à árvore toda a sua vida na sua multiplicidade; mas ele permanece imóvel em si, uma vez que não é múltiplo, mas somente princípio de uma vida multíplice[36].

Finalmente, menos célebre, mas não menos interessante, é a imagem dos círculos concêntricos: o Uno é como o centro, a segunda hipóstase é como um círculo imóvel, ao passo que a alma é como um círculo móvel:

Assim, cada um dos graus do ser se comporta da seguinte maneira: fazendo do Bem o centro, deve-se pôr o Espírito como um círculo imóvel e a Alma, ao invés, como um círculo móvel, entendendo-se móvel por força de aspiração. Pois o Espírito tem diante de si o Bem e o abraça, a Alma por sua vez deseja o que está para além do ser; e a esfera do Universo, tendo em si a Alma com aquela sua aspiração, move-se conforme esse desejo nativo; mas o Universo, enquanto corpo, aspira naturalmente ao ser do qual se encontra fora, ou seja, a estender-se totalmente em torno e a circundar-se de si mesmo; portanto, circularmente[37].

Observe-se, porém, que se trata de círculos estruturalmente produzidos pelo centro, como explica Plotino na passagem seguinte, ilustrando sobretudo a relação entre o centro e o primeiro círculo, e voltando ainda à imagem da luz:

Deve-se conceder que, justamente porque com toda a sua circunferência um círculo toca o centro, ele tem as suas propriedades do centro e é como que "centriforme" na medida em que os raios que, em círculo, convergem para o centro único, fazem com que as extremidades deles, que terminam no centro, sejam da mesma natureza do centro que elas atingem e do qual, por assim dizer, os raios brotaram; no entanto, o centro é superior a essa

36. *Enéadas*, III, 8, 10.
37. *Enéadas*, IV, 4, 16.

sua coincidência com estes raios e, mais exatamente, a essas extremidades, pontos característicos dos raios e que são o centro somente por assimilação. Na verdade, elas são imagens enfraquecidas dele e como o seu simples traço; o centro tem em seu poder essas extremidades como tem em seu poder os raios que de todas as partes o cercam; justamente por meio dos raios o centro se manifesta assim como é, e é como que desenvolvido sem tê-lo sido verdadeiramente. É justamente assim que convém conceber tanto o Espírito como o Ser: tendo nascido Dele e como que derramado fora e desenvolvido, e a Ele suspendido em virtude da sua natureza espiritual, o Espírito atesta que no Uno há, por assim dizer, um "Espírito não-Espírito", já que Ele é Uno. Da mesma maneira, o centro aí não é nem os raios nem o círculo, ele é como o pai do círculo e dos raios e deixa neles como um traço de si mesmo; com seu poder tranquilo ele gerou por íntima força raios e círculo que não se separam completamente dele. Assim é Aquele que é circundado pela potência intelectual e que é como o arquétipo do seu próprio reflexo, intelecto na sua unidade, enquanto o outro, difundindo-se em muitos e no sentido de muitos, é como vencido pela multiplicidade, tornando-se, assim, Espírito; ora, se Aquele que permanece na sua unidade antes do Espírito gerou o Espírito com a sua potência, que concurso de circunstâncias (o cego acaso ou o acontecer acidental) poderia aproximar-se de tal potência criadora do Espírito, e potência criadora verdadeiramente tal? Eis pois o que se encontra no Espírito; mas, de muitas maneiras superior a esse conteúdo é o que está naquele Uno; é como uma luz partindo de um único centro, em si mesmo diáfano, que se difunde pelo espaço. O que se difunde é apenas um reflexo, enquanto o centro é a luz verdadeira; e, todavia, a luz que se difunde não é de espécie diferente daquela da fonte. Assim o Espírito é uma simples imagem, mas não existe por puro acaso, mas em todo ele há razão e causalidade; o Uno, porém, é causa da causa[38].

São essas as imagens: mas, como acima observávamos, elas foram tomadas muito literalmente e alguns intérpretes acabaram por fixar-se nelas, com o resultado de entender erradamente ou mesmo de não entender os conceitos que elas deveriam ajudar a esclarecer. Foi a partir dessas imagens que se falou de "emanatismo" e até de "panteísmo" e de "monismo". Na realidade, o assunto é mais complexo do que essas fórmulas podem sugerir e depois de haver terminado a interpretação de *todo o sistema plotiniano* será possível compreender em todas as suas múltiplas valências o que verdadeiramente significa a "processão a partir do Uno" plotiniana. No entanto, é possível

---

38. *Enéadas*, VI, 8, 18.

esclarecer, de momento, uma doutrina essencial, destinada a mostrar a processão sob uma luz inesperada.

Por enquanto, de todas as imagens se pode extrair o seguinte. O Princípio *permanece* (μένει) e, permanecendo, gera no sentido de que *o seu gerar não o empobrece*, não o diminui, não o condiciona. O que é gerado é inferior ao que o gerou e *não serve ao que o gera*; o que é gerado tem necessidade daquele que o gera, e não o contrário[39].

Nesse ponto pode-se perguntar: dada a sua infinita perfeição e a sua potência transcendente, o que gera não é acaso "necessitado" para criar? Pode a fonte da luz não emitir luz, a nascente de água não manar água, o corpo perfumado não "exalar" perfume? É justamente nesse ponto que as imagens induzem em engano, revelando *somente um aspecto do pensamento plotiniano e ocultando o outro,* justamente o aspecto mais inédito.

Com efeito, Plotino distingue dois tipos de *atividade* do Uno (e também das outras hipóstases): *a*) a atividade *do* ser e *b*) a atividade que deriva *desde* o ser: a primeira é, por assim dizer, imanente ao ser, ao passo que a segunda sai do ser e se dirige para fora. Em outros termos, a atividade *do* ser coincide com a realidade singular, enquanto a atividade que deriva *desde* o ser se dirige a outro. Ora, aplicando essa distinção ao Uno, deve-se falar: *a*) de uma atividade *do* Uno e *b*) de uma atividade que deriva *desde* o Uno; *a*) a atividade *do* Uno é a que o faz ser, o mantém e o faz "permanecer"; *b*) ao invés, a atividade que deriva *desde* o Uno é a que faz com que do Uno derive, ou melhor, "proceda" outra realidade. É claro que a atividade *desde* o Uno depende estruturalmente da atividade *do* Uno[40]. Mas, antes de deduzir as consequências que derivam desses princípios, leiamos a passagem fundamental, conquanto não muito conhecida, na qual esses princípios são expostos com toda a clareza:

> Mas como, permanecendo Ele estável, o devir se desenvolve? Em virtude da força de agir. Ela é dúplice: uma está encerrada no ser; outra transborda

---

39. Cf., por exemplo, *Enéadas*, V, 3, 12 e *passim*. Este é um dos pontos cardeais da ontologia plotiniana.

40. O primeiro estudioso que chamou a atenção para este ponto de modo adequado parece ter sido A. Covotti, *Da Aristotele ai Bizantini*, Nápoles 1935, pp. 134-141. Muito claro é também J. M. Rist, *Plotinus, The Road to Reality*, Cambridge 1967, pp. 70ss., que, porém, parece ignorar Covotti.

do ser particular de cada coisa; aquela que pertence ao ser é exatamente a mesma coisa em ato; aquela que transborda e que deve necessariamente acompanhar cada coisa é diversa dela. Assim, por exemplo, acontece no fogo: há, de um lado, o calor que, de pleno direito, pertence à sua essência; e, de outro lado, há o calor que nasce como já derivado da essência, enquanto o fogo, naquele seu simples perseverar como fogo, exerce a força operante guardada nativamente no seu ser. Assim é também no mundo superior; e mesmo, lá, com mais razão ainda; enquanto o Uno permanece no seu próprio modo de ser, a força de agir, tendo nascido da perfeição e da operação que lhe é unida, torna-se hipóstase justamente porque surge de um poder muito grande — certamente entre todos, o poder supremo[41].

Ora, aplicando essa doutrina ao problema do qual falávamos, consegue-se uma solução oposta à comumente adotada e que não leva a primeira em consideração. É verdade que as coisas procedem do Uno porque o Uno é o que é, ou seja, infinita força que transborda; mas vimos também que a atividade *do* Uno *consiste justamente em querer ser o que é*, ou seja, *na liberdade de ser o que é*, de modo que a atividade que procede *desde* o Uno (ou seja, a pretensa "emanação") constitui *uma necessidade em certo sentido submetida à vontade*, ou seja, *uma necessidade posta por um ato livre ou, melhor, consequência* de um ato livre. Com razão, pois, recentemente se observou que, de tudo isso, deve-se concluir que "a vontade do Uno de ser sua própria natureza é a causa direta da emanação *desde* a sua natureza" e que, portanto, em certo sentido, "a criação é livre, nem mais nem menos de quanto o seja o próprio Uno"[42]. Preferimos dizer que a criação (a processão) é uma necessidade que se segue a um ato de liberdade.

Isto basta, por si mesmo, para mostrar a grande novidade da processão plotiniana. Somente, porém, o exame das outras hipóstases poderá fornecer-nos todos os elementos necessários para poder compreendê-la profundamente[43].

---

41. *Enéadas*, V, 4, 2.

42. Rist, *Plotinus...*, p. 83.

43. Para ulteriores aprofundamentos sobre a concepção plotiniana do Uno, cf. Arnou, *Le désir...*, *passim*; Armstrong, *The Architecture...*, pp. 1-47; Rist, *Plotinus...*, pp. 21-83.

II. A SEGUNDA HIPÓSTASE: O "NOUS" OU O ESPÍRITO

1. A dupla relação que liga o Uno e o Espírito

A geração das hipóstases implica, além das duas acima explicadas, uma ulterior atividade que não é menos essencial do que elas, uma vez que, sem esta última, as hipóstases não poderiam subsistir. Trata-se da *atividade do "voltar-se" para o princípio do qual cada uma das hipóstases deriva, para "olhá-lo" e para "contemplá-lo"*. Observe-se que essa "atividade contemplativa" não está de maneira alguma expressa nas célebres imagens acima examinadas. Em consequência, ela foi completamente desconsiderada (e algumas vezes ignorada) por intérpretes até famosos quando, na realidade, representa um dos eixos em torno dos quais gira a metafísica plotiniana.

Em particular, no que concerne à segunda hipóstase da qual presentemente nos ocupamos, deve-se salientar que o poder e a atividade não geram sem mais o *Nous* ou Espírito, e sim algo de "indeterminado" ou "informe", e este se determina e torna-se mundo das formas *voltando-se* para o Uno, *olhando e contemplando* o Uno, e sendo fecundado e plenificado por Ele justamente por meio de tal "contemplação" (e depois também contemplando-se a si mesmo, como veremos, ao ser fecundado pela contemplação do Uno).

Esse *produto indeterminado e informe do Uno* (antes que se volte para contemplar o Uno) é chamado por Plotino "alteridade" inteligível, "matéria inteligível" e também "primeiro movimento", ou seja, movimento inteligível. Eis um texto muito significativo a respeito:

> Na verdade, a "alteridade" inteligível que cria a matéria é eterna; já que ela é o princípio da matéria, ela com o primeiro movimento; por isso este também era chamado "alteridade", pois o movimento e a alteridade nasceram juntos; *e são indeterminados tanto o movimento como a alteridade, que derivam do Primeiro e têm necessidade Dele para serem determinados: alcançam a determinação todas as vezes que se voltam para Ele*; antes, porém, também a matéria é algo indeterminado e é puramente o "outro", não é ainda o bem, mas está privada do seu esplendor. Vale dizer que, se a luz se difunde a partir Dele, o que é receptáculo da luz antes de recebê-la não

tem por si eternamente luz, mas tem a luz como algo distinto de si, uma vez que a luz é derivada de um "Outro"[1].

A linguagem esotérica não deve nos enganar: essa matéria e esse *movimento inteligível* não são senão o *pensamento indefinido* (ou, como ainda se poderia dizer, o ser indefinido) *que se determina exatamente voltando-se para o Uno.*

Para exprimir essa sua concepção, Plotino se serve também dos princípios pitagórico-platônicos do Uno e da Díade. O produto do Uno é a "Díade indefinida", a qual, reunindo-se com o Uno, gera as Ideias. Isso significa: *a)* o que o Uno produz não é mais Uno, mas Díade, já que o pensamento pressupõe o objeto do pensamento e, portanto, implica justamente uma dualidade; *b)* essa dualidade indeterminada se determina ulteriormente voltando-se para o Uno, gerando deste modo o mundo das Ideias e tornando-se assim, como veremos, Espírito[2].

Mas Plotino é certamente mais feliz quando, deixando de lado as ideias de procedência seja platônico-aristotélica, seja neopitagórica, atém-se aos novos conceitos forjados por ele. Ora, acima dizíamos que o Espírito não é de maneira nenhuma simplesmente a potência que "procede" do Uno, mas que essa potência, para ser Espírito, deve "voltar-se" para o Uno e contemplá-lo. No entanto — e esse também é um ponto muito importante —, mesmo esse "voltar-se" para o Uno não *é ainda o Espírito e sim a causa e a condição que o faz ser*. Com efeito, Plotino distingue dois momentos: *a*) o "voltar-se" da potência ao Uno, o qual fecunda, enche e plenifica a potência, e *b*) o "refletir-se" dessa potência sobre si mesma já fecundada. Os dois momentos (que são, obviamente, distintos logicamente e não cronologicamente) espelham as duas faces do Espírito. *a*) No primeiro momento, nasce a substância, a essência, o ser (ou seja, o conteúdo do pensamento); *b*) no segundo momento, nasce o pensamento, verdadeira e propriamente. Essa duplicidade de momentos explica igualmente *o nascimento do múltiplo*: não somente a dualidade pensamento-pensado, mas também a própria multiplicidade do conteúdo (a multiplicidade das Ideias).

1. *Enéadas*, II, 4, 5.
2. Cf. *Enéadas*, V, 3, 7.

Eis uma das passagens mais significativas a respeito:

> [...] Ele transborda, por assim dizer, e a sua exuberância dá origem a uma realidade nova; mas o ser assim gerado apenas se volta para Ele e ei-lo logo pleno; e nascendo, volta seu olhar sobre si mesmo e ei-lo Espírito. Mais exatamente ainda: sua firme orientação para o Uno cria o Ser; a contemplação que o Ser dirige sobre si mesmo cria o Espírito. Ora, uma vez que o Espírito, para contemplar-se, deve igualmente estar orientado para si mesmo, Ele se torna simultaneamente Espírito e Ser[3].

Outro ponto a ser esclarecido: o nascimento da segunda hipóstase é *nascimento de um múltiplo* ou, se se prefere, de um Uno-muitos, não só, como já se observou, no sentido de que o Espírito é Inteligência e Inteligível, mas ainda no sentido de que o inteligível é multiplicidade, ainda que unificada (como veremos, é o cosmo inteligível, mundo das Ideias). Poderíamos pensar em explicar a gênese dessa multiplicidade com a inadequação ou incapacidade da segunda hipóstase de captar o Uno na sua infinitude.

Com efeito, alguns textos, à primeira leitura, pareceriam apoiar tal exegese:

> Portanto, o Espírito recebe Dele a potência de gerar e permanecer grávido da sua própria progenitura, já que o Bem oferece justamente o que Ele não possuía. Como quer que seja, da unidade do Bem deriva para o Espírito a sua multiplicidade; ou ainda, não sendo *o Espírito capaz de manter aquela potência que trazia em si, a dividiu e fez da unidade uma multiplicidade,* para que assim pudesse sustentá-la por partes[4].

Mas é necessário observar logo que a posição de Plotino é, na realidade, mais complexa, e a mesma passagem ora citada, se lida com atenção, o mostra. *O Espírito, com efeito, não pensa o Uno, mas pensa a si mesmo como pleno e fecundado pelo Uno.* O múltiplo só nasce *no interior da segunda hipóstase, no sentido de que o Espírito não vê o Uno como múltiplo, mas vê-se a si mesmo como múltiplo.* Eis a passagem mais ilustrativa:

> Enquanto o Espírito olhava para o Bem, acaso ele pensou aquele Uno como multiplicidade e, ainda que fosse uno, pensou-o como múltiplo e o repartiu em si pela impossibilidade de pensá-lo todo de uma vez? Mas, enquanto O

---

3. *Enéadas*, V, 2, 1.
4. *Enéadas*, VI, 7, 15.

olhava ele não era ainda Espírito e o olhava de uma maneira que ainda não é espiritual. Mais ainda deve-se dizer que, propriamente, ele nunca O viu, mas que vivia orientado para Ele, dependia Dele e para Ele se voltava; assim esse seu movimento alcançou a plenitude em virtude do mover-se lá exatamente em torno Dele e plenificou o Espírito de modo que ele não foi simplesmente um movimento mas um movimento, pleno e saciado; em seguida ele tornou-se "todos os seres" e conheceu essa novidade com o saber a si mesmo e foi, então, Espírito! Pleno, de modo que possui o que deve contemplar, vendo aquelas coisas com a luz que vem Daquele que lhe deu essas mesmas coisas[5].

2. O Espírito como Ser, Pensamento e Vida

O Uno é a "potência de todas as coisas", o Espírito, por sua vez, é "todas as coisas"[6].

Que significa isso?

Em primeiro lugar, deve-se salientar que o Espírito plotiniano, como já indicamos, é união indivisível de Ser e de Pensamento, de Inteligível e de Inteligência. O Espírito, para Plotino, é o Ser puro de Platão, o Ser que é plenamente, não é, de modo algum, afetado pelo não-ser e é, ao mesmo tempo, o Pensamento do pensamento do qual falava Aristóteles[7].

Como tivemos ocasião de observar frequentemente, Aristóteles, ao prosseguir a "segunda navegação" platônica, pôs a Inteligência como imaterial e também que ela era a primeira *ousía*, o ser supremo, a pura essência; mas, ao mesmo tempo ele, de certa maneira, a empobreceu quanto ao conteúdo exatamente no momento em que pensava tê-la enriquecido, atribuindo-lhe como objeto do seu pensamento somente a si mesma (a si mesma como pensamento) e reservando à inteligência humana a prerrogativa de ser o *lugar das formas*, imanentes ao sensível (a inteligência humana é o lugar das formas enquanto pode acolhê-las, abstraindo-as dos sensíveis). Mas Plotino nega que as formas possam ser imanentizadas à maneira

---

5. *Enéadas*, VI, 7, 16.

6. Cf. *Enéadas*, V, 4, 2.

7. Em contraste com a tradução italiana de Cilento, adotada por G. Reale, que traduz sempre *Nous* por *Espírito*, na tradução portuguesa, de acordo com o contexto, o termo *Nous* ora é traduzido por *Espírito*, ora por *Inteligência*. N.d.T.

aristotélica, reivindica para elas uma estrutura transcendente e, na trilha dos médio-platônicos, dos neopitagóricos e, sobretudo, de Filo de Alexandria, faz da Inteligência a morada do mundo platônico das ideias. Para Plotino, o Espírito é, assim, a morada de todos os seres (ideais) sem exceção:

> Afirmamos que *os seres enquanto seres — seja qualquer ser singular em si, sejam os seres verdadeiramente tais — têm sua morada na região do Espírito não só porque perseveram inalteradas no seu ser, ao passo que tudo o que é objeto da sensação flui e não permanece* (de resto, mesmo entre os sensíveis há alguma coisa que permanece), *mas sobretudo porque eles têm em si mesmos a completude do próprio ser.* Na realidade, aquela que é chamada "essência originária" não pode ser apenas uma sombra do ser, mas deve possuir a plenitude do ser. O ser, porém, é na sua plenitude quando possui a forma do pensar e do viver. Assim, *no ser coexistem a um tempo o pensar, o viver e o ser. Portanto, se é Ser também é Espírito e se é Espírito também é Ser, e o pensar vai juntamente com o ser*[8].

Essa identificação de Ser e Pensamento traz consigo uma radicalização da tese sustentada por Filo, pelos médio-platônicos e pelos neopitagóricos, segundo a qual *as Ideias são pensamento de Deus.* Com efeito, no contexto plotiniano, as Ideias acabam sendo *não somente o conteúdo do Pensamento mas elas mesmas pensamento,* no sentido de que cada uma e todas as Ideias *não somente estão no Espírito, mas elas mesmas são Espírito.* Eis uma passagem muito significativa:

> Se, pois, o ato de pensar tem por objeto o conteúdo do Espírito, então esse conteúdo é a forma; e é também a ideia. Que é, pois, essa forma? É o Espírito e a essência inteligível: *cada ideia singular não é diversa do Espírito, mas é, cada uma, Espírito. E o Espírito na sua totalidade é a totalidade das formas;* a forma, porém, na sua singularidade, é o Espírito enquanto singular, assim como a ciência total é a totalidade dos seus teoremas, mas cada teorema é uma parte da ciência inteira, não como se dela se separasse localmente, mas na medida em que, como singular, tem sua validez somente no todo. Assim, esse Espírito é em si mesmo e possuindo a si mesmo em paz perfeita, é plenitude eterna. Ora, se o Espírito fosse pensado por nós anteriormente ao ser, seria necessário dizer que o Espírito, operando e pensando, leva à completude e gera os seres; mas sendo necessário pensar o ser antes do pensamento, é necessário também que se ponham os seres dentro do Pensante,

8. *Enéadas*, V, 6, 6.

e que a atividade e o pensamento morem no ser assim como no fogo já está a energia do fogo, a fim de que os seres tenham em si, como sua energia própria, o Espírito que é unidade. Mas também o Ser como tal é atividade: portanto, *ambos têm uma única atividade, ou melhor, são ambos uma única realidade.* Portanto, tanto o Ser como o Espírito têm uma natureza única; assim também, em consequência, os seres, a atividade do Ser e o Espírito tal como nós o entendemos; e os pensamentos assim entendidos são a ideia e a forma do ser e sua energia. Somos nós que fazemos essa partição e imaginamos uma coisa antes da outra; pois o espírito que divide é distinto do Espírito indivisível e que não divide, e que é o Ser e todas as coisas[9].

Naturalmente, o Espírito é também Vida, é "o Vivente perfeito", o "Vivente em si", é "Vida infinita"[10].

Plotino teve cuidado[11] de sublinhar que a vida não é necessariamente ligada à dimensão física e que também em nós há uma vida distinta da do organismo. A vida da segunda hipóstase é vida na dimensão do imaterial, é vida espiritual, fora da temporalidade. De resto, Aristóteles caracterizara o seu Motor Imóvel como a forma mais alta de vida possível, que é a vida própria do pensamento e da inteligência, justamente na dimensão da eternidade[12].

3. O Espírito como "cosmo inteligível"

No novo contexto da doutrina hipostática do Espírito, o platônico Hiperurânio torna-se "cosmo inteligível". A expressão fora criada por Filo de Alexandria que, como vimos, tinha levado a cabo o mais significativo repensamento da doutrina das Ideias antes de Plotino. O nosso filósofo toma de Filo, além da expressão, uma série de indicações que desenvolve de modo original e, apoiando-se sobre a sua inédita concepção do Espírito como unidade estrutural de Ser e Pensamento, encaminha-se, para além de Filo, à mais audaz reforma da doutrina das Ideias proposta pela especulação antiga.

Eis, em síntese, as linhas essenciais da reforma plotiniana da doutrina das Ideias:

---

9. *Enéadas*, V, 9, 8; cf. também VI, 6, 6.
10. Cf. *Enéadas*, V, 9, 9; VI, 4, 14; VI, 6, 7; VI, 6, 15; VI, 7, 8; VI, 7, 12.
11. Cf. *Enéadas*, VI, 6, 8.
12. Cf. Aristóteles, *Metafísica*, L, 7 e 9.

1) A principal modificação, acima mencionada, consiste na transformação da Ideia de mero inteligível em *inteligência,* ou melhor, em algo que é *ao mesmo tempo inteligível e inteligência, em uma "substância pensante"* (νοητὰ οὐσία) *na qual coincidem pensante e pensado.* As Ideias tornam-se "forças" ou "potências inteligentes" (νοηταὶ δυνάμεις) e, portanto, vivem, ou seja, são "Espíritos" ou "Intelectos"[13]. Em suma: como as Ideias são *a multiplicidade dos Seres inteligíveis,* na qual se determina o Ser no interior do próprio Ser, assim elas são *eo ipso, multiplicidade de Espíritos* (de Intelectos), na qual se determina o Espírito no interior de si mesmo.

2) Ligada estreitamente a essa é a modificação ulterior da concepção da *relação subsistente entre as Ideias,* entre cada Ideia e a totalidade das Ideias e vice-versa. Platão afirmara a existência de uma trama de relações (seja positivas, seja negativas) entre as várias Ideias, mas Plotino vai bem além, chegando a afirmar que *cada Ideia é, em certo sentido, todas as outras Ideias.* Com efeito, já que o Espírito é inteligência, não de uma coisa, mas de todas as coisas e coincide com elas, é necessário que cada uma das suas "partes" seja também conhecimento de todas as coisas pois, se alguma das "partes" não o fosse, sendo cada uma e todas o mesmo Espírito, se seguiria o absurdo de uma parte do Espírito não ser Espírito. Nesse sentido, diz Plotino que o Espírito é *uno-muitos,* vale dizer, *unidade multíplice e multiplicidade una.*

Essa característica das Ideias, que parece tão paradoxal, na verdade se explica facilmente se tivermos presentes os dois traços essenciais do Espírito em geral (do qual são momentos particulares), isto é *a)* a *imaterialidade* ou *incorporeidade* e *b*) a *infinitude* (no sentido da inexauribilidade da sua potência).

a) Enquanto incorpóreos, o Ser e o Espírito não podem ser entendidos como *muitos,* como se fossem *divididos* nas várias Ideias, ou como se fossem fracionados em partes fisicamente separadas umas das outras, justamente como acontece nas partes nas quais se dividem os corpos, que são múltiplas enquanto ocupam múltiplos espaços e são diversas em razão da sua espessura física. As muitas

---

13. Cf. *Enéadas,* IV, 8, 3; V, 9, 8; VI, 2, 20; VI, 7, 17; VI, 8, 3.

Ideias que constituem o Ser e o Espírito, ao invés, são tais em razão da *alteridade inteligível* (da qual Platão já falara no *Sofista*):

> [...] Nós [...] concedemos que o Ser seja multiplicidade *em razão de alteridade, mas não no sentido do lugar. Com efeito, o Ser é "tudo simultaneamente"* mesmo se seja, nesse sentido, pluralidade; já que "o ser confina com o ser" e é "todo simultaneamente"; o Espírito igualmente é múltiplo somente em razão de alteridade, não em sentido local, mas é também "todo simultaneamente"[14].

Em suma, essa "alteridade", na medida em que não é alteridade de partes físicas e corpóreas mas *diferenciação puramente espiritual,* entra no ser (é alteridade *do Ser* e *no* Ser); mas o Ser é unidade, de sorte que, nesse sentido, as Ideias resultam numa multiplicidade simples e una e numa unidade múltipla, como acima dizíamos.

Eis um texto muito indicativo:

> O Ser será, pois, vário e múltiplo? Vário, sim, mas com uma variedade simples e uma multiplicidade una. Na verdade, o Ser é forma racional única e múltipla e o ser universal é unitário. Com efeito, também o "outro" é devido ao seu ser e a alteridade lhe pertence: compreende-se que ela não possa entrar no "não-ser". Além disso, o ser entra na Unidade inseparada e onde quer que esteja o ser, junto dele está a sua unidade e, doutra parte, o Uno é ser em si mesmo; já que é possível que coexistam presença e distinção[15].

b) As mesmas conclusões se obtêm considerando os paradoxos do Uno-muitos e do tudo-em-todos segundo o parâmetro do infinito. Se o Espírito é infinito (e é infinito enquanto fecundado pela infinita potência do Uno, ainda que refratada no modo que acima vimos) possui cada coisa singular e, vice-versa, em cada coisa devem ser todas as coisas pois, doutro modo, na coisa singular o Ser (o Espírito) estaria diminuído e depauperado e, *portanto, de maneira alguma seria infinito.*

Eis dois textos que ilustram esses conceitos:

> Os seres inteligíveis, sendo "muitos" são "uno" e sendo "uno" são "muitos" *em virtude da sua natureza ilimitada.* São, assim, "muitos" em "uno" e "uno" em "muitos" e são todos simultaneamente: o seu ato referido

---

14. *Enéadas*, VI, 4 4.
15. *Enéadas*, VI, 4, 11.

ao universal se exerce com todo o seu ser; mas, *referido ao particular se exerce igualmente com todo o seu ser*[16].

O Ser basta para cada indivíduo singular e abraça em si todas as almas e todos os espíritos. Com efeito, ele é uno, mas também é infinito; é tudo simultaneamente e traz consigo o singular distinto e, no entanto, não distinto por separação. De fato, em que outro sentido o Ser poderia ser dito infinito senão neste, a saber, que *possui tudo ao mesmo tempo, ou seja, toda vida, toda alma e todo espírito? Nenhum destes seres, porém, está separado dos outros por fronteiras; por isso o Ser é uno*[17].

3) Também o caráter de eternidade do Espírito (e, portanto, das Ideias) acaba tendo um novo conteúdo, e em vez de ser determinado simplesmente como *presente imóvel*, ou seja, como *atemporalidade estática*, é concebido dinamicamente, sendo conexo não só com a perfeição, mas também com a infinidade, ou seja, *com a inexauribilidade da sua potência*, ligado portanto com o teorema do "tudo em tudo". No Espírito, o "foi" e o "será" estão no "é", *na medida em que qualquer coisa que diga respeito ao Espírito deve estar sempre contida inteiramente e atualmente no Espírito.* Em suma, o futuro está no "é" do presente (como também acontece com o passado) *porque tudo está em tudo* uma vez que o Espírito é todas as coisas, não tem necessidade de nada e é inexaurível (potência infinita):

Mas se é necessário que nenhuma energia operante de Deus permaneça incompleta, nem é permitido pensar que qualquer coisa que diga respeito a Deus se diferencie do inteiro e do todo, então, *em qualquer coisa que Lhe diga respeito está contido o todo.* Assim, *o que comumente entra no futuro, para Ele está presente;* na verdade, nada é tardio para Ele e o que lá já é presente só mais tarde aparece no devir, "em um outro". Ora, se o futuro já está presente, ele o está necessariamente, exatamente como um pensamento que está antecipadamente firme com relação ao futuro, ou seja, no sentido de que "não tem necessidade de nada" ou de que "é inexaurível". Por conseguinte, tudo já foi e o foi eternamente no sentido de que mais tarde a palavra humana dirá "isto e depois isto". Somente se for estendido e, por assim dizer, desenrolado pode se mostrar aí o "isto e depois isto". Mas enquanto é juntamente tudo, então é somente "isto", ou seja, possui também a sua causa[18].

16. *Enéadas*, VI, 5, 6.
17. *Enéadas*, VI, 4, 14.
18. *Enéadas*, VI, 7, 1: cf. também V, 1, 4.

4) Platão introduziu as Ideias como as "causas verdadeiras", como a "razão" e o "porquê" das coisas sensíveis, mas teve muito trabalho para explicar em que sentido elas eram as causas das coisas. Nas coisas sensíveis o *quê* (ou seja, o ser-aí das coisas) e o *porquê* (ou seja, a razão do ser-aí das coisas) geralmente não coincidem; o porquê é sempre ulterior com respeito ao ser-aí fático das coisas. Ao contrário, no mundo do Espírito, o *quê* e o *porquê* coincidem. Isto, levando em conta as explicações acima, não vale somente para o Espírito no seu conjunto, mas igualmente para cada um dos seres que estão nele, ou seja, para cada Ideia. Cada Ideia, assim como o Espírito, é coincidência do *quê* e do *porquê,* dado que o Espírito é tudo em todas (o Espírito é cada ser singular do seu conteúdo)[19]. Em resumo: as Ideias (como o Espírito em geral) não *têm,* mas *são* a causa do próprio ser e, portanto, *por essa razão são a causa de tudo o mais.*

5) Na medida em que o Espírito encerra em si todas as coisas, há *Ideias de todas as coisas* e não somente das espécies, mas também de todas as diferenças possíveis com as quais a espécie pode apresentar-se. Portanto, não há somente uma Ideia de homem, mas *tantas Ideias de homem quantas são as diferentes conformações dos homens, quantas são as "diferenças individuais".* O mesmo vale igualmente para os animais e para todas as outras coisas.

Plotino foi levado a essa conclusão, que é diferente da platônica, pela sua concepção puramente negativa da matéria (que é não-ser). Com efeito, essa concepção o impedia (como mais adiante veremos) de atribuir à matéria qualquer capacidade de "individuar" a espécie e de determinar as diferentes configurações particulares nas quais a espécie se manifesta nos múltiplos indivíduos (por exemplo, o homem com o nariz aquilino ou achatado). Da matéria, segundo Plotino, derivam apenas fealdades e privações (por exemplo, o ser coxo, vesgo e outras deficiências) e tudo o que pode ser considerado inadequação na realização empírica da Ideia.

Alguns estudiosos chegaram à conclusão de que Plotino, por conseguinte, admite a existência de Ideias de *todas as coisas individuais.*

19. Cf. *Enéadas*, VI, 7, 2.

Mas isso não é exato ou, pelo menos, é muito equívoco, uma vez que *falta a Plotino justamente o conceito de indivíduo como singularidade irrepetível.* Com efeito, devemos observar, de um lado, que o mundo tem para Plotino uma história cíclica, na qual se sucedem os vários períodos cósmicos, e durante cada um deles retornam sempre as mesmas coisas, de modo que o mesmo modelo se repete sempre muitas vezes: portanto, também aquele singularíssimo tipo de homem ou de animal que, em dado ciclo, foi produzido apenas uma vez com aquelas particularíssimas diferenças, na sucessão dos ciclos, em todo o caso, se repete muitas vezes. Doutra parte deve-se também observar que, no que diz respeito ao indivíduo homem, a questão torna-se mais complexa em virtude da doutrina da metempsicose, aceita por Plotino. Com efeito, no contexto dessa doutrina, a alma de Sócrates *não é sempre Sócrates,* porque renasce com outro rosto e aparência de modo que, nesse sentido, não poderá haver uma Ideia de Sócrates. Eis o texto mais explícito sobre esse ponto:

> Há também uma ideia do indivíduo singular? Se eu ou qualquer outro obtivermos a subida ao mundo inteligível, então o princípio de cada um está ali. Ou ainda, se a alma de Sócrates é sempre Sócrates, então haverá um "Sócrates em si": em consequência, a alma individual será ali (ali tal como costumamos dizer); se, ao contrário, a alma de Sócrates não é sempre Sócrates, mas o que antes era Sócrates, renasce aqui e ali como Pitágoras ou qualquer outro, então esse nosso ser singular não estará ali (no mundo inteligível)[20].

6) Platão, na sua metafísica esotérica, estabelecera os Números ideais como princípios dos quais derivam as Ideias, e pusera como princípios dos quais derivam os próprios números o Uno e a Díade. A mesma doutrina, já reproposta pelos neopitagóricos, encontramo-la também em Plotino, em parte aprofundada e tornada mais clara, embora não alçada a primeiro plano. Os Números ideais (que devem ser cuidadosamente distinguidos dos números matemáticos, isto é, dos números que surgem na mente do sujeito numerante, isto é, do sujeito que os conta) derivam do próprio Uno. A Díade (já vimos em que sentido Plotino fala da Díade) surge também do Uno, como já o haviam sustentado muitos neopitagóricos. A Díade é, em si, ilimitada, e recebe o limite do Uno. Os Números ideais nascem justamente dessa delimitação da Díade por parte do Uno:

---

20. *Enéadas*, V, 7, 1; cf. V, 9, 12.

[...] O número não é o primeiro; antes da Díade vem o Uno; a Díade vem em segundo lugar e, procedendo da unidade, tem o Uno como limite, enquanto o Uno é por si mesmo ilimitado. Sendo limitada a Díade, surge o número. O número é como essência; e também a alma é número. Nem as massas nem as grandezas serão os primeiros princípios; pois essas coisas grosseiras que a sensação crê como seres são posteriores. De resto, também nas sementes o que vale não é o elemento úmido, mas o que não é visível: e isto é número e razão. O número do qual se fala no mundo inteligível e a Díade são razão e espírito. De um lado há a Díade indefinida, entendida como o que é, por assim dizer, fundamento; de outro, o número que surge dela e da unidade; o espírito é como que formado pelas formas ideais que nele se fazem presentes[21].

Esses Números ideais são ulteriormente caracterizados por Plotino como *a força que divide o ser e faz nascer a multiplicidade no ser, a regra segundo a qual nascem do ser os múltiplos seres;* e, nesse sentido, como *fundamento e raiz dos seres*:

O número estava no ser não como número do ser (pois o ser era ainda unidade); mas a força do número, tendo vindo à existência, partiu o ser e o fez provar, por assim dizer, as dores da multiplicidade; e, assim, será número ou a essência do ser ou a sua atividade; e também o "Vivente em si" e o Espírito serão número[22].

[...] Com a ajuda do número, o Ser produz os seres, movendo-se com ritmo numérico e fazendo-se preceder dos números antes de chamar à existência os números, exatamente como a sua unidade prende o próprio Ser ao Primeiro; ao contrário, os números prendem os outros seres não mais ao Primeiro, pois basta que o Ser esteja preso a eles[23].

7) Tudo o que se disse acima (e, em particular, o princípio segundo o qual o Espírito ou o Ser é uno e muitos — muitas Ideias — juntamente e harmonicamente unidade na variedade, simplicidade na diferença, tudo em tudo) explica a razão pela qual Plotino denomina o *Nous* com expressão filoniana, como já lembramos, "cosmos inteligível" (κόσμος νοητός), mundo da ordem e da harmonia espiritual, portanto, mundo da *beleza*[24]. Para Plotino, com efeito, *a*

---

21. *Enéadas*, V, 1, 5.
22. *Enéadas*, VI, 6, 9.
23. *Enéadas*, VI, 6, 15.
24. Cf. *Enéadas*, I, 6, *passim*; V. 8, *passim*.

beleza, em geral, coincide com a forma: uma coisa é bela segundo o quanto possui de forma. O Espírito, que é o mundo das Formas e das Ideias, ou seja, o sistema perfeitamente ordenado das Formas na sua totalidade (totalidade na qual uma forma singular é todas as outras e na qual todas são unificadas, mesmo sendo diversas) *é a suprema e absoluta Beleza*[25].

4. As categorias do mundo inteligível

Dizíamos acima que a distinção entre o mundo corpóreo e o mundo incorpóreo é uma das colunas mestras do sistema plotiniano. Mais ainda, levando às consequências extremas as conclusões que derivam de tal distinção, Plotino afirma que o *sistema aristotélico das categorias não vale para o incorpóreo* e, por conseguinte, estabelece dois sistemas categoriais completamente diferentes para as duas esferas da realidade.

Sendo o Uno absolutamente simples, para ele não vale nenhum sistema categorial. O Uno é princípio transcategorial. As categorias do incorpóreo valem, portanto, para as outras duas hipóstases e, sobretudo, para o Espírito.

Essas categorias, tiradas por Plotino do *Sofista* de Platão, com as oportunas reformas que se impunham em virtude da sua nova metafísica, são: *a)* o *ser* ou *ousía, b*) a *estabilidade* ou *estase, c*) o *movimento, d*) o *idêntico*, *e)* o *diverso* ou *diferente.*

Tudo, no mundo do Espírito, é *ousía.* Além disso, o *pensar* do Espírito implica *movimento* (trata-se, evidentemente, de movimento espiritual e não físico). Mas o pensar do Espírito implica do mesmo modo *estabilidade* ou *estase*, devida aos seus conteúdos. Além disso, o Espírito é *identidade* de si consigo mesmo, assim como é *diferença* entre pensante e pensado.

---

25. Deve-se observar, a respeito disso, que o Uno, ou seja, a primeira hipóstase, não é, propriamente falando, Beleza, porque não é forma, *mas está acima da forma*, enquanto é princípio da Forma e, portanto, é "Beleza que transcende toda Beleza", enquanto é "potência de toda coisa bela" (*Enéadas*, VI, 7, 22).

Essas distinções categoriais no mundo do Espírito são, obviamente, concebidas na dinâmica do uno-muitos e do tudo-em-tudo, como Plotino expressamente observa[26].

A doutrina das categorias, no entanto, ainda que difusamente tratada, não desempenha um papel primário no sistema plotiniano. Deve-se, porém, observar como o fato de ter Plotino expressamente estabelecido que as diversas esferas de ser postulam sistemas categoriais estruturalmente diversos constitua um avanço essencial na história da ontologia.

26. Cf. os três primeiros tratados da sexta *Enéada*.

III. A TERCEIRA HIPÓSTASE: A ALMA

1. A processão da Alma a partir do Espírito e a dupla relação que vigora entre a Alma e o Espírito

O Espírito, como vimos, é *potência infinita*, ou seja, inexaurível, e justamente porque é tal, "transborda", por assim dizer, e gera outra realidade, hierarquicamente inferior, que é justamente a Alma.

Como acontece a "processão" da Alma a partir do Espírito?

Plotino *faz uso dos mesmos módulos dos quais se serviu para explicar a processão do Espírito a partir do Uno.* Com efeito, ele distingue (analogamente a quanto vimos a propósito do Uno), *a*) uma atividade *do* Espírito, ou seja, uma atividade que o Espírito dirige a si mesmo e *b*) uma atividade *a partir do* Espírito, vale dizer, uma atividade que provém do Espírito e sai Dele. A segunda atividade deriva da primeira e é, mesmo, consequência da primeira na medida em que, justamente em virtude do próprio voltar-se sobre si mesmo, o Espírito produz alguma coisa diferente de si. Eis um dos textos mais expressivos a esse respeito:

> [...] O ser do Espírito é puro ato e nada há fora Dele ao qual se dirija essa atividade; dirige-se, pois, a si mesma. Somente pensando a si mesmo Ele pode, portanto, voltar para si e em si o seu ato. Na realidade, se algo provém Dele, isso acontece em virtude do "para si e em si". Era necessário que, antes de tudo, Ele fosse em si mesmo, *e somente depois se voltasse para um ser diverso Dele*, ou melhor, que um ser diverso derivasse Dele, mas sendo semelhante a Ele. Como, por exemplo, o fogo é primeiramente em si e tem a atividade do fogo e só então pode produzir fogo em outro objeto [...][1].

Eis um segundo texto não menos eloquente:

> A alma [...] é força operante que procede Dele; pois que algumas vezes o Espírito exerce sua atividade no seu interior e o resultado de tal atividade são os restantes espíritos; outras vezes fora de si e o resultado é a Alma[2].

---

1. *Enéadas*, V, 3, 7; cf. também V, 1, 7.
2. *Enéadas*, VI, 2, 22; cf. também V, 2, 1.

Tudo isso porém, ainda não basta. O resultado da atividade que procede do Espírito não é sem mais, ou seja, *imediatamente,* Alma. *É necessário,* como já vimos a propósito do Espírito com relação ao Uno, *que também o produto da atividade que procede do Espírito volte-se para mirar e contemplar o próprio Espírito*: com efeito, a Alma, como produto da atividade do Espírito é, em face do Espírito para o qual se volta com a contemplação, como a "matéria" com respeito à forma ou, como também se exprime Plotino, como o "indeterminado" com respeito à determinação formal. A esse respeito, eis alguns textos muito importantes:

[...] A alma é um pensamento do Espírito e é total atividade e vida que o Espírito lança para fazer subsistir um outro; assim como o fogo que é, de um lado, *o calor que está nele,* de outro, o calor *que ele difunde.* No Espírito, porém, é necessário pensar uma atividade que não flui, mas permanece Nele, enquanto a outra atividade subsiste separada. Ora, já que a Alma deriva do Espírito, ela é inteligível e nos seus raciocínios está o seu Espírito; *o seu aperfeiçoamento depende sempre novamente Dele, como de um pai que começou a nutri-la como tendo sido gerada imperfeita com relação a Ele.* Assim, o existir [da Alma] deriva do Espírito e *o ato do seu pensar consiste em que o Espírito é contemplado pela alma*; quando ela mira o Espírito tira do seu fundo, como coisas que lhe pertencem, tudo o que pensa e ativamente realiza. E isso somente convém chamar atividade da alma: tudo o que é inteligível ou espiritual e procede da morada da alma! As coisas inferiores, ao invés, provêm de outra fonte e são as paixões de tal alma. Em suma, o Espírito sempre torna mais divina a alma por ser Ele seu pai e por estar sempre presente; pois nada se interpõe entre eles a não ser a alteridade no sentido de que a alma é como o grau posterior e *é como o receptáculo, enquanto o Espírito é forma.* É bela a matéria do Espírito sendo ela formada pelo Espírito e sendo simples[3].

Algo de semelhante ao indefinido é a Alma em face do Espírito e da forma racional, uma vez que, em razão da sua natureza, é por eles informada e elevada assim a uma forma de maior valor [...][4].

[...] A Alma é o pensamento do Espírito e é, num certo sentido, a sua atividade, assim como o Espírito é pensamento e atividade que se refere ao Uno. O pensamento da Alma, na verdade, é um pouco obscuro, já que é,

3. *Enéadas*, V, 1, 3.
4. *Enéadas*, II, 4, 3.

por assim dizer, *somente um simulacro do Espírito e deve, por isso, voltar o olhar para o Espírito*; mas o Espírito, igualmente, deve voltar o olhar para Aquele [o Uno], para que possa ser Espírito. Ele O vê, porém sem separar-se Dele já que vem imediatamente depois Dele e entre eles, como também entre o Espírito e a Alma, nada há de intermediário[5].

Mais ainda. Voltando-se para o Espírito e contemplando-o, a Alma, "através do próprio Espírito", "vê o Bem"[6], isto é, o Uno, torna-se "conforme ao Bem" e entra na "posse do Bem". Em última análise, o fundamento primeiro da realidade da Alma reside justamente nesse seu estar ligada ao Uno por meio do Espírito. Escreve Plotino:

> [...] Já que todas as coisas foram embelezadas pela graça Daquele que as precedeu (ou seja, por graça do Uno) e receberam luz, e o Espírito é esplendor pela sua energia espiritual e ilumina a natureza, *assim a Alma recebeu a força de viver quando nela penetrou uma vida mais plena*[7].

2. Características essenciais e papel fundamental da Alma no sistema plotiniano

Mas qual é a característica específica da Alma e sua razão de ser, e em que se diferencia do Espírito do qual, no entanto, é "imagem" e "simulacro"?

A característica essencial do Espírito consiste no pensar (e eis por que, lembremo-nos, Plotino escolheu o termo *Nous*, que significa justamente Inteligência e Pensamento, para designá-lo). Daqui sua dualidade (já que o pensamento é sempre pensamento do Ser) e mesmo sua multiplicidade (já que o Ser é uma multiplicidade de Ideias): dualidade e multiplicidade que, por outro lado, e pelas razões já vistas, coincidem com a unidade (o Espírito é, essencialmente, Uno-muitos). O Uno, diz Plotino, se quer pensar, deve fazer-se Espírito[8], uma vez que o Uno como tal, pelas razões acima expostas, não pode pensar. Ora, também a Alma pensa, ao menos na medida

5. *Enéadas*, V, 1, 6.
6. Cf. *Enéadas*, I, 7, 2 e IV, 4, 4.
7. *Enéadas*, VI, 7, 31.
8. Cf. *Enéadas*, V, 6, 2.

em que mira e contempla o Princípio que a gerou, vale dizer, o Espírito; mas a sua essência não consiste no pensar (do contrário não se distinguiria do Espírito), *mas sim em produzir e dar a vida a todas as outras coisas que existem (ou seja, todas as coisas sensíveis), em ordená-las e governá-las.*

Eis um primeiro texto muito explícito:

> A tarefa da alma racional é certamente pensar, mas não somente pensar; *como se distinguiria então do Espírito? Ela acrescenta alguma coisa ao seu ser espiritual pela qual consegue sua própria substância e não permanece no Espírito, possuindo uma obra propriamente sua*, como qualquer outra realidade inteligível. Mas, enquanto olha o que vem antes dela, a Alma *pensa*; enquanto olha a si mesma, *ela se conserva*; enquanto olha o que vem depois dela, *ordena, dirige e comanda* essa realidade. A realidade universal não poderia permanecer estática na esfera do Espírito, desde que surgiu a possibilidade de que alguma coisa O seguisse, mesmo que fosse numa esfera inferior, mas assim mesmo necessária [...][9].

Ora, deve-se notar que esse "olhar" da Alma às coisas que vieram depois dela, esse "ordenar", "reger" e "comandar" coincidem com o produzir, gerar e dar vida a essas mesmas coisas. A Alma, como já mencionamos, é a causa produtora primigênia, o princípio criador e vivificador de todas as coisas[10]. Eis algumas das numerosas afirmações de Plotino a respeito:

> [...] Na verdade, a tarefa da alma é a de criar todas as coisas, pois ela tem a natureza de princípio[11].

> Toda alma pense bem no seguinte: ela criou todos os viventes, neles inspirando a vida, os que nutre a terra e os que nutre o mar, os que estão no ar e os que estão no céu — os astros divinos —; ela criou o sol e também o grande céu; ela o adornou e faz girar segundo determinada ordem, não obstante seja uma natureza diferente das coisas que ordena e move; quanto às coisas que vivifica, ela é necessariamente mais digna de honra do que elas, pois enquanto tais coisas estão sujeitas ao nascer e ao morrer (desde que a alma as abandone ou lhes conceda a vida), a alma, por sua vez, existe eternamente já que nunca abandona a si mesma[12].

---

9. *Enéadas*, IV, 8, 3.
10. Cf. *Enéadas*, III, 1, 8; IV, 3, 10; IV, 7, 9.
11. *Enéadas*, II, 3, 8.
12. *Enéadas*, V, 1, 2.

Por conseguinte, a Alma é não somente princípio de movimento, mas é, ela mesma, movimento:

> [...] Essa energia ativa que procede do Ser é "Alma" que se torna o que é, enquanto o Espírito permanece estável; pois também o Espírito surgiu, enquanto "o que era antes dele" (= o Uno) permanecia na imobilidade. A alma, porém, não *é imóvel no seu criar; ao contrário, ela gerava a sua imagem quando já estava em movimento.* Ora, ela se torna plena do Espírito quando olha para o alto, de onde nasceu; mas quando se move numa outra e oposta direção ela gera — como imagem de si mesma — a sensibilidade e, nas plantas, a potência vegetativa[13].

Concluindo, podemos dizer que, como o Uno devia tornar-se Espírito para poder pensar, assim devia *tornar-se Alma para gerar todas as coisas do mundo visível.* A Alma constitui o momento extremo no processo de expansão da infinita potência do Uno, a hipóstase cosmogônica que coincide com o momento no qual, como último dom de si, o incorpóreo gera o corpóreo, manifestando-se na dimensão do sensível.

Com efeito, não se pode esquecer que as hipóstases que sucedem ao Uno são, num certo sentido, o *próprio Uno*, na medida em que este é a fonte e a potência de tudo. Mas, noutro sentido, *não são o Uno,* mas diferenciações da potência do Uno, nas quais o novo que surge não destrói o antigo, mas flui exatamente da permanência do antigo:

> Todas essas gradações [Espírito e Alma] *são Ele e não são Ele*; são Ele porque Dele derivam; mas não são Ele porque *Ele, permanecendo em si mesmo, outra coisa não fez a não ser dar.* Em conclusão, trata-se de um lento fluir de vida que se estende longamente; cada um dos trechos sucessivos é "um diverso", mas o todo é compacto em si mesmo e se, em razão da diferença, todas as coisas surgem sempre novas, o antigo não se perde no novo[14].

---

13. *Enéadas*, V, 2, 1. É desnecessário recordar que a criação da alma não acontece por uma *deliberação*, mas no contexto geral da "necessidade" da processão, no sentido visto acima. Eis um texto muito claro: "A alma produz não em virtude de um parecer recebido de fora, nem atende a conselho ou ponderação; isso significaria produzir não de acordo com a natureza, mas por arte adquirida extrinsecamente. Na verdade, a arte é posterior à Alma produtora e outra coisa não faz senão imitar, produzindo somente imagens pálidas e fracas, talvez jogos sem grande valor, e usa muitos expedientes para produzir suas vãs imagens" (*Enéadas,* IV, 3, 10; ver também III, 2, 1).

14. *Enéadas*, V, 2, 2; cf. III, 2, 2.

3. A Alma e sua posição intermediária

Do que foi dito torna-se clara a significação da "posição intermediária" que Plotino confere à Alma. Ela é a "última deusa"[15], ou seja, a última das realidades inteligíveis e, portanto, é a realidade que confina com o sensível e é, mais ainda, a causa que produz o sensível:

> Se, pois, o Ser se dirige assim em duas direções, uma espiritual, a outra sensível, para a alma é melhor permanecer no seio do Espírito; no entanto, ela deve necessariamente participar também do sensível, sendo o seu ser tal como o descrevemos. Porém ela não deve menosprezar a si mesma se não é em tudo e por tudo algo de superior; *na realidade, ela ocupa um grau intermediário entre os seres já que, embora pertencendo ao convívio divino, está, não obstante, no último grau do reino do Espírito e, confinando com o ser sensível, dá algo de si mesma a esse nosso mundo e, em contrapartida, recebe algo dele* [...][16].

A Alma tem, por assim dizer, "duas faces"[17], orientadas numa e noutra direção.

Isso não significa, note-se bem, que a natureza da Alma seja algo misto de incorpóreo e de corpóreo. Com efeito, Plotino desenvolve todo o esforço para repelir qualquer concepção que, de qualquer maneira, ligue a natureza da Alma à natureza do corpóreo. Não somente ele recusa a concepção extrema do estoicismo, mas igualmente a concepção pitagórica da Alma como harmonia e mesmo a concepção aristotélica da Alma como *enteléquia*, insistindo no caráter puramente imaterial, espiritual, eidético e, portanto, transcendente do ser da Alma. A Alma tem uma posição "intermediária" e, portanto, possui "duas faces" porque, no gerar o corpo, mesmo continuando a ser e permanecer realidade incorpórea e continuando, portanto, a gozar de todas as prerrogativas do incorpóreo, *"acontece-lhe" ter comércio com o corpóreo por ela mesma produzido* e, em consequência, *"acontece-lhe" ter algumas características do corpóreo, mas não no modo pelo qual essas características são próprias do mesmo corpóreo.*

---

15. *Enéadas*, IV, 8, 5.
16. *Enéadas*, IV, 8, 7.
17. *Enéadas*, IV, 6, 3.

Expliquemos melhor esse ponto de notável importância. A Alma, produzindo o sensível e entrando em comércio com o sensível (mais adiante se verá melhor de que maneira deve ser entendida essa relação com o sensível), embora não sendo originariamente e primeiramente divisível, "torna-se divisível nos corpos". Isso significa que, quando os corpos são divididos, *acontece* que também a Alma, que está neles, é dividida: não, porém, à maneira com que os corpos são divididos, mas, sim, permanecendo "na sua inteireza em cada uma das partes", ou seja, "sem decair da unidade do seu ser"[18]. Em suma, o tornar-se divisível da Alma não significa o seu romper-se em partes sucessivamente separadas uma da outra, como acontece com os corpos, mas o entrar inteira em todas as partes do corpo dividido, já que ela não tem grandeza de modo que, no fim, a divisibilidade permanece prerrogativa dos corpos, ao passo que a Alma fica com a *capacidade de entrar toda em todas as partes*. Escreve Plotino:

> Quem compreende plenamente isto, explorando assim a vastidão da alma e o seu poder, saberá quão divina e admirável é a alma e como pertence a uma ordem transcendente. Não tem grandeza, mas, no entanto, está em toda grandeza; está aqui e, no entanto, está ali e não com outro meio, mas com o mesmo que é ela mesma, pelo qual está dividida e, por outro lado, não dividida; ou, mais exatamente, em si mesma está dividida e, no entanto, não tombou na condição do que está dividido; queremos dizer que ela permanece consigo mesma na sua inteireza e somente os corpos fazem-na aparecer dividida, uma vez que os corpos, pela sua própria divisibilidade, não estão em condição de acolhê-la inseparavelmente: a divisão, em resumo, é algo que acontece com os corpos, não com a Alma[19].

Nesse sentido, pode-se dizer que a Alma é *divisa-e-indivisa*, *una-e-múltipla* enquanto princípio que produz, rege e governa o mundo sensível; com a sua *unidade múltipla e divisa* ela dá a vida a todas as coisas, com a sua *unidade indivisível, reúne-as* e governa. A Alma é *toda em todas as partes e em todas as partes idêntica*. A Alma é, assim, *uno-e-muitos*, ou seja, *unidade e pluralidade*, enquanto o Princípio primeiro é exclusivamente *Uno*, o Espírito é *uno-muitos*, e os corpos são exclusivamente *muitos*.

---

18. Cf. *Enéadas*, IV, 1, 1-2.
19. *Enéadas*, IV, 1, 2; cf. IV, 9, 4.

4. Pluralidade da Alma

A questão da unidade e da multiplicidade próprias da Alma, da qual acabamos de falar, mostra-se ainda mais complexa se a consideramos de outro ângulo. Com efeito, Plotino fala de uma multiplicidade da Alma não somente no sentido que podemos chamar horizontal, mas também no sentido vertical, *hierárquico*. O nosso filósofo admite uma gradação hierárquica verdadeira e em sentido próprio no âmbito da *Psyché*. A característica do *uno-muitos*, que vimos ser própria do Espírito, difere, portanto, também nesse caso, da característica do *uno-e-muitos* própria da Alma. No Espírito, cada Ideia é todo o Espírito (e vice-versa) porque, se assim não fosse, o Espírito se apresentaria diminuído e empobrecido nas Ideias singulares. Por isso, *no mundo do Espírito e do Ser não há hierarquia, ao passo que na esfera da Alma surge também essa multiplicidade hierárquica*.

Os estudiosos divergem bastante ao individuar essa hierarquia de almas, dada a extrema mobilidade e variedade da linguagem plotiniana a esse respeito. Todavia, não obstante essa polivocidade da linguagem das *Enéadas* com respeito à Alma, que algumas vezes frisa a equivocidade, parece que a hierarquia das almas, ou melhor, dentro do âmbito da Alma, à qual Plotino se refere, seja a seguinte: *a*) Em primeiro lugar está a *Alma suprema*, a Alma universal, ou seja, a Alma na sua inteireza e pureza: essa é a Alma considerada pura hipóstase do mundo inteligível, em união estreita com o Espírito do qual procede, e fora das relações com o mundo sensível. *b*) Existe, em seguida, a *Alma do Todo,* que é a Alma do mundo e do universo sensível, que põe, rege e governa o universo. A Alma do universo acaba tendo assim uma relação exata com o corpóreo, mas não "desce" no corpóreo. Permanecendo na esfera inteligível, diz Plotino, ela se reveste do corpóreo, ou melhor, é o corpo que a ela *se prende sendo por ela irradiado*, enquanto ela fica na esfera superior, sem ser de modo algum afetada pelo corpo. *c*) Finalmente, há as almas particulares, que não criam, mas animam os corpos singulares, ou seja, as almas das estrelas e as almas dos homens e dos seres vivos particulares as quais (especialmente as dos homens e as dos viventes terrestres) "descem" nos corpos e, portanto, têm com os corpos relações mais estreitas do que a Alma do universo. Da primeira Alma derivam as outras, seja a do universo seja as almas singulares. Por conseguinte, essas últimas são da mesma natureza que a alma do universo e se diferenciam, como já dissemos, *pela maior ou menor proximidade com os corpos* ou, para usar termos que explicaremos mais adiante, *pelo maior ou menor grau de contemplação* (o apego ao corpo e a descida no corpo por parte da Alma são tanto maiores quanto mais arrefece a contemplação do Espírito).

Eis um texto recapitulativo particularmente eloquente:

> Foi dito assim — como recapitulação da doutrina — que as almas procedem de uma só alma [...]. Por que então a Alma do Todo, sendo da mesma espécie [das almas particulares], criou o mundo, enquanto a alma do indivíduo, embora possuindo tudo em si mesma, nada criou? Já foi dito que ela é capaz de ser a um tempo em muitos e de ser una. Agora devemos dizer [...] de que maneira e por que a Alma criou o mundo, ao passo que as almas particulares governam uma parte do mundo. Ora, nada há de admirável em que, entre pessoas de um mesmo saber, umas exerçam um governo maior, outras mais reduzido. Mas, por quê?, poderia alguém perguntar. Porque, poderia outro responder, há entre as almas diferenças de grau e até uma diferença maior enquanto uma [alma do Universo ou alma do Todo] *não se separou da alma universal [alma primeira e suprema], mas, permanecendo lá no mundo superior, se revestiu do corpo*, enquanto as outras [= as almas particulares], *uma vez que o corpo existia* e estava sob o domínio da alma irmã, *tomaram para si em sorte a parte que lhes era devida, como se aquela [alma do universo] tivesse preparado moradas para elas.* Conviria também dizer que a *Alma universal* [a Alma primeira e suprema] *olha para o Espírito universal; as outras, ao invés, olham para os espíritos parciais que lhes são próprios.* Talvez também essas poderiam criar; mas desde que a Alma universal tinha criado, isso não foi concedido às outras, já que a primeira tinha tomado a iniciativa de fazê-lo. Tal dúvida poderia surgir também se outra alma qualquer tivesse começado a criar. É melhor dizer que a Alma do mundo criou *porque ela está mais intimamente ligada aos Seres supremos e porque maior poder têm os seres que estão voltados para o mundo superior; com efeito, conservando seu ser numa morada estável, criam com maior facilidade.* É certamente sinal de maior poder não sofrer naquilo que se cria; *mas o seu poder vem do seu permanecer no mundo superior.* Assim, perseverando em si mesma, a Alma do mundo cria, enquanto as suas criaturas a seguem; mas as outras almas *avançam por si mesmas sobre as coisas;* assim se afastam e descem ao abismo; ou então o que há de melhor nelas é forçado a ir para baixo, arrastando na sua ruína seu próprio "ser" e descendo com seus pensamentos até o mais ínfimo[20].

---

20. *Enéadas*, IV, 3, 5-6; cf. também II, 3, 9; II, 3, 18; III, 4, 4.

É quase supérfluo observar que, considerada também nesse sentido hierárquico, a multiplicidade das almas não contrasta de modo algum com a sua unidade e vice-versa. Não apenas, como vimos no parágrafo precedente, a Alma é una e muitas, indivisível e divisível, no sentido de que está presente nos diversos corpos e nas diversas partes deles, enquanto pode ser "inteira em todas as partes", mas também no sentido de que *as muitas "almas particulares"* (seja a do universo seja a dos seres individuais) *estão presentes na única Alma universal em ato, distintas dela, mas sem ser dela separadas.*

Eis o texto mais explícito:

> O fato de que a Alma seja una não suprime a pluralidade das almas — assim como o Ser não suprime os seres — nem a multiplicidade no mundo inteligível suprime a unidade; também não devemos recorrer à multiplicação das almas para encher os corpos de vida e nem devemos crer que a alma se multiplique através da divisão corpórea. Com efeito, antes dos corpos, existem tanto as "muitas almas" como a "Alma única". No Todo, as "muitas almas" já existem em ato cada uma, e não apenas em potência, uma vez que a Alma Única ou Universal não impede que "muitas" existam nela, nem as "muitas" são obstáculo à Única. Elas se distinguem sem separar-se e estão presentes uma à outra sem estranhar-se; pois não são limitadas por fronteiras, assim como as ciências são muitas numa só alma. Do mesmo modo, a Alma única é capaz de trazê-las todas em si. E assim sendo, sua natureza é infinita [...][21].

5. Alma, *physis* e *logos*

Adiante deveremos retomar algumas questões que dizem respeito à Alma do universo e às almas particulares, ao tratar dos problemas antropológicos e cosmológicos. Todavia, para concluir a exposição sobre a Alma em geral, considerada como hipóstase, ficam ainda por esclarecer dois conceitos: o de *physis* e o de *logos*, que Plotino une de modo bastante original ao conceito de *psyché*[22].

Vimos como a atividade da Alma se desenvolve, por assim dizer, em duas direções opostas: de um lado, ela tende à contemplação do

21. *Enéadas*, VI, 4, 4.

22. Particularmente clara é a exegese desses dois conceitos de *logos* e *physis* em Plotino feita por Rist, *Plotinus...*, pp. 84-102.

Espírito; de outro, ela tem em vista produzir alguma coisa diferente de si e a criar o mundo sensível. Vimos, além disso, que das três almas, a que produz propriamente o mundo sensível é a Alma do Universo, uma vez que a Alma suprema (ou Alma total ou universal, que é a Alma que contém todas as almas) fica perenemente no mundo inteligível junto ao Espírito, enquanto as almas particulares encontram os corpos já produzidos pela Alma do universo e se limitam a animar e a reger esses corpos. Portanto, a dupla atividade sobre a qual discorremos caracteriza de modo particular exatamente a Alma do universo. Ora, justamente a parte inferior, a "orla" ou a "fímbria extrema" dessa Alma, para usar as imagens de Plotino, ou seja, *o aspecto pelo qual essa alma produz o mundo físico*, constitui a *physis*, vem a ser, a *natureza*. A "natureza", para Plotino, representa a fímbria extrema do mundo do incorpóreo e é o quanto de inteligível se reflete na matéria, representando o limite extremo no qual terminam os seres verdadeiros. Eis a passagem mais significativa a esse propósito:

> No entanto, em que se distingue o pensamento sobre o qual discorremos, da assim chamada natureza? Nisso, a saber, que o pensamento é algo primordial, a natureza, ao invés, algo de último. Pois a natureza é uma imagem do pensamento e constituindo a fímbria extrema da alma tem também o último vestígio da razão que nela irradia. Assim como, quando num denso pedaço de cera um sinete penetra até o fundo, a parte superior é muito clara, mas a inferior é apenas uma débil marca. Por isso a natureza não sabe, mas somente produz. Queremos dizer que ela dá o que tem em si, sem propósito deliberado, ao que lhe é inferior, o corpóreo e o material; e esse dom é uma produção, assim como o corpo já aquecido cede a sua qualidade formal ao que lhe é contíguo, ainda que em grau menor. [...] O Espírito possui já o seu conteúdo de pensamento; mas a Alma do Universo recebe e recebe sem descanso; para ela isso é o viver e o que emerge é consciência da alma pensante; *o quanto de alma que, por outro lado, se reflete na matéria é natureza; natureza na qual os seres reais têm sua consistência (ou acaso antes?) e esses são a fímbria extrema do mundo do Espírito*: assim, daí por diante há apenas uma sucessão de cópias. *No entanto, a natureza influi ainda sobre a matéria e, da sua parte, experimenta influxos superiores*; mas o que a precede e lhe está mais próximo produz impassivelmente; e ela, ainda estando no mundo superior, nada produz nem nos corpos nem na matéria[23].

---

23. *Enéadas*, IV, 4, 13.

Evidentemente, a "natureza" concebida dessa maneira não é mera atividade produtora irracional, mas, ao contrário, é atividade produtora acompanhada de razão e, mesmo, derivada da razão. Aristóteles havia mostrado na forma, no *eidos* e no *logos*, uma das significações da *physis*; Plotino retoma essa concepção e a leva às suas consequências extremas: a *physis* é *eidos* e *logos*, ou seja, "forma racional", ou melhor, é *logos ou forma racional que produz outro logos, isto é, outra forma racional*; ao invés, o *eidos* que é incluído na matéria está doravante desvitalizado e, portanto, não é mais capaz de produzir outra coisa. *Em resumo, a natureza é logos que fornece as formas à matéria sensível*:

A natureza [...] é necessariamente pura forma [...]. A natureza [...] é pura forma racional; ela produz, como criatura sua, uma nova forma racional que fornece ao substrato algo de si enquanto — ela mesma — permanece imóvel. Em conclusão, a forma racional que se revela na figura visível, última, e morta como é, não é capaz de produzir outra; ao invés, a forma racional que possui a vida [a natureza] é irmã do Criador da forma e, sendo dotada também do mesmo poder, exerce sua faculdade de criação no mundo do devir[24].

Compreende-se que Plotino, nesse contexto, chegue a atribuir à própria *physis* uma "contemplação". No entanto, já sabemos que a *physis* deriva de uma contemplação (da Alma). Mas é *essa mesma contemplação,* na medida em que é forma racional e vida e, mais ainda, *justamente enquanto contemplação, é criadora, ou seja, na medida em que é visão de formas e produtora de formas na matéria.* Também a natureza, como todas as realidades inteligíveis, *contemplando produz.* Eis a passagem na qual Plotino, retomando e ampliando os conceitos acima expostos, sela a visão da *physis* mais ousada de toda a cultura grega:

Mas que se quer dizer com essas palavras? Que a chamada "natureza", na realidade, é "alma", germe de uma alma mais alta, dotada de uma vida mais intensa; ela se encontra na posse tácita daquele seu íntimo contemplar, não em caminho para o alto e, de resto, nem também para baixo, mas firme no ponto no qual está, na própria fixidez e, direi, na companhia do seu saber de si mesma e, mais ainda, em virtude desse voltar-se para si mesma e desse saber de si mesma ela vê, na medida do possível, aquilo que a segue e não busca mais nada a partir do momento em que completou sua visão no esplendor e na graça[25].

---

24. *Enéadas*, III, 8, 2.
25. *Enéadas*, III, 8, 4.

IV. A PROCESSÃO DO SENSÍVEL A PARTIR DO INTELIGÍVEL, A SIGNIFICAÇÃO E O VALOR DO COSMOS FÍSICO

1. O problema da dedução do mundo físico

Com a Alma terminou a série das hipóstases do mundo incorpóreo e inteligível; depois da Alma e abaixo dela estende-se o mundo do corpóreo e do sensível, ou seja, o universo físico.

Como e por que existe o universo físico? Por que a realidade não termina com o mundo do incorpóreo e existe também um outro mundo? Como surgiu o sensível, quais são as suas características estruturais, sua significação e valor?

Esses são os problemas fundamentais de toda ontologia e de toda metafísica. Mas eles adquirem um relevo particularmente notável no contexto da especulação plotiniana, em virtude do caráter dedutivo, que procede de cima para baixo, adotado pelo nosso filósofo. No fundo, considerando-se bem, esses problemas se inserem profundamente no problema geral ao qual aludimos no início: *por que o Uno não permaneceu Uno e por que do Uno derivaram também os muitos?*

Mais ainda. Esses problemas constituem apenas a formulação do aspecto mais delicado e, num certo sentido, mais dramático do problema geral: como e por que do *Uno incorpóreo* derivou, além do *múltiplo incorpóreo,* também o *múltiplo corpóreo*?

As respostas que Plotino dá a esses problemas contam-se, sem dúvida, entre as mais trabalhadas e também entre as mais aporéticas que se podem ler nas *Enéadas*, mas contam-se, ao mesmo tempo, *entre as mais interessantes entre as que foram dadas na história da filosofia ocidental.* Justamente por isso devemos buscar esclarecê-las de maneira exata.

Começamos com o exame do elemento que distingue o mundo corpóreo do incorpóreo, ou seja, da *matéria sensível.*

2. A processão da matéria do mundo sensível e suas características

Dissemos que o elemento característico do mundo corpóreo é, justamente, a matéria *sensível*; digamos porém, logo, que a atenção deve voltar-se para o adjetivo e não para o substantivo. Com efeito, também no mundo do incorpóreo existe uma "matéria", mas é uma matéria puramente *inteligível*. Vimos como a atividade ou a potência que derivam do Uno não formam imediatamente a segunda hipóstase, ou seja, o Espírito, mas sim algo que se pode chamar de indeterminado ou de informe (um pensamento indeterminado ou informe) que se determina e se torna cosmo noético ou mundo das formas, contemplando o próprio Uno e sendo fecundado por Ele. A potência que deriva do Uno é, portanto, como uma matéria indefinida, que se define somente voltando-se para o Uno. Algo análogo vimos igualmente a propósito da Alma[1]. O resultado da atividade do Espírito não é imediatamente a Alma; para ser Alma deve voltar-se para o Espírito, em face do qual é como a matéria diante da forma, o indeterminado diante do determinado.

Mas a matéria inteligível tem as características próprias do inteligível, vem a ser, a simplicidade, a imutabilidade, e a eternidade, ao passo que *a sensível revela características opostas*. Por que isso sucede? Plotino nos oferece uma primeira resposta utilizando os conceitos de "exemplar" e "imagem" (modelo e cópia). A característica de todo tipo de matéria é *o ser indefinida, indeterminada, ilimitada.* A matéria sensível é uma *imagem da inteligível* e, enquanto imagem ou cópia, afasta-se do ser do original e é, portanto, mais indeterminada e, portanto, entregue ao negativo e ao mal:

> Também nos seres inteligíveis, a matéria é também o ilimitado e pode ser gerada a partir da infinidade do Uno ou do seu poder ou da sua eternidade; não que o indeterminado se encontre no Uno, mas Ele o produz. Em que sentido ela se encontra tanto lá como aqui? Também *o indeterminado é duplo.* Em que consiste a diferença? Em que *um é exemplar, o outro é imagem.* Este último ilimitado é portanto inferior? É mais ilimitado; quanto mais o ilimitado que é imagem foge do ser e do verdadeiro, tanto mais é ilimitado. Pois o indefinido é maior porque naquilo em que tem menor determinação. Com efeito, o menos no bem é mais no mal[2].

---

1. Cf., *supra*, p. 61ss.; 75ss.
2. *Enéadas*, II, 4, 15; cf. II, 4, 4.

Mas isso não basta ainda para dar razão da radical diferença ontológica entre a matéria inteligível (modelo) e a sensível (imagem e simulacro da outra), uma vez que também no mundo inteligível toda hipóstase é cópia ou simulacro da precedente e, no entanto, mantém a mesma natureza da precedente, na medida em que deriva dela. Também a matéria deriva de causas que a precedem e, por conseguinte, do inteligível, e não é *algo que se contraponha ao inteligível desde a eternidade* (como em Platão). A solução para os nossos problemas deve, pois, ser procurada no *modo* segundo o qual ela deriva da precedente e no *porquê* ela não consiga constituir uma hipóstase ulterior: somente assim se poderão compreender as razões pelas quais, com o surgir da matéria sensível, o ser se perde no vir-a-ser.

No entanto, resulta claramente de mais de um texto que a matéria é deduzida por Plotino de causas anteriores. Eis, por exemplo, um texto explícito. Depois de dizer que toda realidade (toda hipóstase) traz em si o impulso a criar sempre alguma coisa sucessivamente, até os limites da possibilidade, e que cada coisa participa do Bem na medida em que é capaz, Plotino escreve:

> Assim também a matéria, se existe desde a eternidade, *não pode não participar, justamente em razão desse seu existir, da potência que a todos dá o bem, tendo como único limite a possibilidade de cada um; mas, se também o seu nascimento é só uma consequência necessária de causas anteriores,* nem mesmo nesse caso ela deve ser separada do seu princípio como se esse, que no entanto lhe concedeu graciosamente o existir, devesse subitamente deter-se por impotência, antes de alcançá-la![3]

A matéria sensível deriva da sua causa como possibilidade última, ou seja, como a fase extrema do processo no qual o impulso para criar e a força de produzir *se enfraquecem* até esgotar-se completamente.

A matéria sensível torna-se, assim, esgotamento total e, portanto, *privação extrema da potência do Uno e, por conseguinte, do próprio Uno ou, em outros termos, privação do Bem* (que coincide com o Uno). *Nesse sentido, ela torna-se mal* (note-se que o mal não é entendido como força negativa oposta à positiva, mas como *falta e privação do positivo!*). E eis como a dedução da matéria é levada a cabo por Plotino, fazendo uso desses últimos conceitos:

---

3. *Enéadas*, IV, 8, 6.

Mas a necessidade do mal pode ser compreendida também da seguinte maneira: uma vez que não existe somente o Bem, é necessário que na processão que Dele provém ou, se se quer exprimir de outro modo, no perene degradar-se e decair, atinja-se *o último, depois do qual não é possível que algo venha a existir,* e esse é o mal. É necessário que exista o que vem logo depois do primeiro; *consequentemente haverá também o termo último, a matéria*, que nada mais guarda Dele: e essa é a necessidade do mal[4].

É, portanto, compreensível que Plotino tenha podido definir sem mais a matéria como *não-ser*; essa expressão não pretende indicar o nada, ou seja, o não-existente, mas, como Plotino observa expressamente, o "outro do ser"[5]. Com efeito, sendo a matéria inteligível ser, para distinguir-se da inteligível, a sensível deve ser *diversa* do ser (ou não ser aquele ser que é próprio da matéria inteligível):

Mas, a matéria do mundo do alto [= a matéria inteligível] é um ser; pois o que está antes dela está além do ser [= o Uno]. Ao invés, aqui embaixo o que está antes da matéria é somente ser. Portanto, ela é "não-ser", já que é *diversa do ser* e a ele subjaz[6].

Em resumo, a matéria não é *nada do que é próprio do mundo do Ser, do Espírito e da própria Alma e, em geral, do inteligível.* Por esse motivo Plotino deve recorrer preferentemente a imagens para caracterizá-la como, por exemplo, na passagem seguinte, das mais significativas:

A matéria, porém, não sendo nem alma, nem espírito, nem vida, nem forma, nem razão, nem limite (porque ela mesma é infinita), nem potência (o que, de fato, ela produz?); ao contrário, tendo decaído aquém de tudo isto, não pode nem mesmo reivindicar o título de ser, mas pode convenientemente ser chamada não-ser; não no sentido em que o "movimento" é chamado não-ser e também o "repouso" é não-ser, mas verdadeiramente não-ser, uma imagem e uma aparência de massa; um desejo de ser substrato, algo parado que não permanece quieto; invisível em si mesmo e que foge de quem quer vê-lo. Quando alguém não o vê, aparece diante dele, e, quando o fixa atentamente, volta a ser invisível; é continuamente representação dos contrários: pequeno e grande, menos e mais, defeito e excesso, fantasma evanescente, mas que não consegue desvanecer-se de todo; nem para isto tem vigor, pois

4. *Enéadas*, I, 8, 7.
5. *Enéadas*, I, 8, 3.
6. *Enéadas*, II, 4, 16.

não recebe força da parte do Espírito, pois ela *nasceu na carência de tudo o que se chama ser.* Por isso, em tudo que de si mesma proclama ela mente: se aparece grande é pequena; se preponderante, é deficiente; o ser que se mostra na sua imagem é, na verdade, não-ser ou é *um jogo fugidio.* Assim, as coisas que aparentemente se produzem nela não são senão brincadeira, *imagem na imagem, como no espelho o objeto aparece em um ponto, mas está situado noutro*; na aparência repleto, está vazio e não tem nada, embora pareça ter tudo. As coisas que entram na matéria e dela saem são simples cópias de ser, e exatamente *imagens que caem sobre uma imagem informe e nela se tornam visíveis justamente por não terem forma*; parecendo produzir algo, nela não produzem nada porque são vacilantes e frágeis e não têm nenhuma resistência; mas como a matéria também não tem resistência, elas a atravessam de parte a parte sem dividi-la como se passassem pela água, ou como se alguém enviasse formas pelo chamado vazio[7].

Plotino procura determinar as razões dessa falta de espessura ontológica, própria da matéria. Ela é produzida pela Alma, não pela Alma suprema, fixada na contemplação, mas pela fímbria última da Alma do Universo, na qual a contemplação se enfraquece, pelo menos na medida em que a Alma se volta mais para si do que para o Espírito. Eis duas passagens bastante significativas a respeito:

A alma particular é iluminada enquanto se move para o que vem antes dela, ao passo que caminha para o não-ser se se volta para o que vem depois dela. *Ela faz isso se se volta para si mesma; pois o querer a si mesma a faz produzir o que vem depois dela, um simulacro de si mesma, o não-ser; assim caminha no vazio e se torna indeterminada.* Esse fantasma — o indeterminado — é completamente obscuro, sem razão e privado completamente de inteligência e muito remoto com relação ao ser! Enquanto está na região intermédia, a Alma está ainda no seu meio próprio; mas se olha novamente, como que com um segundo olhar, dá origem à imagem [ou, como veremos, ao cosmo físico] e penetra satisfeita nele[8].

Não havendo um corpo, nem mesmo a alma pode proceder adiante, pois onde ela está segundo a sua natureza não há nenhum lugar. Mas, se ela quer proceder adiante é necessário que produza um lugar para si e, portanto, um corpo. Ora, *tendo-se fortalecido, por assim dizer, o seu tranquilo estar-se em si mesma, justamente dessa sede irradiou uma luz difusa que, na última extremidade do fogo, transmudou-se em obscuridade* [essa é a matéria]. A

7. *Enéadas*, III, 6, 7.
8. *Enéadas*, III, 9, 3.

alma a viu e já que tinha sido produzida, deu-lhe uma figura [ou seja, como veremos, transformou-a em corpo, dotando-a de forma e em cosmo físico]. De fato, não seria lícito que a um vizinho da Alma fosse negada a forma racional — uma forma tal que pudesse receber o que é chamado "umbrátil" porque nascido no meio da sombra[9].

Finalmente, Plotino procura aprofundar a razão da natureza diferente da matéria com respeito às realidades que a precedem, com seu conceito típico de *contemplação*. A Alma superior contempla, e dessa contemplação brota a força criadora da Alma cósmica. Ora, essa força criadora não é, na realidade, mais do que *contemplação enfraquecida*; uma contemplação que é homogênea com respeito à da Alma superior, mas sempre mais diminuída quanto à intensidade, tanto que "nessa diminuição quase desvanece"[10].

Assim a matéria, produto dessa atividade que é contemplação enfraquecida, não tem mais força de voltar-se para a que a gerou e, por sua vez, contemplar, tanto assim que compete à Alma sustentá-la, por assim dizer, e, portanto, ordená-la, informá-la e, de alguma maneira, mantê-la suspensa do ser. E assim, como agora veremos, nasce o cosmo sensível.

3. As formas e o desenho racional do mundo, sua gênese e relação com a matéria

O mundo sensível é constituído, na sua totalidade como nas suas partes, de matéria e forma. Mas, diferentemente da matéria inteligível, que é força ou potência que busca perenemente a sua forma e que perenemente e, de fato, a possui e nela se atua, a matéria sensível *não é capacidade positiva de receber a forma, mas somente possibilidade inerte de refleti-la, sem ser verdadeiramente in-formada e vivificada.* Em suma, a matéria sensível é tal que é incapaz de constituir com a forma uma verdadeira unidade[11].

Por esse motivo, não se pode dizer que a forma entre verdadeiramente na matéria, mas somente "a modo de mentira", ou seja,

---

9. *Enéadas*, IV, 3, 9.

10. Leia-se, por inteiro, *Enéadas*, III, 8, 5.

11. Cf. *Enéadas*, I, 8, 14.

superficialmente e quase aparentemente, como um objeto que se reflete num espelho:

[...] O processo (com o qual as formas entram na matéria) é quase igual àquele *com o qual as imagens dos objetos podem comparecer apenas no espelho e somente enquanto se refletem nele.* De resto, se subtraísses o ser [das formas] da realidade sensível, nada mais, em nenhum momento, apareceria de tudo o que é atualmente visível no mundo dos sentidos. Compreende-se bem que o espelho, na realidade aqui debaixo, é também visível em si mesmo porque também ele é uma certa figura; mas, no caso da matéria, não havendo nenhuma espécie de figura, ela não é visível em si mesma pois, de outro modo, deveria fazer-se visível em si e por si, antes mesmo do advento das ideias; ao contrário, acontece-lhe algo semelhante, para assim nos exprimirmos, ao que acontece com o ar, o qual, mesmo quando circundado de luz, é invisível justamente porque não era visível antes de ser iluminado[12].

O que até agora dissemos permite compreender plenamente a dupla atividade com a qual a Alma cria o mundo físico. *a*) Em primeiro lugar, ela põe a matéria, que é como que a extremidade do círculo de luz que se apaga e torna-se obscuridade, *b*) depois dá forma a essa matéria, como que espancando as trevas e recuperando-a para a luz. Naturalmente, as duas operações não são cronologicamente distintas, mas só logicamente[13]. A primeira ação da Alma deriva do extremo enfraquecer-se da "contemplação", a segunda do último esforço, por assim dizer, da contemplação.

Com isso indicamos a origem da forma que reverbera no mundo sensível: ela é o quanto de Espírito passa através da Alma suprema contemplante à Alma criadora. Em outros termos: as Ideias que constituem, como sabemos, o Ser e o Espírito, são pensadas e contempladas pela Alma como formas e, depois, descem ao mundo físico como determinação racional, como *logos* ou desenho racional do mundo, como diz Plotino com terminologia tomada do estoicismo, mas que, no seu conteúdo conceptual, transforma em sentido platônico.

Eis um texto significativo:

Recomecemos, portanto, a estabelecer de novo com a maior clareza qual seja a natureza do desenho racional do mundo e quanta racionalidade

12. *Enéadas*, III, 6, 13.
13. Cf. *Enéadas*, IV, 3, 9; V, 8, 7.

se mostra no fato de ser ele o que é. Ora, esse desenho racional do mundo é... — coragem, talvez acertemos — justamente o Espírito, não o puro Espírito nem o Espírito em si e, na verdade, não entra nem mesmo na categoria da pura Alma; todavia depende deles e é, por assim dizer, uma irradiação de ambos: Espírito e Alma (e, mais exatamente, uma Alma disposta em conformidade com o Espírito) produziram esse desenho racional do mundo como uma vida que traz tacitamente em si uma razão[14].

Eis um segundo texto não menos explícito. Depois de ter sublinhado que todas as coisas são compostas de uma matéria e de uma forma que lhe é superior, Plotino se pergunta "de onde vem à matéria a forma ideal", e responde:

Investigarás, por outro lado, a propósito da Alma, se ela pertence aos seres simples, ou se nela há algo como uma matéria e algo como forma — a Inteligência ou Espírito que está presente nela, de um lado, estaria para a alma como a forma está para o bronze, de outro, como o artífice da forma no bronze. Transportando, porém, ao universo essas considerações se poderá subir a uma Inteligência, pondo-a como verdadeiro fabricador e artífice; então será necessário dizer que o substrato, somente depois de recebidas as formas, tornou-se ora fogo, ora água, ora ar e terra, mas que *essas formas derivam de outro e que esse outro é justamente a Alma*; porém, se a Alma imprime nos quatro elementos a forma do cosmo, *a Inteligência é que tornou-se para a Alma a doadora das formas racionais*, do mesmo modo como da Arte derivam na alma do artista as formas racionais que dirigem a criação artística; mas a Inteligência ou Espírito, de uma parte, é como a ideia da Alma — ideia que corresponde à forma —, de outra, sendo o que prepara a forma, é como o criador da estátua: Nele está imanente tudo o que Ele doa. O que Ele doa à Alma é vizinho à verdade; ao invés, o que o corpo recebe da Alma é já sombra e figura[15].

Nesse sentido, pode-se compreender a conclusão a que chega Plotino, ou seja, a de que no universo sensível não somente a forma tem um nítido predomínio, mas de que, no limite, o cosmo resolve-se quase inteiramente na forma:

[...] *O universo está mantido nos vínculos das formas do começo ao fim:* em primeiro lugar, a matéria pelas *formas dos elementos; depois, sobre essas formas outras e mais outras*; de modo que se torna difícil encontrar a matéria oculta sob tantas formas. Mas sendo esta também uma certa forma

14. *Enéadas*, III, 2, 16.

15. *Enéadas*, V, 9, 3.

ínfima, *o nosso mundo é todo forma e todas as coisas são formas, pois o modelo já era forma*[16].

4. Gênese da temporalidade

A passagem do mundo inteligível ao mundo sensível comporta a passagem do ser ao vir-a-ser, vale dizer, da eternidade à temporalidade. Como nasce a temporalidade?

Também a esse problema Plotino procurou dar uma resposta explícita. A temporalidade nasce por obra da Alma conjuntamente com a produção desse nosso universo. Mais ainda, a temporalidade coincide com a própria atividade com a qual a Alma produz o mundo físico, ou seja, *com a atividade que produz alguma coisa diferente do Espírito e do Ser, que estão na dimensão do eterno.*

Como já sabemos, a eternidade é, para Plotino, vida sem mudança, vida simultaneamente presente na sua integralidade. A vida do Espírito é vida eterna justamente porque é presença da totalidade do Ser que, sempre, é tudo no todo.

Ora, a Alma, por uma espécie de "temeridade" e "desejo de pertencer a si mesma"[17] ou, como se exprime Plotino com outra imagem, por desejo de "transferir para um diferente a visão lá do alto"[18], não contente de ver o todo simultaneamente, sai da unidade, avança e se distende, por assim dizer, num *prolongamento e numa série de atos que se sucedem um ao outro*, e cria assim um mundo sensível feito, na verdade, segundo a imagem do inteligível, mas que fatalmente *se move e põe na sucessão do antes e do depois o que lá, ao invés, estava junto e era simultâneo.* Dessa maneira, a Alma se temporaliza a si mesma e, portanto, o seu produto. O mundo está estruturalmente no tempo, assim como está *na alma e para a Alma.*

Quando se diz que a característica típica da Alma, para Plotino, é a *vida*, entende-se exatamente *a vida na dimensão da temporalidade, diferentemente da vida do Espírito que é na dimensão da eternidade.* E a vida como temporalidade é a vida que flui em mo-

16. *Enéadas*, V, 8, 7.
17. Cf. *Enéadas*, V, 1, 1.
18. Cf. *Enéadas*, III, 7, 11.

mentos sucessivos ou, se se prefere, que cria fluindo, ou fluindo cria os momentos sucessivos e que, portanto, *está sempre voltada para os momentos ulteriores e sempre carregada com os momentos já transcorridos.* Com essas notáveis amplificações, Plotino repropõe a definição platônica do tempo como imagem do eterno:

> Se alguém define o tempo como *vida da alma no seu movimento que passa de um a outro estado da vida,* parece que diz alguma coisa; se a eternidade é vida que consiste em estabilidade, identidade e inalterabilidade, e é infinita, e se o tempo é imagem do eterno — na relação que o universo sensível tem com o universo inteligível — então à vida do inteligível deve corresponder uma vida que convém só por homonímia à potência da alma aqui considerada; e em lugar do movimento de natureza inteligível deve corresponder o movimento de certa parte da alma: em vez de identidade, inalterabilidade e permanência, esse movimento não dura num estado igual, mas sempre exerce uma nova atividade; em lugar da inseparabilidade e da unidade, temos aqui uma simples imagem do uno, ou seja, o uno na continuidade; em lugar do que já é *infinito* e inteiro, o que *sempre* passa no que vem em seguida; finalmente, em lugar de um inteiro compacto, o que será por partes, uma totalidade sempre futura[19].

Três corolários merecem ser postos em relevo a propósito dessa concepção do vir-a-ser.

Em primeiro lugar, o vir-a-ser perde todo o caráter dramático e catastrófico, na medida em que nascer e morrer tornam-se apenas o jogo móvel da Alma que reflete as suas formas como num espelho: trata-se — convém notar — de um jogo no qual tudo se conserva e nada perece já que, como diz expressamente Plotino, "nada pode ser riscado do ser"[20].

Em segundo lugar, o próprio universo, e não somente as suas duas partes, não perecerá, assim como não nasceu do nada num determinado momento. A gênese do mundo é eterna, ou melhor, é *ab aeterno,* no sentido de que a Alma *ab aeterno* se temporaliza, querendo *ab aeterno* fazer viver no diverso o que ela contemplou no Espírito, segundo a lei "necessária" da processão[21].

Em terceiro lugar, sendo a Alma a que gera e sustenta o mundo e todas as suas partes e sendo ela, na sua essência, vida, *tudo é vivo,*

---

19. *Enéadas*, III, 7, 11.
20. *Enéadas*, IV, 7, 14.
21. *Enéadas*, II, 9, 8; II, 9, 12.

mesmo o que não tem aparência de vida, a terra e todos os elementos: em suma "nada há que não viva"[22].

5. Gênese do corpóreo e da espacialidade e sua natureza

Como o tempo depende da atividade da Alma, assim a própria corporeidade (e, consequentemente, a espacialidade) dependem da forma, da atividade da forma sobre a matéria.

Com efeito, a matéria, concebida da maneira como vimos acima, não é nem massa nem extensão e, portanto, não é corporeidade. O corpo, em geral, nasce da união da forma com a matéria, e é o resultado da *qualidade unida à matéria*. Em particular, Plotino especifica que a "corporeidade" enquanto tal é forma, é *logos*, é *razão seminal* produtiva, que gera o corpo concreto em união com a matéria. Essa é uma tese muito interessante porque representa a tentativa extrema de fazer depender do *logos* e da forma qualquer determinação positiva. Já os estoicos definiam o corpo como matéria qualificada (matéria mais qualidade), mas entendiam a qualidade como imanente à matéria num contexto materialista, ao passo que Plotino transpõe a doutrina para um contexto espiritualista, no qual a matéria é reflexo da forma[23]. O corpo é portanto, em última análise, uma criação da forma[24].

6. A positividade do mundo corpóreo

Essa concepção da gênese e da estrutura do mundo físico poderia, por si, dar origem a duas avaliações contrapostas do mesmo mundo. Na medida em que se trata de um mundo que, de qualquer maneira, tem a ver com uma matéria que é *privação do Bem,* ou seja, má, poder-se-ia concluir que o mundo *nasceu sob o signo do mal.* Ao invés, na medida em que se sublinha o aspecto da matéria como sombra da forma e a derivação a partir da Alma e, portanto,

---

22. Cf. *Enéadas*, IV, 4, 36; cf. VI, 7, 11.

23. Cf. *Enéadas*, II, 7, 3.

24. Sobre o conceito de objeto sensível em Plotino, cf. Rist, *Plotinus...*, pp. 103-111.

do Espírito, ou, em última análise, do próprio Uno, do mundo em geral, deve-se concluir que *nasceu sob o signo do bem*.

Essa segunda conclusão, conquanto não livre de aporias, é a que Plotino deduz dos seus princípios e defende porfiadamente contra a oposta tese gnóstica[25].

Deve-se, no entanto, observar como a antiga intuição platônica, segundo a qual a Alma não está no mundo, mas o mundo na Alma, é levada por Plotino às suas extremas consequências: a Alma não somente produz o cosmo, mas o abraça, enfeixa, recolhe no próprio seio:

> [...] O mundo jaz no seio da Alma, que o levanta nos braços, e nada que a ela pertença lhe é negado; assim como na onda uma rede entrelaçada vive, mas não consegue fazer seu o elemento no qual está; mas se a onda se estende, também a rede o faz até conseguir permanecer assim por si mesma, pois cada uma das suas partes não pode encontrar-se senão onde está. Mas a Alma é dotada de tanta capacidade em razão da sua essência, que, embora não sendo quantitativamente determinada, é capaz de abarcar todo o corpo em todas as suas partes permanecendo idêntica: até onde se estende o corpo lá está a alma. De fato, se não houvesse o corpo, ela não teria o que fazer com a sua grandeza, sendo o que ela é. O universo é tão grande quanto o é a Alma e assinala seus limites lá onde a Alma está para mantê-lo[26].

É evidente que, retomadas nesse contexto, as doutrinas estoicas da *simpatia universal* e da *providência* recebem nova significação espiritualista, com amplificações inéditas.

A própria doutrina do Demiurgo e muitas questões levantadas pelos platônicos mudam sua significação desde este ponto de vista. Num certo sentido, o Demiurgo é a Alma, pois ela é a verdadeira causa produtora do mundo; mas a Alma produz não *somente enquanto vida e geradora de vida* (o que é a sua característica particular), *mas enquanto possui em si as formas que derivam das Ideias do Espírito*. Nesse sentido, o Espírito também é Demiurgo[27]. Em última instância, o próprio Uno entra em questão, se é verdade que o cosmo físico devia nascer para que fosse realizada toda a potência do Uno. Mais em geral, no entanto, como veremos, o conceito de "contemplação

---

25. Cf. *Enéadas*, II, 9, *passim*.
26. *Enéadas*, IV, 3, 9.
27. Cf. as justas observações de Covotti, *Da Aristotele ai Bizantini*, pp. 153s.

criadora" deveria transformar completamente a problemática do Demiurgo[28].

A polêmica antignóstica reforçou mais ainda a convicção de Plotino acerca da positividade do cosmo físico. Para o nosso filósofo, quem julga o mundo como *mal nascido,* comete um erro fundamental de avaliação, olhando segundo uma ótica errada: o mundo não deve ser visto nem julgado como *modelo,* ou seja, como Espírito, mas como *cópia que imita o modelo.* Julgado como cópia, vem a ser, como imagem, então é necessário concluir que ele é a *mais bela imagem do original*[29]. De resto, Plotino diz mesmo que o mundo sensível "existe para o Espírito e olha para o alto"[30].

Mais ainda, não somente ele afirma que o mundo olha para Deus, mas que, *em certo sentido, o próprio mundo está em Deus,* já que o mundo está na Alma, a Alma está no *Nous*, o *Nous* está no Uno, e o Uno não está noutro, mas tudo encerra em si[31].

A espiritualização do cosmos é levada verdadeiramente por Plotino até os limites do acosmismo: a matéria é reduzida à atividade da alma enfraquecida, o corpo à forma, o mundo a um jogo móvel de formas que se movem como num espelho, a forma é suspensa do Espírito e o Espírito, do Uno[32].

---

28. Cf. *Enéadas*, III, 8, *passim*.
29. Cf. *Enéadas*, II, 9, 4.
30. *Enéadas*, II, 9, 9.
31. Cf. *Enéadas*, V, 5, 9.
32. Menos interessantes são as concepções de Plotino sobre a estrutura do mundo. Aqui nos limitamos a destacar algumas relações entre cosmogonia e demonologia. O céu, que é a parte melhor do cosmo visível, "confina" com os últimos graus do mundo do Espírito, e é feito de luz (diferente do fogo terrestre). E o céu é a *primeira razão na qual as almas penetram* (*Enéadas*, IV, 3, 17). Os astros e os corpos celestes são *animados* e são *Deus segundo visível*, que são como imagens ou cópias dos Deuses espirituais e inteligíveis. Além da concepção dos Deuses visíveis, Plotino retoma também a dos Demônios, entendidos como *mediadores entre os Deuses e o gênero humano*. Os Demônios não pertencem ao mundo do Espírito (a ele pertence apenas o seu paradigma eterno e espiritual, que, como tal, é um Deus), têm uma matéria inteligível, que lhes pode permitir assumir corpos aéreos e ígneos (III, 5, 6). Os Demônios têm afeições (id.) e podem até mesmo ter voz no ar (IV, 3, 18). Os Demônios *são gerados pela Alma do universo segundo as várias necessidades do universo*. De fato, ver documento à parte (III, 5, 6). Uma espécie particular de Demônios é constituída pelos "Amores", pelos *Erotes*, que são produzidos pela Alma na sua aspiração ao belo, enquanto os outros Demônios são gerados por outras potências da Alma, não pela potência do amor.

V. ORIGENS, NATUREZA E DESTINO DO HOMEM

1. O homem anteriormente à sua descida ao mundo corpóreo

O homem não nasce no momento em que surge o mundo corpóreo, mas preexiste a ele, ainda que noutra condição, ou seja, em estado de alma pura.

Entretanto, Plotino diz com toda clareza que antes do nascimento nós "estávamos lá em cima", no mundo do Ser e do Espírito, éramos "outros homens", e mais ainda "éramos Deuses", participantes da vida espiritual do todo, sem as cisões e as dilacerações próprias da vida terrena. Eis as palavras do nosso filósofo:

> Nós! Quem somos "nós"? Somos "nós", talvez, justamente aquele Ser, ou somos o que ao Ser se aproxima e é somente "o que é gerado no tempo"? Mesmo antes que ocorresse o nosso nascimento, nós estávamos lá em cima: éramos outros homens, individualmente determinados e também Deuses (ἄνθρωποι ἄλλοι ὄντες καὶ τινες καὶ θεοὶ), almas puras, com o Espírito juntamente com o Ser, inteiras, partes da Realidade espiritual sem confins e sem cisões, mas pertencentes ao todo; tanto é verdade que até hoje não estamos separados dele. Hoje, porém, àquele *Homem do Espírito* acrescentou-se, infelizmente, um homem bem diferente, desejoso de existência e encontrou justamente nós, já que não estávamos fora do universo; e vestiu-se de nós e juntou-se àquele "Homem do Espírito" que cada um de nós era então [...]; e eis que então nos tornamos esse nosso "*conjunto de dois*" e não somos mais o que éramos antes. Mais ainda, às vezes, somos exclusivamente o segundo homem que se acrescentou, quando aquele primitivo Homem é inerte ou ainda, de algum modo, encontra-se distante[1].

Plotino explica, ademais, que as nossas almas estavam *na origem associadas à Alma universal* (evidentemente naquela condição de unidade-distinção que conhecemos como peculiar ao mundo do inteligível) no governo do mundo, como Rei ao lado do Senhor supremo:

---

1. *Enéadas*, VI, 4, 14.

Assim, as almas particulares são dotadas de um impulso de natureza espiritual naquele seu movimento de voltar-se para o Ser de onde nasceram, mas possuem também um poder que se exercita sobre tudo o que está sobre a terra; justamente como a luz, ligada ao Sol pelo vértice superior, mas que não recusa a sua expansão ao que lhe está diante. *Enquanto essas permanecem no mundo do Espírito em companhia da Alma universal, lhes é dada uma existência livre de preocupações; unidas, então, no céu, à Alma universal, são associadas a ela no governo do mundo à guisa de reis que estão junto ao supremo Senhor e participam do seu governo sem descer dos seus tronos reais*; assim, quero dizer, as almas estão juntas, nessa primeira fase, no mesmo lugar[2].

É desnecessário observar que, nessa fase, a alma conhece intuitiva e simultaneamente a totalidade das coisas que estão no Espírito e, através do Espírito, o próprio Bem. Nesse contexto, isto é, na unidade com o Espírito e com o Bem, a alma tem também consciência de si[3].

Mas por que as almas dos homens descem aos corpos?

Esse é o antigo problema que preocupara Platão e ao qual ele não soube dar uma solução unívoca, oscilando entre teses opostas: a de uma *necessidade ontológica* e a de uma "culpa"[4]. Plotino retoma essas teses opostas e tenta conciliá-las, com base nas conquistas da sua metafísica.

Vejamos como ele tenta a conciliação, e, ademais, procuremos estabelecer se e até que ponto ele tem sucesso na sua tentativa.

2. A descida aos corpos

Observe-se desde logo que a razão principal da descida das almas particulares aos corpos individuais deve ser buscada, em primeiro lugar, na própria lei que regula a "processão" de todas as coisas do Uno. Segundo essa lei, portanto, a Alma universal deve desenvolver todas as suas possibilidades, e, assim, deve produzir não só o universo em geral, através da Alma do cosmo, *mas também todos os viventes*

---

2. *Enéadas*, IV, 8, 4; cf. IV, 8, 2.
3. Cf. *Enéadas*, IV, 4, 2.
4. Cf. vol. III, pp. 185ss.

particulares, através das almas particulares, entre os quais está o homem; e tudo isso acontece, ou melhor, *deve acontecer*, para que a infinita potência do Uno possa alcançar o seu total desenvolvimento e para que possa ser garantida a perfeição do todo, como vimos. Em suma: como a Alma universal não pode permanecer como puro pensamento, pois, se assim fosse, não se teria distinguido do Espírito, assim as almas particulares não puderam permanecer como Espíritos particulares, mas foram obrigadas a assumir, para distinguir-se dos puros Espíritos, a função que lhes é peculiar, que consiste em ordenar, reger e governar as coisas sensíveis[5].

Ora, é evidente que, assim sendo, a "descida" da Alma aos corpos *não é voluntária*, enquanto não depende de uma escolha nem de uma deliberação da própria Alma, e, portanto, não pode constituir uma "culpa". Antes, Plotino admite até mesmo que, se a Alma consegue fugir rapidamente do corpo, não só não recebe dano pelo fato de ter assumido um corpo, *mas um enriquecimento, seja por ter contribuído*, como já dissemos, *para a atuação das potencialidades do universo, seja por ter sofrido a própria experiência do mal* (que consiste no impacto com o corpóreo), *que a faz adquirir consciência mais clara do bem e lhe permite desenvolver todas as suas virtudes*[6].

Todavia, ao mesmo tempo em que diz isso, Plotino afirma também a tese de que, para a Alma, era "melhor" permanecer junto ao Espírito e que o descer, porquanto necessário, é uma "pior" e, portanto, um mal e uma *culpa* (uma espécie de "audácia" ou de "temeridade").

Voltamos assim às incertezas de Platão?

Plotino acredita ter superado a dificuldade ao distinguir duas espécies de culpa próprias da Alma.

a) A primeira espécie de culpa consiste, em geral, *na própria "descida", a qual, como vimos, na medida em que é inelutável, é involuntária, e o "castigo" que cabe a essa culpa é a própria experiência dolorosa da descida aos corpos*. Com esse mesmo tipo de culpa, ou seja, com essa descida necessária, coincide a "vontade de apartar-se" ou o "retirar-se na individualidade", da qual fala Plotino,

---

5. Cf. *Enéadas*, IV, 8, 3.
6. Cf. *Enéadas*, IV, 8, 5s.

dado que justamente nisso consiste o fato de se tornar almas de corpos individuais e particulares[7].

b) A segunda espécie de culpa diz respeito, ao invés, *à alma que já tomou corpo e consiste, justamente, no excesso de cuidado com o próprio corpo, com tudo o que daí se segue, ou seja, o afastar-se da própria origem para pôr-se ao serviço das coisas exteriores e, portanto, o esquecer-se de si mesma*[8].

Não é, pois, a primeira espécie de culpa, mas a segunda a que constitui o grande mal da alma, ou seja, o mal que a leva a esquecer-se de si, da sua origem e, portanto, de Deus (e a torna digna de particulares castigos). Eis a passagem mais clara:

> Qual é a causa que tornou as almas — as quais são partes destacadas de lá de cima e pertencem completamente ao mundo superior — esquecidas do seu pai Deus e indignas de si mesmas e Dele? Pois bem, primeira raiz do mal, para elas, foi a *temeridade*, e depois o nascimento e a *alteridade primitiva e a vontade de pertencer* a si próprias. Assim, ébrias, visivelmente, daquela autodeterminação, *pois fizeram o mais largo uso do seu espontâneo movimento, depois daquela grande corrida sobre a via contrária, distanciadas que foram por tão grande espaço, acabaram enfim por ignorar a si próprias e a sua origem*: como crianças que, arrancadas muito cedo aos pais e educadas por longo tempo longe, não reconhecem mais nem a si próprias nem aos seus genitores. As almas, portanto, *não reconhecendo mais nem a Ele nem a si mesmas, desprezando-se por ignorância da sua estirpe, e apreciando as outras coisas, admirando mais a todas as coisas do que a si mesmas*, exultaram, atônitas, diante delas e foram vencidas por elas; e se separaram, violentamente, das coisas para as quais já tinham virado as costas com desprezo. *Assim resulta que a única causa da total ignorância de Deus consiste em apreciar as coisas terrenas e desprezar o próprio ser*[9].

Veremos adiante quais são as consequências éticas e escatológicas dessas afirmações plotinianas. Antes é necessário examinar, em geral, a situação da alma que toma corpo e quais as relações entre as almas individuais e os corpos individuais.

---

7. Cf. *Enéadas*, V, 1, 1.
8. Cf. *Enéadas*, IV, 8, 4s.
9. *Enéadas*, V, 1, 1.

3. O homem e as relações entre a alma e o corpo

Até agora falamos do homem, dando por evidente a equação de homem e alma, como o faz Plotino nos textos que lemos. Essa equação foi estabelecida, como sabemos, pela primeira vez por Sócrates[10], desenvolvida ontologicamente por Platão[11], e levada às extremas consequências por Plotino. Nada impede, diz o filósofo, que se chame "eu", ou seja, homem, também o conjunto de alma e corpo, mas permanece certo que "o homem verdadeiro" é só a alma, antes, "a alma separada" e, como veremos, também aqui embaixo "separável"[12].

Na verdade, em vários pontos das *Enéadas* se afirma que em nós existem como *três homens* e não simplesmente o homem interior e o homem empírico. Essa tese, que à primeira vista pode chocar, torna-se muito menos paradoxal não só se comparada com os parâmetros da ontologia plotiniana, mas também se ligada à tradição médio-platônica, da qual até o neoestoico Marco Aurélio tirou a sua tríplice distinção do homem, da qual falamos acima, em *nous, psyché* e *corpo*. Esta é, substancialmente, a tripartição da qual Plotino parte, transformando-a segundo os moldes da sua ontologia e dando-lhe, por assim dizer, uma inusitada espessura metafísica, graças à teoria da processão.

Eis um texto paradigmático:

> Se [...] existem idealmente esses nossos corpos [i.é, as Ideias dos corpos, assim como estão as Ideias dos elementos água, fogo etc.], a alma tem também o direito de ter deles sensações e percepções; assim há antes de tudo o Homem superior; depois há a alma assim situada, capaz de tais percepções; portanto, também esse homem posterior — que é só uma imagem — possui, em imagem, as formas racionais; e o Homem que se encontra no Espírito contém em si o segundo homem, anterior a todos os homens. Esse *primeiro* Homem irradia sobre o *segundo* e este, por sua vez, sobre o *terceiro*: mas o último tem em si não sei como, todos os outros precedentes, não porque se torne "aqueles homens", mas porque o seu ser corre paralelo ao deles. Normalmente, em nós há um que age conforme ao "último homem"; contudo, ele toca algo que provém do "homem anterior" e sobre este último desce até mesmo a força operosa do "primeiro Homem"; e

---

10. Cf. vol. II.
11. Cf. Platão, *Alcibíades maior* e *Fédon, passim*.
12. Cf. *Enéadas*, I, 1, 10.

assim o homem, paulatinamente, se transforma Naquele segundo no qual age: assim, verdadeiramente, por um lado, cada um de nós possui todas essas três formas de humanidade, e, por outro lado, não as possui. Porém, a terceira forma de vida — quero dizer, o terceiro e mais elevado Homem — está totalmente separado do corpo; caso a segunda vida queira segui-lo — e pode certamente segui-lo, sem separar-se dos valores supremos — onde ainda há aquela segunda vida, isto é, essa nossa vida terrena[13].

Essa tripartição (sobre a qual insistimos, porque é absolutamente fundamental para a compreensão da ética, da ascética e da mística do nosso filósofo) é reproposta também em termos de "alma", no sentido de que os "três homens" podem ser considerados como três almas, ou melhor, "três potências" da alma, dado que o "primeiro homem" não é mais que a alma considerada na sua tangência com o Espírito (tangência que, estruturalmente, nunca deixa de existir); o "segundo homem" é a alma ou o pensamento discursivo, que está no meio entre o inteligível e o sensível, e o "terceiro homem" é a alma que vivifica o corpo terreno:

Quanto à nossa alma, em parte, está sempre aplicada aos seres inteligíveis, em parte está voltada às coisas terrenas, em parte está no meio entre inteligível e sensível. Natureza única, sim, mas em muitas potências, às vezes está inteiramente concorde com a sua parte ótima — que é a ótima parte do ser —; às vezes é a sua parte pior que, arrastada para baixo, arrasta também a parte intermediária. Mas que o todo da alma seja arrastado para baixo, isso não seria consentido! Ela está sujeita a esse afano pois não soube permanecer no seio da suprema beleza; onde, ao invés, estável, a Alma — a que não é parte de nós e da qual não somos mais parte —, enquanto concede a todo corpo alcançar por si tudo o que pode alcançar dela, está imune de qualquer solicitude, não regendo o mundo em virtude de pensamento reflexo nem corrigindo-o nalguma coisa, mas, mediante a sua visão do que a precede, adorna com prodigiosa potência o todo. Quanto mais está em si mesma, tanto mais bela e potente. Haurindo do alto, a alma dá ao que lhe vem depois: e, iluminada como é, ilumina eternamente[14].

Noutro texto, Plotino explica, ulteriormente, que aquilo que de maneira própria deve ser considerado o nosso "eu", é a Alma e o

13. *Enéadas*, VI, 7, 6.
14. *Enéadas*, II, 9, 2.

homem intermediário (o pensamento discursivo), que é capaz de tender seja para o melhor (o Espírito), seja para o pior (o sensível, o terceiro homem):

> [...] Para sentir, valemo-nos da sensação, contudo o nosso é o "eu" que sente. Ora, acontece o mesmo com o nosso pensamento discursivo? Não, pois quando refletimos de modo discursivo, somos exatamente "nós" os que raciocinamos; e somos "nós" que pensamos os pensamentos que entram na razão discursiva: justamente porque o nosso "eu" consiste exatamente nisso: mas as atividades do Espírito derivam do alto como os impulsos da sensação derivam de baixo: o nosso "eu" é a instância dominante da alma que está no meio entre as duas forças: o pior e o melhor; o pior é a sensação, o melhor é o Espírito. Mas a sensação é considerada, por convenção, nossa para sempre; pois nós sempre sentimos; com relação ao Espírito, contudo, a coisa é discutida, seja porque não nos valemos sempre dele, seja porque ele é separado; mas é separado só enquanto não é Ele que se inclina para nós, mas nós que nos voltamos para Ele, elevando o nosso olhar para as alturas. A sensação serve de mensageira ao nosso "eu"; mas sobre o nosso "eu" domina como rei o Espírito[15].

Portanto, é claro que, para Plotino, o homem só é compreensível na dinâmica desses três momentos. Permanece verdadeiro, para ele, que o homem é uma alma que se serve de um corpo. Todavia, por um lado, o corpo não é mais que "queda da alma", no sentido que vimos, e a alma como razão governante do corpo não só permanece superior ao corpo, mesmo quando está no corpo, mas mantém estavelmente um laço com o Absoluto, uma relação que nunca desaparece:

> [...] Se devemos ser suficientemente ousados para exprimir, alto e bom som, o nosso parecer contra a opinião em voga, *também a nossa alma humana não despencou totalmente no abismo; mas, ao contrário, há algo dela que permanece eternamente no seio do Espírito* [...][16].

Decidimos o nosso destino segundo deixemos predominar a parte sensível ou transcendamos o sensível mantendo-nos próximos à parte superior.

Mas antes de falar dele, devemos, ulteriormente, esclarecer a atividade da alma individual, seja nas suas relações com o corpo, seja considerada em si mesma.

---

15. *Enéadas*, V, 3, 3.
16. *Enéadas*, IV, 8, 8.

4. A atividade e as funções da alma

As atividades elementares da vida vegetativa e animal são garantidas pela Alma do universo. Vimos, com efeito, que a essa Alma cabe a criação do mundo, enquanto às nossas almas individuais cabe a tarefa de vivificar e reger os corpos individuais.

Ora, como todas as atividades que parecem pertencer aos corpos em geral são, na realidade, próprias da Alma que as produz, assim todas as atividades que pareceriam pertencer ao corpo particular estão, na realidade, sob a regência direta da alma que as governa, ou, até mesmo, são atividades próprias e peculiares dessa mesma alma. E note-se que, em todos os níveis, a alma é concebida como *impassível* e como *capaz só de agir*, porque o incorpóreo não pode ser afetado, em qualquer modo que seja, pelo corpóreo.

Como se explica, então, a sensação? Não supõe, esta, não só uma ação de corpos sobre corpos, mas também uma ação dos corpos sobre a alma, ou, pelo menos, uma interação em duplo sentido entre corpo e alma, e, portanto, um *padecer da alma*?

A resposta de Plotino é muito engenhosa. Ele distingue, fundamentalmente, dois aspectos da sensação: a sensação "exterior", que não é mais que a afecção e a marca que os corpos produzem sobre os corpos (e que se explica em função da lei geral da "simpatia" que liga reciprocamente todas as coisas do universo entre si e com o todo), e a percepção sensitiva verdadeira, que é, ao invés, um ato da alma, *um ato cognoscitivo da alma*, um ato que capta factualmente a impressão e a afecção corpórea.

Portanto, quando *sentimos*, por um lado, *o nosso corpo sofre uma afecção* por parte de outro corpo; ao contrário, a nossa alma *entra em ação, não só no sentido de que "não lhe foge"*[17] *a afecção corpórea,* mas também no sentido de que ela "*julga*" *essas afecções*[18]. Antes, para Plotino, na impressão sensorial que se produz no nosso corpo, *a alma vê* (embora no nível mais fraco e mais débil) *o rastro de formas inteligíveis e, portanto, a própria sensação é, para a alma,*

17. Cf. *Enéadas*, III, 4, 2.

18. Cf. *Enéadas*, III, 6, 1; IV, 3, 11.

uma forma de contemplação do inteligível no sensível. Eis um texto muito importante a esse respeito:

> [...] A faculdade sensitiva da alma não tem necessidade de estender-se às coisas sensíveis, diretamente, mas deve antes consistir numa especial capacidade perceptiva das marcas, que, como consequência da sensação, se formam no vivente; pois estas já são de espécie inteligível: pois a sensação exterior é uma imagem daquelas; mas a potência da alma é muito mais verdadeira, segundo a essência, *pois é contemplação de formas, pura e impassível*[19].

De resto, isso não é mais que um corolário que brota da concepção plotiniana do mundo físico, segundo a qual os corpos são produzidos pelos *logoi*, ou seja, pelas forças racionais da alma do universo (que são um reflexo das ideias), e a eles se reduzem em última análise, de modo que as sensações resultam ser, em certo sentido, apenas "pensamentos obscuros", enquanto os pensamentos dos inteligíveis puros são "sensações claras"[20].

Antes, para o nosso filósofo, a sensação é possível enquanto *a alma inferior que sente é conexa com a alma superior que tem a percepção dos inteligíveis puros* (a anamnese ou reminiscência platônica, para Plotino, é uma *originária visão intuitiva ou uma posse dos inteligíveis puros*), e o sentir da alma inferior capta as formas sensíveis como que *irradiando-as com uma luz que emana dela e que lhe vem, justamente, daquela originária posse que a alma superior tem das formas puras*. A passagem que segue exprime de modo perfeito essa complexa concepção, que aprofunda e leva às extremas consequências a originária doutrina platônica:

> Na verdade, a alma é por essência a verdadeira razão de todas as coisas e, precisamente, a razão extrema dos seres do Espírito e de tudo o que há no âmbito do Espírito, e a primeira, ademais, dos seres que estão no universo sensível. *Justamente por isso, ela tem como dois rostos, numa e noutra direção*: de um extrai saúde e bem-estar e uma animação sempre florescente; pelo outro é iludida, por causa da semelhança, e, como que seduzida, desce. *Posta assim no meio, ela tem percepção de ambos*; e dos seres do Espírito, costumamos dizer que ela os pensa, quando chega à reminiscência, na medida em que a eles se aplique; ela, na verdade, *os conhece* porque *é*, não sei

---

19. *Enéadas*, I, 1, 7; cf. III, 8, 7.
20. Cf. *Enéadas*, VI, 7, 7.

como, aqueles seres: conhece, quero dizer, não porque eles penetrem nela, mas porque ela os possui do seu modo e os vê, e é até mesmo "aqueles seres" um pouco confusamente; e, tão logo ela se livra como que da poeira, esses seres tornam-se mais claros e passam da potência ao ato. De modo semelhante, para as coisas sensíveis: *a alma se dá conta delas, por assim dizer; e faz de modo que a luz que emana dela os ilumine, e os põe assim diante dos olhos, enquanto a sua faculdade sensitiva está sempre pronta, como num trabalho de parto, e sempre voltada para elas*[21].

De modo análogo, Plotino atribui à alma também a faculdade da *imaginação* e da *memória*. Não é o corpo por si, nem o corpo considerado na sua união com a alma, que é capaz de recordar, mas só a alma; o corpo é, ao contrário, um impedimento e um obstáculo para a recordação e, portanto, é mais causa de esquecimento:

Mas, para a tarefa de recordar, o corpo serve até como obstáculo; pois também no nosso ser atual ocorre o esquecimento por causa de certa matéria; mas se o corpo a elimina e se purifica, muitas vezes a recordação reaparece. A recordação, porém, é um perseverar: necessariamente, então, o ser corpóreo que se move e flui será causa de esquecimento e não de memória [...]. Assim, fique atribuída essa função à alma[22].

Isso é evidente, diz Plotino, sobretudo no caso da recordação e da memória de doutrinas científicas, no qual, obviamente, o corpo não tem qualquer função.

Memória e recordação têm, porém, uma relação estrutural com a temporalidade, com o vir *primeiro* e *depois*, e a alma, na medida em que tem relação com o corpóreo, tem também relação com a temporalidade. Ao invés, tudo o que permanece na identidade e na igualdade do eterno não tem memória, mas participa da *simultânea presença da totalidade*. Deus e o Espírito não têm, portanto, memória, mas só a alma possui tal atividade, justamente na medida em que, como se disse, tem relação com a temporalidade.

Como já acenamos, a *reminiscência* (a *anamnese*) é estruturalmente diversa da memória. A reminiscência consiste num conservar permanentemente na alma o que é, de algum modo, conatural à própria alma, enquanto lhe deriva do seu originário e estrutural contato com

---

21. *Enéadas*, IV, 6, 3.
22. *Enéadas*, IV, 3, 26.

as realidades superiores. A nossa alma superior, de fato, é eternamente ligada ao Espírito[23].

Consequentemente, no além a alma tende a perder as recordações ligadas ao corpóreo e ao temporal, enquanto no aquém a anamnese das coisas superiores não pode nunca obscurecer-se inteiramente[24].

A mais elevada atividade cognoscitiva da alma consiste, portanto, no pensamento que capta as Ideias e o Espírito. Acima desta, porém, a alma possui também a capacidade, metarracional de captar o próprio Uno e "unificar-se" com Ele. Mas disso falaremos adiante.

Também os sentimentos, as paixões, as volições e tudo o que a eles está ligado são interpretados por Plotino, assim como as sensações, as percepções e a memória, como *atividade da alma*. De fato, para o nosso filósofo, é o corpo, ou seja, o animal, que *sofre*, enquanto a alma permanece, propriamente, imune à afecção, *age sobre o corpo dando-se conta* das paixões do corpo e *interessando-se por elas* consequentemente. Resume bem este ponto da doutrina plotiniana um estudioso italiano: "[...] podemos dizer que quem sofre é o animal composto de alma e de corpo, mas padece no corpo e não na alma, quer o sofrimento deva subir das impressões sofridas pelo corpo até a alma (reencontrando-se aqui sob a forma de visão e de juízo), quer se deva descer da opinião da alma em direção ao corpo. Se a alma é de certo modo golpeada pela paixão, é porque ela se interessa pelo corpo, destinada como é a governá-lo, mesmo permanecendo em si impassível. A alma se dá conta da paixão, mas o corpo parece ser a condição indispensável para que a própria paixão possa se verificar. Se referimos a paixão à alma, só podemos fazê-lo por certa analogia, estendendo a uma substância não extensa e incorruptível, que é por si número e razão, o que só se pode dizer do corpo"[25].

5. O homem e a sua liberdade

A mais alta atividade da alma consiste na liberdade. Na verdade, Plotino repete as tradicionais doutrinas platônicas a respeito disso,

23. Cf. *Enéadas*, IV, 3, 25.
24. Cf. *Enéadas*, IV, 3, 27.
25. Carbonara, *La filosofia di Plotino*, pp. 267s.

e como todos os seus predecessores pagãos, não consegue libertar-se inteiramente das hipotecas do intelectualismo socrático. Todavia, parece-nos que, apesar disso, ele realiza alguns progressos nesse ponto, dependentes, substancialmente, da sua nova concepção do Absoluto.

Com efeito, vimos que o Uno, o Princípio imprincipiado, é essencialmente liberdade, volição e causa de si. O Uno quer a si mesmo (e, portanto, põe a si mesmo), porque é Bem, e como Bem (absoluto positivo), se quer a si mesmo e se põe a si mesmo. Portanto, no Absoluto *a liberdade* (absoluta) *coincide com a volição do Bem* (absoluto) *ou com o querer ser como o Bem* (absoluto).

Se é assim, também a liberdade do homem e da alma deve ser buscada nessa mesma direção, e as mesmas afirmações de sabor intelectualístico devem ser lidas nessa ótica.

Contudo, deve-se observar que o próprio Espírito só é *livre* graças ao bem, como demonstra esta passagem exemplar:

> Também, se o Espírito tem, por sua vez, um princípio diverso, este, contudo, não está fora do próprio ser do Espírito, *mas está no Bem*. Ademais, se o Espírito é conforme ao supremo valor que é o Bem, *muito mais ainda se apoiarão Nele o livre-arbítrio e a liberdade; tanto é verdade que cada um só busca a liberdade e o livre-arbítrio graças ao Bem*. Assim, *se desenvolve a sua força operante na trilha do Bem, o Espírito possui de maneira eminente o livre-arbítrio*; pois Ele, ou possui aquele impulso que Dele surge e Nele termina ou permanece em si mesmo, justamente porque vazio Dele: e isso significa para Ele um mais elevado "ser si mesmo", justamente porque vale na exata medida em que se volta para Ele[26].

Ora, como a liberdade do Espírito consiste em pôr-se sobre a trilha do Bem, assim, analogamente, a liberdade da alma consiste, por sua vez, em pôr a própria força operacional na trilha do Espírito e em agir consequentemente, segundo os modos que a levam a unir-se ao Espírito, e, através do Espírito, ao próprio Bem.

A liberdade, por consequência, segundo Plotino, não pode consistir na atividade prática, ou seja, no agir exterior, mas na virtude, sobretudo nas mais elevadas virtudes, de modo particular no pensamento e, especialmente, na contemplação e, no limite, como veremos, no êxtase.

---

26. *Enéadas*, VI, 8, 4.

A liberdade e a vontade soberana, portanto, para Plotino, consistem no *imaterial* (τὸ ἄϋλον)[27].

Mas entre o Uno e a liberdade que se autopõe como absoluto Bem, o Espírito é livre no sentido de que o seu ato coincide com o querer o Bem, enquanto é ligado absolutamente ao Bem; a Alma, enfim, é liberdade na medida em que, através do próprio Espírito, tende ao Bem. Eis um texto que ilustra claramente este ponto:

Assim a alma se torna livre, quando tende, sem obstáculo, ao Bem, através do Espírito; e o que ela faz por seu amor é devido só ao seu livre-arbítrio; o Espírito é livre por si mesmo; ao contrário, a essência do Bem é justamente o "desejável" em si, e por isso as outras coisas têm o livre-arbítrio quando são capazes de consegui-lo sem obstáculo e quando são capazes de possuí-lo[28].

A liberdade do homem, portanto, é sempre e somente a liberdade da alma que quer e busca alcançar o Bem[29].

6. Os destinos escatológicos da alma e o fim supremo do homem

Mas que significa, para a nossa alma, querer e alcançar o Bem? E, querendo e buscando o Bem, quando e como a alma o alcança?

Ao responder a esses problemas, Plotino em parte retoma e em parte supera as tradicionais concepções da grecidade.

Deve-se observar que Plotino, quer se remeta às concepções tradicionais órfico-pitagóricas, quer projete a que lhe é mais peculiar e que extrai do ambiente alexandrino, particularmente de Filo[30], acentua a separação do corpóreo e do imaterial como fim precípuo a alcançar (de resto, como vimos, para ele a liberdade reside no imaterial).

Dada esta sua radicadíssima convicção (que se insere no sistema geral e, particularmente, na concepção da matéria como privação de bem), é evidente que Plotino devia rejeitar firmemente o dogma

---

27. Cf. *Enéadas*, VI, 8, 6.

28. *Enéadas*, VI, 8, 7.

29. Para um aprofundamento do problema da liberdade em Plotino, ver P. Henry, *La liberté chez Plotin*, in "Revue Néoscolastique de Philosophie", 8 (1931), pp. 50-79; 180-215; 318-339.

30. Cf., vol. VII, pp. 264-267.

cristão da *ressurreição da carne*, que ele considera expressão de uma forma de materialismo. Eis um texto não muito conhecido, mas importantíssimo:

Valha isso contra os que reintroduzem o ser nos corpos e, sobre a prova da impressão e sobre as aparências da sensação, fundam a credibilidade do verdadeiro; estes fazem como quem sonha, pois quem sonha considera que existem atualmente as coisas que vê existirem, mas não são mais que sonhos! Contudo, também a sensação é própria de uma alma que dorme: porque o que há de alma no corpo não é mais do que uma alma adormecida; e *o verdadeiro despertar consiste na ressurreição — a verdadeira ressurreição do corpo, não com o corpo; pois ressurgir com um corpo equivale a cair de um sono em outro, a passar, por assim dizer, de um leito a outro; mas o verdadeiro levantar-se tem algo de definitivo: não só de um corpo, mas de todos os corpos; os quais são radicalmente contrários à alma*: no que levam a contrariedade até a raiz do ser. Dá prova disso até mesmo o seu devir, o seu fluir, o seu extermínio, que não entra no âmbito do ser[31].

Não resta, portanto, para Plotino, senão a alternativa da metempsicose, que ele retoma e reafirma, remetendo-se largamente a Platão, e recaindo, portanto, em todas as aporias que essa crença comporta[32].

Deve-se, porém, observar que a crença segundo a qual as almas dos homens podem reencarnar-se em corpos de animais ou até em plantas (com base no tipo de vida levado na precedente existência), no contexto da ontologia plotiniana explica-se melhor do que no contexto da ontologia platônica, dado que a própria alma cria, vivifica e governa todo o mundo físico e é *princípio de toda forma de vida*[33].

Em todo caso, melhor do que Platão, Plotino reafirma que o destino último das almas que viveram no mundo melhor consiste em reunificar-se com Deus.

Só com o corpo as almas percebem os castigos corporais. Ao invés, às almas que estejam puras e não arrastem consigo nada, nem mesmo um pouquinho de corpo, será dado não pertencer a esse tipo de corpo. Se, portanto, não estão em nenhum lugar no corpo — justamente porque não têm corpo — então, lá onde está a essência e o ser e a divindade — isto é, em Deus — lá, justamente, e na sua companhia, mais ainda, no seio de Deus, está aquela alma da qual falamos. Mas se ainda procuras onde ela esteja,

31. *Enéadas*, III, 6, 6.
32. Cf., por exemplo, *Enéadas*, III, 2, 16.
33. Cf. *Enéadas*, IV, 3, 10; IV, 7, 6.

pois bem, busca, então, onde estão as coisas supremas: mas, escrutando, não escrutes com os olhos e nem como se escrutasses coisas corpóreas[34].

Mas a novidade de Plotino, com relação à tradição grega clássica, consiste em ter projetado *a possibilidade de realizar a separação do sensível e do corpóreo e de realizar plenamente a união com o Uno, já nesta vida, mediante a unificação místico-estática com o Absoluto.*

Essa doutrina, de algum modo, dava razão às instâncias da ética grega, que em parte Sócrates e Aristóteles já tinham feito valer e que sobretudo os filósofos da era helenística tinham levado ao primeiro plano, *ou seja, que a felicidade (que é o cumprimento do fim último do homem) deve ser possível já nesta vida*[35]. Mas, ao mesmo tempo em que lhe dava razão, a revolucionava: o homem pode alcançar o seu *telos nesta vida*, mas destacando-se inteiramente, com o espírito, de tudo o que é material, e por essa via, entrando em íntima união (ainda que só algumas vezes e por um breve tempo) com o Absoluto transcendente (como, embora sobre outras bases, Filo já tinha sustentado). E, mais ainda, observa Plotino, isso é possível enquanto no homem há uma componente totalmente diferente da componente física. Ser feliz mesmo entre os tormentos, no "touro de Fálaris", é possível, porque é possível, mesmo entre os tormentos físicos, unir-se com a alma incorpórea ao Divino incorpóreo, mas, justamente, só é possível sob esta condição.

Quanto [...] às atividades de ordem contemplativa, pode ocorrer que algumas sejam obstaculizadas, quando se as toma (uma a uma) com relação às coisas individuais [...]; mas, por outro lado, a "suprema doutrina" [= o conhecimento do Bem] já está completa e lhe está sempre ao lado e, mais ainda, tanto mais quanto mais ele mesmo se encontre no assim chamado "touro de Fálaris". Esses pretendem dizer [...] que tal situação seja agradável! Isso não tem sentido! Porque, no seu sistema, o que pronuncia esse moto é o mesmo que se encontra no sofrimento; no nosso, ao invés, o sujeito que sofre dor é diverso do que — enquanto a ele está, necessariamente, unido — permanece sempre em si mesmo e por isso não perdeu em nada a visão do Bem, na sua sapiência[36].

O que foi o supremo ideal da era precedente é, assim, rompido e posto a nu no seu caráter ilusório. *Só com um firme apoio na trans-*

---

34. *Enéadas*, IV, 3, 24.
35. Cf. vol. III, *passim*.
36. *Enéadas*, I, 4, 13.

cendência é possível o que em vão a era helenística tinha buscado na dimensão da imanência.

7. A reforma da tábua de valores

A tábua clássica de valores pode ser considerada aquela traçada claramente por Platão nas *Leis*[37], que punha Deus em primeiro lugar, a alma em segundo, o corpo em terceiro e os bens exteriores em geral em quarto. Somente os peripatéticos tinham feito referência a essa tábua. Plotino também viria a referir-se a essa mesma tábua, mas para reformá-la consideravelmente. Tanto Platão como Aristóteles tinham proclamado e cultivado sobretudo os valores da alma, sem negar os outros valores inferiores, mas subordinando-os aos valores da alma. O próprio Platão, mesmo na sua dimensão mística, tinha privilegiado moderadamente os valores que dizem respeito aos Deuses, a saber, os valores religiosos como tais. Ao invés, são exatamente esses valores que, em Plotino, emergem em primeiro plano. A eles são subordinados os valores da alma, ao passo que os valores do corpo e os valores exteriores perdem todo realce. Em resumo: a tradição espiritualista grega precedente atribuíra uma significação aos valores físicos na medida em que pudessem ajudar, de algum modo, os valores da alma, que eram os valores por excelência; Plotino não atribuiu mais qualquer significação aos valores físicos ("envergonhava-se de estar num corpo", disse Porfírio, e, doente, recusava os cuidados que a medicina de então prescrevia)[38]; aos próprios valores da alma atribuía uma significação instrumental, vale dizer, cultivou-os na medida em que, através deles, julgou possível atingir os valores religiosos, ou seja, a assimilação a Deus na nova significação da qual falaremos[39]. Em resumo: Plotino pensou que o sábio verdadeiro não devia viver simplesmente a vida do *homem probo* mas, mais ainda, a vida dos Deuses. Escreve explicitamente:

> [...] A aspiração humana não deveria limitar-se ao estar "isento de culpa", mas a ser Deus[40].

---

37. Cf. vol. II, pp. 206-208.
38. Cf. Porfírio, *Vida de Plotino*, 1-2.
39. Cf., adiante, pp. 119-126.
40. *Enéadas*, I, 2, 6.

8. Os caminhos da volta ao Absoluto

É evidente que, nesse novo contexto, deviam ser retraçados de maneira nova os caminhos que levam a alcançar os valores supremos e o Absoluto.

Em primeiro lugar, Plotino redimensiona a doutrina da virtude. As "virtudes civis" tinham sido a base da ética clássica e sobre elas Platão fundara a sua *República*; para Plotino, elas são um ponto de partida, não de chegada. Justiça, sabedoria, fortaleza e temperança, entendidas no sentido "político", ou seja, "cívico", são capazes somente de fixar limites e medidas aos desejos e de eliminar as falsas opiniões, sendo portanto somente *uma pegada do Bem* supremo. Elas são uma condição para a semelhança com Deus, mas a assimilação a Deus é algo superior a elas[41].

As virtudes entendidas como "purificações" são superiores às "virtudes civis". Com efeito, enquanto as virtudes civis se limitam a moderar as paixões, as virtudes no sentido de purificações *nos livram das paixões* e, por conseguinte, permitem à alma unir-se ao que lhe é afim, ou seja, ao Espírito, uma vez que tal união só pode realizar-se pelo desapego do sensível[42] e, mesmo, à própria alma (das suas partes inferiores). Eis o que escreve Plotino:

> [...] A virtude é própria da alma; não pertence ao Espírito nem Àquele que está além[43].

Uma vez que a alma atinge o Espírito e o contempla, nessa contemplação e imitação do Espírito as virtudes, por assim dizer, se transfiguram. No Espírito, as "virtudes" são como que *os modelos dos quais as virtudes da alma são imagem e cópia.* Com efeito, nesse nível superior a *sabedoria* torna-se contato da alma com o Espírito, a *justiça*, o voltar-se do ato da alma para o Espírito, a *temperança*, o íntimo aderir da alma ao Espírito, e a *fortaleza,* o perseverar impassível da alma no Espírito impassível, sem sofrer qualquer paixão do corpo. Em resumo: nesse nível as virtudes-paradigma são, justamente, o modo de viver da alma que, desapegada das coisas sensíveis e tendo

41. Cf. *Enéadas*, I, 2, 1.
42. Cf. *Enéadas*, I, 2, 2s.
43. *Enéadas*, I, 2, 3.

reentrado totalmente em si, vive em absoluta pureza a própria vida dos Deuses, ou seja, tornada semelhante ao Espírito, vive a mesma vida do Espírito[44].

Mas as virtudes não são o único caminho que leva à união com o Divino. Com efeito, apoiando-se em Platão, Plotino valoriza igualmente a erótica e a dialética que são, embora a título diverso e em medida diferente, modos distintos com os quais a alma se desapega, se liberta e se purifica do corpóreo, avizinhando-se ao Absoluto.

A erótica plotiniana é, como a platônica, ligada estreitamente à beleza[45]. Ora, sabemos que a beleza é, fundamentalmente, a forma em todos os níveis. Também a beleza sensível é forma: é, exatamente, o transluzir da forma inteligível no sensível. Na medida em que o belo é forma, é conatural à alma e, portanto, é capaz de fazer reentrar em si a alma e de reconduzi-la à lembrança das suas origens divinas; e a "transfixão" que o amante experimenta ao ver o belo, não é mais do que a recordação metafísica das próprias origens espirituais[46].

Como para Platão, também para Plotino há uma "escada da beleza" que é necessário subir para alcançar o Absoluto. Do belo sensível é preciso subir aos belos costumes, às obras da virtude e à beleza da própria alma purificada. Com efeito a alma, purificada, torna-se Ideia e, portanto, ela mesma beleza, realizando a identificação com Aquele que é fonte de toda beleza. Por esse caminho, afinal, a alma parte do belo e, transcendendo o belo sensível por meio das mesmas energias que o belo desperta nela, progride através dos vários degraus do incorpóreo até tornar-se ela mesma perfeitamente bela e identificar-se com o Belo absoluto (o Espírito) e com o próprio princípio do Belo (o Bem, o Uno). Eis, a esse respeito, uma passagem muito explícita:

> [...] *A alma purificada torna-se ideia e razão; completamente incorpórea e intelectual pertence inteiramente ao deus, do qual flui a fonte da beleza e todas as coisas que lhe são conaturais.* Por isso a alma elevada até o Espírito *se faz sempre mais bela.* O Espírito e tudo o que pertence ao Espírito constituem a beleza própria da alma e não algo estranho, *porque somente então ela é verdadeiramente alma.* Portanto, diz-se justamente que

---

44. Cf. *Enéadas*, I, 2, 7.
45. Cf. vol. II, pp. 216ss. e 230ss.
46. Cf. *Enéadas*, I, 6, 4; III, 5, *passim*.

o tornar-se a alma bela e boa é o assimilar-se a Deus, pois daí provém a beleza e a parte melhor dos seres. *Mais ainda, a beleza é a verdadeira realidade* e dela é completamente diferente a feiura que é o mal original. Podemos assim identificar o "bom" e o "belo" ou então o Bem e a Beleza. Portanto, com um método semelhante devem ser buscados o Bem e o Belo, de um lado, e o feio e o mal, de outro. No primeiro degrau, deve ser posta a Beleza que é igualmente o Bem: do Bem procede imediatamente o Espírito como belo. A Alma é bela em razão do Espírito. As outras coisas como ações e costumes são belas em razão da forma que a alma lhes imprime. A alma faz também os corpos ou tudo o que assim se denomina. E sendo ela bela com beleza divina e parte do Belo, belo também se torna tudo o que ela toca e sobre o qual exerce o seu poder[47].

Já falamos amplamente na seção precedente da dialética como caminho para o Absoluto, mostrando como nela se distinguem três momentos: o primeiro que consiste na passagem do corpóreo ao incorpóreo, o segundo que consiste em proceder passo a passo na esfera do incorpóreo, e o terceiro que consiste no termo do processo, a saber, em alcançar de maneira total e perfeita o fim último que, para Plotino, é a união estática da alma com o Absoluto, sobre a qual falaremos agora[48].

---

47. *Enéadas,* I, 6, 6. Plotino, no contexto desses raciocínios, não hesita mesmo em chamar o próprio Absoluto de Beleza Suprema e Primordial (I, 6, 7); mas explica pouco depois (I, 6, 9) que a Beleza é o Espírito e que o Uno ou o Bem, que está acima do Espírito, "tem diante de si o Belo, *que é como a sua projeção.* Em suma, para usar uma fórmula geral, Ele é o *primeiro Belo;* mas, se quisermos distinguir os inteligíveis, deveremos dizer que *a beleza inteligível é o lugar das Ideias, enquanto o Belo está além, fonte e princípio do Belo* [...]".

48. Recordamos que dialética e erótica se fundem, em Plotino, tanto quanto em Platão. Mas em Plotino tanto a dialética (como vimos) como a erótica se ampliam no quadro da doutrina hipostática. Com efeito, deve-se observar que Eros, enquanto força que brota da tensão da alma para o belo é, *por Plotino, feito hipóstase de modo bem mais decidido do que por Platão, mas também multiplicado.* Com efeito, à Primeira Alma (Alma universal) que ama o Espírito, corresponde o *Deus-Amor* (o supremo Amor que vive na esfera do Espírito), à Alma do universo corresponde "em companhia dessa segunda alma também um segundo Eros", nascido da aspiração daquela Alma ao Belo, o qual é um *Demônio incluído no mundo,* e em todas as partes está junto da alma do mundo (*Enéadas*, III, 5, 1-3). *Às almas humanas, enfim, Plotino faz corresponder outros tantos "Erotes", outros tantos Demônios-amores* nascidos da aspiração ao Belo de cada uma delas, e companheiros das almas singulares: "Assim, cada alma possui um Eros semelhante na sua essência e hipóstase? E por que a Alma universal e a Alma do mundo deveriam possuir um Eros na sua hipóstase, e não o possuir as nossas almas e

9. A reunificação com o Uno

Os caminhos de retorno ao Uno que acima descrevemos são, substancialmente, um percorrer em sentido contrário a "processão" metafísica a partir do Uno. E sendo que as sucessivas hipóstases derivam do Uno por uma espécie de "diferenciação" e de *alteridade ontológica*, às quais se acrescentam no homem alteridades de natureza moral, é evidente que o retornar ao Uno deverá consistir *exatamente em tirar toda diferença e alteridade*, ou seja, numa espécie de "simplificação"[49].

Deve-se observar que isso é possível porque a "alteridade" não está na hipóstase do Uno, mas sim no que vem depois do Uno e, particularmente, em nós. Assim, sendo imune de qualquer alteridade, *o Uno está sempre presente a nós, mas nós estamos presentes a Ele somente quando justamente eliminamos a alteridade.* Plotino escreve expressamente:

> [...] O Uno, sendo imune de alteridade, está eternamente presente; nós, ao invés, somente quando deixamos de ter a alteridade[50].

Despojar-se de toda alteridade significa no fundo, para o homem, reentrar em si mesmo, na própria alma. Significa desapegar-se, portanto, do corpóreo, do corpo e de tudo o que lhe é inerente. Além disso, significa desapegar-se da parte afetiva da alma e de tudo que a ela está ligado. Em suma, significa purificar a alma de tudo o que lhe é estranho:

Que vale então a pretensão de tornar a alma impassível pela virtude da filosofia, não sofrendo paixão alguma? Pois aquela espécie de aparência, entrando na sua parte afetiva, logo provoca a impressão e a perturbação; assim como ainda à perturbação se une a imagem do mal esperado, assim aquela aparência toma o nome de paixão e justifica a exigência racional de eliminá-la totalmente e de não deixá-la lançar raízes. Enquanto houver a paixão a alma não se encontrará bem;

as almas de todos os viventes? Ora, esse Eros é o demônio do qual dissemos que acompanha cada um, o Eros que cada um traz em si. Esse Eros é o artífice dos desejos, pois cada alma tem uma pulsão correspondente à sua natureza e produz o Eros conforme o seu ser e o seu mérito" (III, 5, 4).

49. Cf. *Enéadas*, VI, 9, 11 (ἅπλωσις).

50. *Enéadas*, VI, 9, 8.

mas, tendo ela desaparecido, a alma fica impassível, pois a causa da paixão, ou seja, a aparência que envolve a alma, se dissipou; como se alguém que quisesse dissipar as imagens do sonho obrigasse a velar a alma voltada para as suas fantasias; ou como se alguém julgasse que as fantasias vindo de fora causem as paixões da alma.

Porém, que sentido tem a purificação da alma que nunca foi contaminada e que significa "separar-se do corpo"? A "purificação" significa *deixar a alma só, sem estar com outras coisas nem olhando para outras coisas ou retendo opiniões alheias*, qualquer que seja o modo dessas opiniões, e ainda, não ver, como foi dito, as imagens das paixões nem a partir delas forjar paixões. Mas a alma dirigida para o outro caminho, para o alto desde o inferior, não é acaso "purificação" e ainda "separação", pelo menos a alma que não está mais no corpo como se pertencesse a ele, e que é semelhante à luz que não está no barro? Ainda que fique impassível a luz que brilha mesmo no barro! Mas, no que diz respeito à parte afetiva, a "purificação" significa o despertar de fantasias sem realidade e a retenção do olhar; "separação" significa não inclinar-se imoderadamente e não abandonar-se à fantasia das coisas inferiores. O separar-se poderia significar igualmente a eliminação daquilo do qual se desapega a parte afetiva, quando não paira sobre um espírito turvo como consequência de voracidade e abundância de carnes impuras, mas quando se apoia sobre o que é delicado, de modo a que a alma possa nele repousar tranquilamente[51].

Além disso, a alma deve despojar-se também da palavra, do discurso e da razão discursiva, de tudo o que lhe causa impedimento ou, de qualquer maneira, separa-a do Uno, até mesmo do conhecimento reflexo do próprio ser:

Se, porém, em razão de não ser Ele nada disso, tua razão permanece na indeterminação, firma-te aí e a partir daí contempla. Contempla, mas sem lançar para fora o teu pensamento, pois Ele não está em um lugar determinado, deixando o resto deserto. Para quem consegue tocá-lo, ali Ele está, para quem não consegue, não está. Assim como em tudo o mais, não se pode pensar em alguma coisa quando se pensa em outra e a ela se aplica, nem se deve acrescentar nada ao que é pensado para que se possa com ele identificar-se, assim também no caso presente, *quem tem na alma a marca de outra coisa não pode pensar no Uno enquanto aquela marca ali permanece ativa;* mesmo porque a alma tomada e dominada por outros

51. *Enéadas*, III, 6, 5.

objetos não pode mais sofrer a impressão de objetos contrários. Assim como foi dito a propósito da matéria, ou seja, que ela deve estar despojada de tudo se deve receber as formas de todas as coisas, assim, e muito mais, *a alma deve ficar privada de formas se pretende que nada haja nela que sirva de obstáculo à plenitude e à iluminação da Natureza primordial que a ela são comunicadas.* Assim sendo, deve *despojar-se de todas as coisas exteriores, voltar-se totalmente para o seu interior, não mais inclinar-se para algo exterior, mas, desconhecendo tudo o mais* [primeiro com o sentimento íntimo, depois quanto às formas], *desconhecendo também a si mesma, permanecer toda na contemplação do Uno* [...][52].

A frase que resume no modo mais nítido o processo de purificação total da alma que quer unir-se ao Uno assim reza:

> Despoja-te de tudo (ἄφελε πάντα)[53].

Essa é, sem dúvida, a concepção mais radical que se pode encontrar em toda a história do pensamento antigo.

Na verdade, as filosofias da era helenística pregavam a necessidade de despojar-se de todas as coisas exteriores e Pirro tinha mesmo procurado "despojar o homem", quer dizer, libertá-lo de tudo o que não é essencial. Mas nenhuma dessas filosofias avançou tão longe. Ao contrário, como vimos, na tentativa de salvar o indivíduo como o verdadeiro absoluto, caíram todas no individualismo. Plotino quer que o homem se despoje mesmo daquilo que as filosofias helenísticas queriam conservar-lhe por considerar que lhe pertencia enquanto tal. Para ele, só assim é possível alcançar o fim supremo e, portanto, a felicidade.

Pode-se objetar que, por esse caminho Plotino chega a reduzir a zero não só o mundo exterior, mas também o eu e, assim, a anular o próprio homem e que, por conseguinte, a sua felicidade acaba por ser a felicidade do perder-se no nada[54].

Para Plotino, porém, o oposto é que é verdadeiro.

Despojar-se de todas as coisas não significa, de modo algum, empobrecer-se ou mesmo anular-se a si mesmo, mas, ao contrário,

---

52. *Enéadas*, VI, 9, 7.

53. *Enéadas*, V, 3, 17 (cf. também IV, 3, 32; VI, 9, 3).

54. Esta é, no fundo, a tese de A. Drews, *Plotin und der Untergang der antiken Weltanschauung*, Iena 1907 (reimpr. anast., Aalen 1964), pp. 271-290.

significa fazer-se maior enchendo-se de Deus e, portanto, do Todo, ou seja, do infinito.

Eis um texto muito belo:

> *Deixando as outras coisas, aumentas a ti mesmo; e a ti que tudo deixaste, o todo se faz presente.* Mas se, ao que a tudo renuncia, ele se faz presente, ao que fica com as outras coisas, ele não aparece; ele não veio para estar junto de ti, mas, se não está presente, foste tu a deixá-lo. E se o deixaste, não foi a ele que deixaste — pois está sempre presente — nem foste para longe, mas, estando ele presente, te voltaste para a parte oposta [para a parte das coisas particulares][55].

Despojar-se de tudo significa o retorno da alma a si mesma e o encontrar o vínculo metafísico que a une não somente ao Ser e ao Espírito (ou seja, à segunda hipóstase), mas ao próprio Uno (ou seja, à primeira hipóstase).

A alma caminharia para o não-ser justamente *não despojando-se das coisas*, mas apegando-se a elas, já que as coisas são feitas de matéria e, portanto, de não-ser. (Mas é evidente que a alma, mesmo descendo por esse plano inclinado, não pode atingir o absoluto não-ser pelas razões metafísicas que conhecemos.) Inversamente, despojando-se de todas as coisas, chega a si mesma, chega ao Ser (segunda hipóstase) e, depois, transcende o Ser até alcançar o não-ser na significação do que está acima do Ser, a saber, o Uno:

> A natureza da alma não alcançará nunca o absoluto não-ser; mas, se desce, chega ao mal e, assim, ao não-ser, mas não ao total não-ser; correndo, porém, pelo caminho contrário chega, não a um outro, mas a si mesma e, nesse sentido, não estando em outro, não está em nada e só em si mesma. Dizer, porém, que está somente em si mesma e não no ser, significa estar Nele. E o que assim está, torna-se não-ser, estando "para além do ser", justamente enquanto intimamente unido a Ele[56].

Portanto, longe de conduzir a uma perda no nada, o despojar-se de todas as coisas leva a alma não somente à plenitude do Ser, mas ao Uno que está acima do Ser, e a tocar o Absoluto. Esta última passagem que vamos transcrever demonstra-o do modo mais exato:

> Não devemos nos admirar se Aquele que provoca tão estupendos desejos tenha ficado totalmente independente até da forma inteligível. Também

---

55. *Enéadas*, VI, 5, 12.
56. *Enéadas*, VI, 9, 11.

a alma, desde que tenha sido tomada de intenso amor por Ele, depõe toda forma que acaso tenha, mesmo a forma inteligível que esteja presente nela. De fato, quem possui outra coisa e a ela se entrega ativamente, não vê mais nem se conforma mais a Ele. Mas a alma não deve ter mais nada ao seu alcance, nem mal nem mesmo bem se quer de verdade acolher, estando só, somente a Ele!

Quando a alma tiver tido a boa ventura de alcançá-lo e Ele vier a ter com ela ou, antes, manifeste a sua presença; quando ela tiver se desviado das coisas presentes e se preparado para ser o mais possível bela, chegando mesmo à semelhança — como sejam essa preparação e esse adornar-se torna-se claro para os que se preparam —, então ela vê em si Aquele que apareceu subitamente (pois não há nenhum intermediário e não há mais dois, mas ambos são um só) e não consegues distingui-los mais enquanto Ele está presente; uma imitação desse estado são os amantes e os amados desse nosso mundo no seu desejo de fusão! Nem a alma sente mais o corpo e nem que está nele, nem se exprime a si mesma como sendo outra coisa, nem homem, nem animal, nem ser, nem o todo, pois a visão de tais coisas seria fora de propósito, e a alma não tem lazer ou vontade para tais coisas; mas, buscando-O a Ele, encontra-O presente e a Ele contempla em lugar de olhar a si mesma, nem tem tempo para ver quem é aquela que contempla. Daqui que não quereria trocar essa contemplação por nenhuma coisa do mundo, nem mesmo se alguém lhe oferecesse o céu inteiro, pois nada há que seja melhor nem superior a tal bem; mais alto ela não pode ir e tudo o mais, por elevado que seja, seria para ela uma descida.

É então que a alma possui o reto juízo e o conhecimento de que este é o objeto do seu desejo, e pode garantir que nada é melhor do que ele. De fato, no mundo inteligível não há engano; e onde poderia a alma encontrar uma verdade mais verdadeira?

O que ela diz é Aquele objeto e o seu dizer vem sempre depois (da contemplação); mesmo calando-se ela fala e não mente ao falar do sentimento da sua felicidade, já que não fala por experimentar o corpo algum prazer, mas porque tornou a ser o que era quando era feliz.

E todas as coisas nas quais antes tinha prazer — domínio, poder, riqueza, beleza, saber —, tudo isso ela olha desde o alto e assim o proclama, o que não faria se não tivesse encontrado algo melhor do que tudo isso; nem teme que algo lhe aconteça enquanto está com Ele e simplesmente o contempla. E se tudo o que a cerca fosse destruído, tanto mais quereria estar somente com Ele, tal é o estado de bem-estar por ela alcançado![57]

---

57. *Enéadas*, VI, 7, 34.

10. O êxtase

Esse tocar o Uno é denominado, ao menos num texto que leremos abaixo, "êxtase".

Ora, é evidente que o êxtase não pode ser uma forma de ciência nem de conhecimento racional ou intelectual. Ao invés disso, é um contemplar que implica um contato íntimo (sem distinção reflexa de sujeito e objeto) com o contemplado, uma copresença, uma união, uma unificação total com ele, como foi dito.

Também a esse respeito não poucos intérpretes caíram em erro e confundiram o êxtase com um estado de *inconsciência* ou com algo de irracional ou de sub-racional[58].

Na verdade, o êxtase plotiniano não é um estado de inconsciência, mas um estado de hiperconsciência; não é algo irracional ou sub-racional e sim hiper-racional. No êxtase, a *alma se vê toda em Deus*, por assim dizer, *se vê plena pelo Uno* e, na medida do possível, a Ele completamente assimilada. Portanto, seu contemplar estático é um participar na subsistência do Uno, com todas as características a Ele peculiares, que são o além do Ser e, portanto, *o estar acima do Pensamento, da Razão e da Consciência.*

Eis o texto que resume muito bem o pensamento plotiniano sobre o êxtase:

> Isso justamente quis significar a prescrição desses mistérios, de não comunicar nada aos não-iniciados; pois não devendo o divino ser divulgado, não é permitido manifestá-lo a outro a menos que, por ele mesmo, tenha tido a ventura de contemplá-lo.
>
> Ora, já que *não eram dois, mas o próprio vidente era um com o objeto visto* (não tanto visto quanto "unido"), quem tornou-se tal quando *se fundiu com Ele*, se acaso conseguisse recordar-se teria consigo uma imagem Dele. Esse tal, porém, já era uno, não trazendo em si nenhuma diferença nem em relação consigo mesmo nem com respeito às outras coisas — pois nele não havia nenhum movimento, nem impulso vital, nem desejo de nada, tendo subido a semelhante altura; mas, *não havia nem mesmo razão discursiva nem qualquer pensamento nem, afinal, ele mesmo, se é necessário falar assim.* Mas, como *arrebatado e inspirado ele entrou tranquilamente na solidão e*

58. A essas conclusões chegam os que leem Plotino em chave orientalística.

num estado que não sofre mais abalos nem se afasta mais do ser do Uno nem gira mais em torno de si, mas permanece estático, como transformado na própria imobilidade.

Na verdade ele passou além não só das coisas belas, mas *do próprio Belo e andou por cima do coro das virtudes*; é semelhante a alguém que, tendo penetrado no ádito, deixou para trás as estátuas erigidas no templo. Serão essas estátuas que ele encontrará em primeiro lugar ao deixar o ádito, depois da visão interior e depois da *suprema comunhão* não já com uma estátua nem com uma imagem, mas *com o próprio Uno*; as estátuas tornam-se então, para ele, visões secundárias.

Mas também ali não houve simplesmente uma visão, mas uma maneira diferente de ver: *um êxtase e uma simplificação, um dom de si mesmo e um desejo de contato, repouso e cuidado para bem adaptar-se*; pois só assim pode ver o que se encontra no ádito. Pois se alguém olha de outro modo nada se lhe tornará presente.

Ora, tudo isso são imagens, alusões enigmáticas dos sábios videntes sobre como se pode contemplar aquele Deus. Mas um sacerdote sábio, entendendo o enigma, pode chegar a uma verdadeira contemplação do ádito, desde que nele se encontre. E mesmo que não esteja no ádito e julgue que o ádito seja invisível, Fonte e Princípio, ele saberá que *somente o Princípio vê o Princípio e o semelhante somente com o semelhante se une*; nada abandonará das coisas divinas que a alma conseguiu alcançar antes da visão e o resto pedirá à própria visão: o resto, para aquele que passou além de tudo, ou seja, *O que É* antes de tudo[59].

É indubitável que a doutrina do êxtase tenha sido divulgada em Alexandria sobretudo por Filo, mas é indubitável também que Plotino tenha repetidas vezes feito a experiência pessoal do êxtase. Deve-se observar todavia que, enquanto Filo, em espírito bíblico, entendia o êxtase como graça, ou seja, como "dom gratuito" de Deus, em harmonia perfeita com o conceito bíblico do Deus que faz ao homem dom Dele mesmo e das coisas por Ele criadas[60], Plotino reinsere essa doutrina numa visão que se mantém presa às categorias do espírito grego: Deus não faz dom Dele mesmo ao homem e os homens podem subir até Ele e a Ele unir-se pela *sua força natural*. Esse ponto foi explicado por um estudioso francês, melhor do que por qualquer outro, numa página que vale a pena ler: "[...] a diferença entre as

59. *Enéadas*, VI, 9, 11.
60. Cf., vol. VII, pp. 264-267.

Enéadas e o *Comentário às Santas Leis* [de Filo] é grande. A impotência radical do homem para elevar-se por si mesmo até Deus, a benevolência e a iniciativa de Deus que se faz guia do homem e seu colaborador, são conceitos desconhecidos a Plotino; também quando ele fala de uma influência iluminante e fortificante do Uno sobre a alma que contempla, trata-se sempre de uma influência que se exerce de modo natural, necessariamente, mesmo se ele pode ainda prometer que, infalivelmente, Deus se mostrará a quem se prepara. Com efeito, Deus aqui não dá verdadeiramente e não se dá; Plotino pensa que isto significaria atribuir-lhe uma atividade extrínseca, uma tendência incompatível com sua simplicíssima e transcendente unidade. O sucesso da iniciativa está inteiramente nas mãos do homem que, com seus esforços, é artífice da sua salvação como da sua perfeição: nada é mais oposto ao pensamento de Plotino do que a noção de graça"[61].

61. Arnou, *Le désir*..., pp. 228s.

VI. NATUREZA E ORIGINALIDADE DA METAFÍSICA PLOTINIANA

1. A metafísica plotiniana não é uma forma de emanatismo oriental, nem de panteísmo, nem de criacionismo

A fórmula com a qual a metafísica plotiniana é mais frequentemente designada é a de "emanatismo"; mas, em geral, se dá a significação da fórmula como conhecida, sem proceder a adequados aprofundamentos e dando lugar, por conseguinte, a uma série de equívocos.

Ora, toda forma de emanatismo parece caracterizar-se por três predicados essenciais:

a) Em primeiro lugar, o emanatismo implica que todas as coisas (ou algumas) *fluam da substância* do primeiro Princípio e que esse fluxo seja, de alguma maneira, um fluxo da *própria substância* do Princípio.

b) Nesse fluir *da substância* do Princípio tem lugar uma *despotencialização gradual e sucessiva da própria substância*, no sentido de que o Princípio, enquanto tal, permanece inexaurível, enquanto o fluxo, à medida que se afasta do Princípio, perde progressivamente sua força.

c) Esse fluir do Princípio é um processo que não é redutível a um ato livre da vontade, nem a uma atividade da razão, mas tem, antes, as características da *necessidade física.*

Ora, Plotino fala de "emanação" somente nas suas imagens, ao passo que a sua doutrina é uma negação desse conceito[1].

Com efeito, convém notar o seguinte:

a) As hipóstases subsequentes ao Uno não são de maneira alguma *um fluxo da substância* do Uno.

b) Em consequência, não são a *substância despotencializada* do Uno.

---

1. Ótimas observações contra a interpretação emanacionista foram feitas por H. F. Müller, *Plotinische Studien I. Ist die Metaphysik des Plotinos ein Emanationssystem?*, in "Hermes", 48 (1913), pp. 408-425.

c) Finalmente, elas não derivam do Uno por *mera necessidade natural.*

Zeller[2], que se tinha convencido da impossibilidade de sustentar uma interpretação da filosofia de Plotino de caráter emanatístico, propôs a fórmula do "panteísmo dinâmico".

Que significa essa fórmula para Zeller?

a) Do Uno flui não sua substância, *mas sim sua "potência",* a sua *dynamis* (o Uno é a potência de todas as coisas).

b) Nesse fluxo, por conseguinte, tem lugar uma gradual perda não da substância, mas da *potência* do Uno.

c) Esse processo não é um ato livre nem uma necessidade lógica, mas uma ação que brota *necessariamente* da natureza do Uno (nisso coincidem emanatismo e panteísmo dinâmico).

d) O mundo não goza de nenhuma autonomia em relação ao Absoluto, mas é uma simples manifestação do divino.

A fórmula de Zeller não teve sucesso[3]. Com efeito, o conceito de panteísmo dinâmico é bastante ambíguo. O que quer exatamente dizer? Significa não simplesmente que *tudo* é *Deus*, mas sim que tudo é *potência (dynamis)* de Deus. Ora, existe uma grande diferença entre afirmar que tudo *é Deus* e que *tudo é potência de Deus*, uma vez que a primeira proposição implica identidade de substância entre Deus e o mundo, enquanto a segunda implica que o mundo seja *efeito* e Deus *causa.* A primeira é afirmação panteística, mas não a segunda, justamente porque a segunda mantém a distinção entre a *substância* e a *potência* de Deus, identificando todas as coisas não com a primeira, mas justamente com a segunda. Em consequência, a fórmula *panteísmo dinâmico* acaba por reduzir-se a uma verdadeira e própria contradição em termos[4].

---

2. Zeller, *Die Philosophie der Griechen*, III, 2, pp. 560-565.

3. Cf., por exemplo, as cerradas críticas movidas por Covotti, *Da Aristotele ai Bizantini*, pp. 125-170.

4. Zeller referiu esta fórmula pela primeira vez à teologia do *Tratado sobre o cosmo*, que nos chegou sob o nome de Aristóteles (ao qual já nos referimos outras vezes), que ele considera obra de um peripatético estoicizante, onde se diz que a substância ou *essência* de Deus é transcendente, enquanto a sua *potência* é imanente ao mundo. Ora, tal posição é a exata negação do panteísmo (ver todo o capítulo VI dessa pequena obra com o nosso comentário, já outras vezes citado).

Como quer que seja, as afirmações de Plotino são inequívocas. O Uno é transcendente em dois níveis: *a*) é transcendente (como todo o mundo do incorpóreo) com respeito ao mundo corpóreo e, *b*) é transcendente no âmbito da própria esfera do incorpóreo, com respeito à Alma e ao Espírito.

Além disso, quando Plotino afirma que todas as coisas estão em Deus, pretende dizer, como já antes notamos, não que coincidem com a substância de Deus, mas que derivam e dependem, todas elas, da sua potência.

Finalmente, não é verdade que a derivação da potência do Uno seja uma espécie de "ação natural", mas, como já vimos e logo repetiremos em síntese, a "processão" implica uma complexidade tal de elementos que não se pode de modo algum falar de mera "ação natural"[5].

Evidentemente, a metafísica plotiniana diferencia-se nitidamente também da metafísica criacionista pelas seguintes razões:

a) Plotino não admite em nenhum caso que a processão de todas as coisas do Uno possa ser *fruto de livre escolha e decisão.* Posto o Uno, as outras coisas seguem-se "por necessidade" (já vimos e logo explicaremos que se trata de uma "necessidade" muito particular).

b) Por conseguinte, permanece totalmente desconhecido a Plotino o aspecto de *contingência* estrutural das coisas que derivam de Deus, aspecto que, ao invés, é fundamental na metafísica criacionista (no contexto da ontologia do nosso filósofo, falar de produção *ex nihilo sui et subjecti* não tem nenhum sentido).

c) Enfim, Deus é o Bem, mas não é o Amor que dá gratuitamente, por "graça".

Erraria, porém, quem pensasse que o criacionismo (que ele conhecia por meio da filosofia judaica e por meio da de Amônio) não tenha de modo algum influenciado a metafísica plotiniana. Com efeito, essa metafísica não se reduz a nenhuma das três posições examinadas acima, *no entanto, contém alguns elementos de cada uma delas*, compostos numa síntese muito complexa e muito original, que constitui um verdadeiro *unicum* na história da filosofia[6].

---

5. Isso é claríssimo sobretudo à luz da concepção da "contemplação criadora", da qual ainda falaremos, *infra*, pp. 132-135.

6. Covotti observava que a conjunção dos vários elementos que entram em jogo na processão plotiniana "forma um todo *sui generis*, que não se deixa reduzir a uma

Recapitulemos os elementos essenciais desse *unicum* plotiniano.

2. A liberdade do Uno, a "processão" e o "retorno"

A pergunta metafísica por excelência, para os gregos, era uma só: "Por que existem os muitos?", ou seja, "por que do Uno derivou um múltiplo?" Com Plotino os problemas de fundo da metafísica tornam-se dois:

1) Por que há o Uno?
2) Por que e como do Uno derivam os muitos?

O primeiro dos dois problemas é inteiramente novo, dado que no contexto da ontologia clássica era de todo impensável. Se o Uno é princípio, perguntar-se por que há o Uno significa perguntar-se por que há o Princípio, ou seja, o *princípio do princípio*: pergunta que Aristóteles tinha rejeitado como absurda. Com efeito (no contexto da sua doutrina da substância = ousiologia), a resposta ao problema se anularia num processo ao infinito (o porquê do princípio implicaria uma pergunta ulterior *sobre o porquê do porque do princípio,* e assim em seguida, ao infinito).

Plotino propõe a questão sob o influxo de certa problemática discutida pelos cristãos e, em particular, pelo "discurso temerário" dos gnósticos. A sua resposta, até então não formulada por nenhum pensador, deve ser enumerada, como já dissemos, entre os vértices da metafísica ocidental. A causa ou a razão do Uno é a *liberdade*. O Uno é porque é *atividade livre autoprodutora,* livre *causa sui*, liberdade autocriadora. O Uno é liberdade no sentido que é o que quer ser ou, em outros termos, quer ser o que é. E o que Ele quer ser *é o que pode ser de mais elevado, o absoluto positivo, o Bem absoluto.* O oitavo tratado da sexta *Enéada* desenvolve, todo ele, da maneira mais clara e aprofundada, esses conceitos inteiramente novos.

O porquê do Uno é, pois, a liberdade[7].

única categoria geral. Esse todo não é *panteísmo*, não é puro *emanatismo*, mas é *plotinismo"* (*Da Aristotele ai Bizantini*, p. 170).

7. Ótimas reflexões sobre o conceito da liberdade do Uno encontram-se em Cilento, *Saggi*..., pp. 97-122.

Ora, é evidente que essa solução do primeiro problema devia radicalmente condicionar igualmente a solução do segundo, permitindo uma série de novos avanços.

2) Por que, pois, do Uno derivam os muitos?

Plotino distingue no Uno (e depois nas hipóstases sucessivas) *duas formas* de atividade: *a*) a atividade própria *do* Uno e *b*) a atividade que brota *do* Uno. *a*) A primeira é e permanece *no* Uno, *b*) a outra procede *para fora* do Uno. É evidente que as duas atividades são estruturalmente ligadas de modo que, posta a primeira (atividade *do*), dela, como consequência, brota a segunda (atividade *a partir do*).

Ora, *a*) a atividade *do* Uno não pode não coincidir com a *liberdade,* pelas razões que acimas vimos. Ao invés, *b*) a atividade que procede *a partir do* Uno segue-se *por necessidade.* Mas, certamente, não se trata de uma necessidade "física", "natural", ou seja, *cega.* Em todo o caso, não se trata de uma necessidade que se possa interpretar em função das categorias tradicionais da cultura grega. Trata-se, com efeito, de uma necessidade que é, sob determinado ponto de vista, *querida, livremente* querida ou, melhor, de uma *necessidade consecutiva a um ato de liberdade.* O Uno *põe livremente a si mesmo,* e pondo-se livremente a si, produz *necessariamente* as outras coisas, que não podem não derivar Dele, que se autopôs livremente como potência produtora infinita.

É claro, por conseguinte, que a atividade *a partir do* Uno é diferente da atividade criadora do Deus bíblico que "*quer" as coisas* e assim as produz (do nada) como "dom" gratuito. Mas é igualmente claro que as coisas derivaram *a partir do* Uno *porque o Uno quis livremente ser o que é.* E se pode parecer excessiva (ou, ao menos paradoxal) a conclusão deduzida por algum estudioso de que a criação das coisas por parte do Uno é tão livre quanto o é o próprio Uno, permanece todavia verdadeiro que a raiz da processão (necessária) *a partir* do Uno é a própria liberdade (a atividade do Uno)[8].

Mas isso não é tudo.

A gênese do múltiplo a partir do Uno não se explica unicamente com a atividade a *partir* do Uno de modo linear, quase mecânico. A

8. De resto, Plotino, in *Enéadas*, VI, 8, 6, escreve expressamente o seguinte: "No imaterial consiste a vontade que tem o soberano poder de decidir e permanece em si mesmo, mesmo quando ordena algo que se movimenta fora, por necessidade".

atividade que deriva *a partir* do Uno (e das outras hipóstases) pode produzir o Espírito (ou as subsequentes hipóstases e a própria realidade física) somente se se volta para *contemplar*. A *theoría*, a "contemplação criadora" sobre a qual apenas recentemente os estudiosos chamaram a atenção[9], *torna-se um dos eixos de sustentação da metafísica plotiniana, se não mesmo o emblema dessa metafísica*. Com efeito, em um dos seus escritos mais amadurecidos, Plotino põe uma equação exata entre "contemplação" (θεωρία) e "criação" (ποίησις). *O criar é contemplar ou, se se prefere, efeito do contemplar*. A contemplação criadora é a característica comum a todas as hipóstases, a chave que abre o segredo da "processão" a partir do Uno e também do "retorno" ao Uno dado que, como vimos, o próprio êxtase é "contemplação".

À luz deste conceito (que, como foi notado, não é mais grego, mas não é ainda cristão), os esquemas tradicionais nos quais se tentou encerrar o sistema plotiniano mostram-se verdadeiramente inadequados.

3. A "contemplação criadora"

Um estudioso italiano escreveu que "Plotino tira da sombra a 'contemplação' até fazer dela uma hipóstase: a θεωρία é a única hipóstase verdadeira, a Hipóstase criadora: na Contemplação o demiurgo mítico se submerge"[10].

A afirmação, levada voluntariamente ao limite do paradoxo, contém a verdade fundamental que por muito tempo escapara aos estudiosos.

De resto, o próprio Plotino, começando o oitavo tratado da terceira *Enéada*, no qual justamente ilustra o conceito de *theoría* que revoluciona todos os esquemas tradicionais, utiliza um tom de brincadeira para abrandar o choque da nova doutrina, que deveria atingir o leitor com muita violência:

> No princípio, como quem se diverte, antes de argumentar seriamente, diríamos que tudo aspira à contemplação e mira a esse fim, não só os

9. Cf. Arnou, *Praxis et theoria*, Paris 1921; Cilento, *Saggi...*, pp. 5-27; P. Prini, *Plotino e la genesi dell'umanesimo interiore*, Roma 1968.

10. Cilento, *Saggi...*, p. 9.

viventes racionais, mas também os irracionais, e a natureza que está nas plantas e a terra que as produz; *e todas as coisas na medida em que lhes permite a sua natureza a ela atingem cada uma de maneira diferente, o contemplar e o atingir a contemplação, umas captando a sua realidade, outras a imitação e a imagem*[11].

Mas logo o tom de brincadeira é deixado de lado e Plotino se concentra em demonstrar os dois pontos extremos da doutrina que dizem respeito à natureza e à atividade prática. Com efeito, que a Inteligência contemple o Uno e a Alma contemple a Inteligência (e, através dela, o próprio Uno) não poderia parecer paradoxal, mas, ao contrário, deveria parecer de si muito claro dada a estrutura dessas hipóstases. Ao contrário, poderiam parecer no todo ou em parte estranhas à "contemplação" justamente *a*) a *natureza* e *b*) a *práxis*, a *ação*. Ora, para o nosso filósofo, *natureza*, *ação* e *práxis* são, também elas, *contemplação* e *produto de contemplação*.

Eis as conclusões de Plotino sobre o primeiro ponto:

Mas a natureza é "contemplação" e "objeto de contemplação" ao mesmo tempo; pois é razão. Sendo, pois, contemplação, objeto contemplado e razão, ela produz. Assim, *a produção se nos mostrou claramente como contemplação; ela é, com efeito, resultado da contemplação que permanece somente contemplação e não faz outra coisa senão produzir, pois é contemplação criadora*[12].

Plotino esclarece ulteriormente essa sua concepção imaginando interrogar a natureza e pondo nos lábios da mesma a resposta que representa a síntese do seu pensamento a respeito:

Se alguém a interrogasse a respeito da razão pela qual ela produz, e se ela quisesse atender a quem interroga e falar, talvez respondesse assim: "Seria melhor não interrogar, mas compreender e permanecer consigo em silêncio, como eu também sou silenciosa e não tenho costume de falar!" — "Mas, compreender o quê?" — "Que o ser que nasce é espetáculo meu, silêncio, e algo que, por sua natureza, nasce como contemplado, assim como eu nasci da contemplação e tenho da minha natureza ser amiga da contemplação; e meu ato de contemplar produz a coisa contemplada, do modo como os geômetras desenham contemplando; mas eu não desenho, apenas contemplo e assim as linhas dos corpos se estabelecem como se caíssem de mim. Acontece comigo

11. *Enéadas*, III, 8, 1.
12. *Enéadas*, III, 8, 3.

o que acontece à minha mãe [a Alma] e aos meus genitores [as hipóstases superiores], pois também eles nascem de uma contemplação e meu nascimento aconteceu sem que eles fizessem algo; bastou que eles fossem razões superiores e contemplassem a si mesmos para que eu nascesse"[13].

É evidente que (e com isso chegamos ao segundo ponto), assim como a Natureza contempla e produz enquanto é Alma, assim nas almas particulares contemplação e ação devem ser estruturalmente articuladas. Não somente a ação *depende* da contemplação e é tanto mais rica quanto mais rica é a contemplação (tese óbvia no contexto do sistema plotiniano), mas ela *tende igualmente a retornar na contemplação.* Ainda no seu grau mais baixo a *práxis*, mesmo sem sabê-lo, tende a uma *contemplação*:

> Portanto, a ação está *em razão de uma contemplação e de uma visão*; pois também para os que agem o fim é a contemplação; como se eles, incapazes de alcançar o fim pelo caminho reto, busquem alcançá-lo por um caminho tortuoso. Com efeito, mesmo tendo alcançado o objeto da sua aspiração, o fim não foi o de não conhecer, mas o de conhecer, aquele objeto, de vê-lo presente na alma, pois é claro que ali está para ser contemplado[14].

A verdadeira força criadora não é, pois, a *práxis,* mas é a *theoría*, a "contemplação". Assim como as almas, no *Fedro* platônico, têm uma riqueza interior proporcionada à "visão" daquilo que contemplaram na "planície da Verdade"[15], assim, em medida incomparavelmente maior, essa intuição platônica, levada às últimas consequências, torna-se em Plotino um conceito metafísico geral. A *atividade espiritual do "ver" transforma-se em criar.*

O Uno é uma espécie de autocontemplação; a Inteligência é contemplação do Uno e, de si, plenificada pelo Uno; a Alma é contemplação da Inteligência e, de si, plenificada pela Inteligência; a Natureza, orla extrema da alma, é contemplação de si; a própria ação não é senão um grau mais débil da contemplação[16].

E a contemplação é silêncio.

---

13. *Enéadas*, III, 8, 4.
14. *Enéadas*, III, 8, 6.
15. Platão, *Fedro*, 246 a-249 d.
16. Todas estas afirmações foram documentadas acima.

Toda a realidade, portanto, é "contemplação" e "silêncio"[17].

Nesse contexto, o "retorno" ao Uno por meio do êxtase não é outra coisa senão o retorno ao Uno por meio da contemplação. Recordemos que "êxtase" é um termo que ocorre somente uma vez nas *Enéadas* e que o termo mais apropriado seria "simplificação", que, como vimos, é eliminação da alteridade, separação de tudo o que é terreno e múltiplo, contemplação na qual justamente se fundem o sujeito contemplante e o objeto contemplado: é a famosa fuga do "só para o Só":

Eis a vida dos deuses e dos homens divinos e bem-aventurados: separação das outras coisas aqui de baixo, vida à qual nada das coisas daqui causa prazer, fuga do só para o Só[18].

De um lado, portanto, o conceito de *liberdade* como o "*porquê* do Uno", lança uma luz inteiramente nova sobre a *necessidade* da processão e, de outro, o conceito de "contemplação" como conceito cosmogônico, e mesmo, ontogônico, vem a ser, o conceito de contemplação criadora, ajudam-nos a redescobrir a face verdadeira da metafísica de Plotino (uma das mais altas e complexas criações do gênio humano), cuja riqueza certamente ainda não foi inteiramente desvelada, uma vez que ela é como uma face, para usar uma imagem cara ao próprio Plotino[19], resplendente de inúmeras faces no seu interior. E a história do pensamento que veio depois fixou-se, pelo menos até agora, apenas em algumas delas[20].

---

17. De onde a *fecundidade, inclusive no nível ético-prático*, do próprio silêncio. Escreve Prini (*Plotino...*, p. 139): "Plotino fundou a sua doutrina da sabedoria sobre a intuição do imenso valor 'prático' do silêncio, do recolhimento, da riqueza interior".

18. *Enéadas*, VI, 9, 11.

19. A imagem é referida por Plotino ao Espírito em *Enéadas*, VI, 7, 15.

20. Para um aprofundamento da documentação da exegese que apresentamos, cf. M. L. Gatti, *Plotino e la metafisica della contemplazione*, CUSL, Milão 1982.

TERCEIRA SEÇÃO

OS DESENVOLVIMENTOS DO NEOPLATONISMO E O FIM DA FILOSOFIA ANTIGA GRECO-PAGÃ

πάντα πλήρη θεῶν.

"Tudo está cheio de Deuses"

Tales, frag. 22, Diels-Krans

μεστὰ δὲ πάντα θεῶν.

"Tudo está regurgitante de deuses"

Proclo, *Elementos de Teologia*, 145

Cabeça de filósofo encontrada em uma localidade de Atenas, onde devia estar a Academia dos Neoplatônicos, que alcançou grande destaque à época. Representa um escolarca da Escola Neoplatônica, podendo-se pensar tratar-se de Proclo. Está no Museu de Atenas.

I. VISÃO GERAL DE ESCOLAS, EXPOENTES E TENDÊNCIAS DO NEOPLATONISMO

1. Observações metodológicas referentes à reconstrução da história do neoplatonismo

Por numerosas razões, é difícil escrever a história do neoplatonismo pós-plotiniano.

Em primeiro lugar, as contribuições dos pensadores individuais tendem a tornar-se, em nível especulativo, sempre mais analíticas e, frequentemente, a complicar o sistema plotiniano, sobretudo com a multiplicação, até o inverossímil, das hipóstases.

Em segundo lugar, o gênero literário do comentário tende a difundir-se sempre mais, no qual a feição analítica acima ressaltada é exagerada e levada aos limites de uma dispersão verdadeira e efetiva.

Em terceiro lugar, sobretudo a partir de Jâmblico, o neoplatonismo abraça a causa do politeísmo, incorporando uma série de motivos próprios da religião pagã, com a agravante ulterior derivada do fato de se pretender fazer corresponder esse ou aquele Deus, essa ou aquela Deusa, às várias hipóstases; ou ainda, em geral, o mundo das hipóstases tende a tornar-se não só o mundo da totalidade das realidades metafísicas, mas um verdadeiro Olimpo, e mesmo um panteão.

Em quarto lugar, enquanto de uma parte os filósofos pagãos fazem do neoplatonismo o fundamento teórico do politeísmo, os filósofos cristãos usam os mesmos princípios do neoplatonismo para repensar a nova religião em nível teórico, com resultados bastante originais. Existe também, pois, um neoplatonismo cristão: o de Orígenes, de procedência amoniana, o de Mário Vitorino, de procedência porfiriana, o de Santo Agostinho, de procedência plotiniana, além de porfiriana, e o do Pseudo-Dionísio, de procedência procliana.

Ora, no plano da síntese, não podem ser retomadas as peculiaridades que referimos nos três primeiros pontos, que encontram lugar apenas em monografias amplas e especializadas. Além disso, numa história da filosofia antiga assim como a entendemos (de resto, em acordo com a maioria dos estudiosos), ou seja, como história do pensamento filosófico greco-romano que não acolheu ou não conheceu a mensagem cristã, não pode ter lugar a exposição da elaboração filosófica do cristianismo feita sobre o fundamento das categorias neoplatônicas. Tal elaboração, com efeito, como já tivemos ocasião de afirmá-lo, constitui a premissa necessária para a história da filosofia medieval, não a coroa do pensamento clássico e helenístico.

Reservando-nos voltar eventualmente em outra obra a percorrer o duplo itinerário, pagão e cristão, do neoplatonismo, não nos resta aqui senão a possibilidade de traçar um quadro geral, que permita abarcar sem dispersão as várias escolas, os vários expoentes e as várias tendências do neoplatonismo pagão. Também as citações dos autores, nessa seção, ficarão necessariamente restritas, já que os textos mais belos desses filósofos (se excetuarmos os *Elementos de Teologia* de Proclo) encontram-se sobretudo no terreno da análise. Mas, pelas razões explicadas, não é possível aqui penetrar nos meandros dessas análises.

2. Escolas e expoentes do neoplatonismo

Um esquema interpretativo bastante bem-sucedido da história do neoplatonismo (que foi por muito tempo acolhido pelos manuais e deles ainda não desapareceu de todo, conquanto já largamente superado pelos estudos especializados), foi proposto por Zeller[1].

Segundo o estudioso alemão, as escolas neoplatônicas seriam três, e a elas corresponderiam outras tantas tendências diferentes: a primeira seria a de Plotino, caracterizada pelo predomínio do interesse filosófico; a segunda seria a de Jâmblico (escola siríaca), na qual prevaleceria o interesse religioso; a terceira seria a escola de Atenas,

---

1. Zeller, *Die Philosophie der Griechen*, III, 2, pp. 735-931. Esta parte da obra zelleriana foi traduzida para o italiano por E. Pocar, com limitadas atualizações aos cuidados de G. Martano (La Nuova Italia, Florença 1961). Em particular, Martano não parece ter-se dado conta do alcance revolucionário dos estudos de Praechter, dos quais falaremos, e, portanto, não pôs em evidência as linhas segundo as quais o esquema zelleriano deveria ser, consequentemente, reestruturado. Todas as pesquisas de vanguarda, com efeito, seguiram as linhas indicadas por Praechter.

caracterizada pela fusão das outras duas. Mas, numa contribuição que remonta a 1910 e depois em outros trabalhos[2], Praechter denunciou a inadequação desse esquema e o caráter em grande parte apriorístico da sua gênese; com efeito, é evidente que Zeller inspirou-se no esquema hegeliano da tese-antítese-síntese: Plotino corresponderia em certo sentido à tese, Jâmblico e a sua escola à antítese, e a escola de Atenas à síntese. Praechter demonstrou como, de fato, a realidade é bastante mais complexa. Ele distingue *seis escolas e três tendências.* No seu esquema, ele não inclui acertadamente, pelas razões acima explicadas, as escolas e tendências neoplatônico-cristãs; mas também não inclui a escola de Amônio Saca, o que é muito discutível e, a nosso parecer, não justificável, uma vez que a gestação do neoplatonismo aconteceu, sem dúvida, justamente no círculo de Amônio. Completando, assim, as conclusões de Praechter (que estudos sucessivos substancialmente confirmaram) podemos traçar o seguinte quadro das escolas neoplatônicas:

1) Primeira escola de Alexandria, fundada por Amônio Sacas provavelmente em torno de 200 d.C. e que floresceu no curso da primeira metade do século III. Como já sabemos, os membros mais famosos dessa escola foram Herênio, Orígenes, o pagão, e Plotino, além do célebre literato Longino (provavelmente também Orígenes, o cristão, foi ouvinte de Amônio).

2) A escola fundada por Plotino em Roma em 244 e que floresceu na segunda metade do século III. Os membros que mais se distinguiram nessa escola foram Amélio e Porfírio (esse último desenvolveu sua atividade igualmente na Sicília).

3) Escola da Síria fundada por Jâmblico pouco depois de 300 e que floresceu no curso dos primeiros decênios do século IV. Entre os expoentes dessa escola estão Teodoro de Asina, Sópatros de Apameia e Dexipo.

4) Escola de Pérgamo, fundada por Edésio, discípulo de Jâmblico, pouco depois da morte desse último. Expoentes dessa escola foram

---

2. K. Praechter, *Richtungen und Schulen im Neuplatonismus*, in AA.VV., *Genethliakon Carl Robert*, Berlim 1910, pp. 103-156; *Die Philosophie des Altertums*, pp. 590-655.

Máximo, Crisanto, Prisco, Eusébio de Minda, Eunápio, o imperador Juliano, chamado o Apóstata, e seu colaborador Salústio. A dissolução dessa escola coincide com a morte de Juliano (363).

5) Escola de Atenas, fundada por Plutarco de Atenas entre fins do século IV e começos do século V e consolidada por Siriano. Proclo foi seu expoente mais insigne. Outros representantes foram Domnino, Isidoro, Damáscio, Simplício e Prisciano. A escola foi fechada como consequência de um edito de Justiniano em 529.

6) Segunda escola de Alexandria, entre cujos expoentes devem ser enumerados Hipatia, Sinésio de Cirene, Hiérocles de Alexandria, Hermias, Amônio, filho de Hérmias, João Filopono, Asclépio, Olimpiodoro, Elias, David e Estêvão de Alexandria. Essa escola nasceu, ou melhor, renasceu contemporaneamente à Escola de Atenas e sobreviveu até inícios de século VII.

7) Um círculo à parte, se não uma escola propriamente dita, é constituído pelos chamados neoplatônicos do Ocidente latino dos séculos IV e V, entre os quais se contam sobretudo eruditos como Calcídio, Mário Vitorino, Macróbio, Marciano Capela e Boécio. Esses pensadores foram quase todos cristãos ou então se converteram ao cristianismo; todavia, eles não realizaram (excetuando-se Vitorino e Boécio) consistentes tentativas de síntese entre platonismo e cristianismo e tiveram importância (em certos casos bem grande) como intermediários entre a Antiguidade e a Idade Média.

3. As várias tendências das escolas neoplatônicas

As tendências das escolas neoplatônicas, segundo Praechter, *poderiam ser reduzidas a três:* 1) uma tendência especulativa; 2) uma tendência teúrgica, 3) uma tendência sobretudo erudita. A tendência especulativa seria representada pela escola de Plotino, pela escola da Síria e pela escola de Atenas; a tendência teúrgica se encontraria sobretudo na escola de Pérgamo; a tendência erudita, por sua vez, se encontraria na escola alexandrina e nos neoplatônicos do Ocidente latino. A esse propósito, o mérito principal de Praechter consiste sobretudo em ter revalorizado o papel de Jâmblico e em ter mostrado que, justamente com esse filósofo, acontece a reviravolta essencial na história do segundo neoplatonismo. As características que Zeller julgava típicas de Jâmblico e da escola da Síria, a saber, a redução dos interesses especulativos e filosóficos aos interesses místico-teúrgicos são, ao contrário, segundo Praechter, típicos da escola de Pérgamo. Com efeito, os documentos que a nós chegaram não dão razão a Zeller, e sim amplamente a Praechter, como as pesquisas mais recentes demonstram-no claramente[3].

Segundo nosso parecer, no entanto, o esquema deve ser modificado. Com efeito, entre a escola de Plotino, de um lado, a de Jâmblico e a de Proclo, de outro, subsiste uma diferença bastante nítida, na medida em que *somente na primeira* prevalece a pura especulação, ao passo que nas outras duas os interesses religioso-teúrgicos se juntam, como veremos, aos interesses especulativos. Será oportuno distinguir não apenas três, mas *quatro tendências:*

1) Plotino com a sua escola (como talvez Amônio com o seu círculo)[4] representa a *tendência metafísico-especulativa pura*. Com efeito, ele mantém bem distinta a sua filosofia seja da religião "positiva"

---

3. Ver sobretudo as seguintes contribuições fundamentais: B. Dalsgaard Larsen, *Jamblique de Chalcis exégète et philosophe*, 2 vols., Aarhus 1972; o segundo volume desta obra (*Appendice: testimonia et fragmenta exegetica*) contém a primeira coletânea dos testemunhos e dos fragmentos que nos chegaram relativos aos comentários de Jâmblico a Aristóteles e a Platão. Um ano depois, foi publicada uma segunda coletânea de fragmentos de Jâmblico relativos aos diálogos platônicos com tradução inglesa, introdução e amplo comentário: J. M. Dillon, *Iamblichi Chalcidensis in Platonis dialogos commentariorum fragmenta*, Leiden 1973 (faz parte da coleção "Philosophia antiqua" dirigida por W. J. Verdenius e J. H. Waszink, publicada pelo editor E. J. Brill). Também de B. Dalsgaard Larsen deve-se ver o ensaio: *La place de Jamblique dans la philosophie antique tardive*, no volume de miscelânia *De Jamblique à Proclus*, que constitui o vol. XXI dos "Entretiens sur l'Antiquité Classique", Vandoeuvres-Genébra 1975, pp. 1-34. Esse ensaio e a introdução de Dillon mostram muito bem o quanto se avançou na compreensão de Jâmblico depois de Zeller, na direção indicada por Praechter. A título de exemplo, muito significativo é o que escreve A. C. Lloyd em *The Cambridge History of Later Greek and Early Medieval Philosophy*, editado por A. H. Armstrong, Cambridge 1970, o qual, remetendo-se expressamente a Praechter, fala de Jâmblico como o segundo fundador do neoplatonismo e como "o Crísipo de sua escola" (p. 273).

4. Sobre a tendência própria da escola de Amônio é difícil pronunciar-se, dada a escassez de documentos a respeito. Todavia, dos testemunhos dos quais falamos acima (cf. pp. 8s.), a tendência da escola de Amônio parece ter sido análoga à de Plotino.

seja das práticas "teúrgicas", e mesmo a sua religiosidade teve um caráter marcadamente especulativo. É bem conhecida a sua resposta a Amélio, que o convidava para uma cerimônia religiosa: "Cabe aos deuses vir ter comigo; não a mim ir a eles"[5]. Também os seguidores imediatos de Plotino, embora admitindo algumas atenuações, não lograram transformar senão de modo parcial e não substancialmente, como veremos, a orientação do mestre.

2) A escola de Jâmblico e a de Atenas representam, ao invés, como que uma *síntese — ou, se preferirmos, uma combinação — entre a tendência especulativa e a místico-religioso-teúrgica*: o neoplatonismo, além de especulação filosófica, tornou-se fundação e defesa apologética da religião politeísta, chegando mesmo a incorporar a teurgia como complemento e até como coroa da filosofia.

3) A escola de Pérgamo representa um *momento de acentuada involução religioso-teúrgica* e de clara decadência da componente filosófico-especulativa.

4) Nos neoplatônicos alexandrinos bem como nos do Ocidente latino prevaleceu, enfim, a *componente erudita* e a construção metafísica foi notavelmente simplificada e, em alguns casos, reduzida no sentido médio-platônico.

Examinemos agora, mais especificamente, cada uma dessas escolas e as respectivas tendências.

5. Porfírio, *Vida de Plotino*, 10.

II. DISCÍPULOS IMEDIATOS DE PLOTINO

1. Amélio

Discorremos amplamente nas duas seções anteriores sobre a escola de Amônio (primeira escola neoplatônica de Alexandria), bem como sobre a escola e o sistema de Plotino. Resta-nos falar sobre os discípulos imediatos de Plotino, Amélio e Porfírio, para os quais antes já acenamos várias vezes.

Amélio[1], que primeiro teve grande familiaridade com o pensamento de Numênio, antes de ser um fidelíssimo discípulo de Plotino, hesitou entre os dois mestres. Não obstante, começou a desenvolver alguns pontos da filosofia de Plotino, antecipando, a seu modo, uma tendência a ser seguida pelos neoplatônicos posteriores. Ele julgou necessário proceder a uma tripartição da segunda hipóstase, ou seja, do Espírito. Refere Proclo:

Amélio estabelece um tríplice Demiurgo, três *Nous,* três Reis: aquele que *é*, aquele que *contém*, aquele que *contempla* [τὸν ὄντα = o que é; τὸν ἔχοντα = o continente ou o que tem; τὸν ὁρῶντα = o contemplante]. Eles diferem, na medida em que o primeiro *Nous* é ser em sentido pleno, o segundo é o inteligível em si, possui o que é antes dele e dele participa inteiramente e justamente por isso é o segundo. O terceiro é também inteligível em si, porque toda inteligência é idêntica ao inteligível à qual intimamente se une[2].

Amélio chama essa tríade com o nome de deuses: *Fanes, Uranos e Cronos*[3].

---

1. Amélio chamava-se, na verdade, Gentiliano, e provinha da Etrúria (cf. Porfírio, *Vida de Plotino*, 7). Permaneceu na escola de Plotino durante vinte e quatro anos, de 246 a 269 d.C. Em seguida transferiu-se para Apameia, na Síria. Dele chegara-nos apenas poucos testemunhos.

2. Proclo, *In Plat. Tim.*, I, p. 306, 1ss. Diehl. Provavelmente o raciocínio lógico que subjaz a esta distinção é o seguinte: para *pensar* é preciso *poder* e para poder é preciso *ser* (cf. Vacherot, *Histoire critique*..., II, p. 8). A cada uma dessas funções, portanto, correspondia uma hipóstase.

3. Cf. Proclo, *In Plat. Tim.*, I, p. 306, 10ss. Diehl.

É inegável que a complexidade da segunda hipóstase plotiniana poderia dar azo a tais distinções; mas é igualmente inegável que Plotino insistia na unidade da mesma, ao passo que, começando justamente com Amélio, os neoplatônicos insistiram muito nas distinções e, como veremos, introduziram distinções nas distinções e multiplicaram as hipóstases e os momentos das várias hipóstases segundo modos e medidas tais que, em lugar de enriquecê-la, acabaram por desintegrar a metafísica neoplatônica.

Além disso, convém observar que Amélio (ao menos segundo os poucos fragmentos que chegaram até nós) não parece ter introduzido a tripartição do *Nous* seguindo um fio condutor que lhe permitisse repensar organicamente todas as três hipóstases plotinianas, mas antes em razão da permanência do influxo do platonismo médio e de Numênio que, como já vimos, distinguiam justamente uma gradação de inteligências[4]. Isso parece confirmado também pelo fato de Amélio ter adotado, com relação à Alma, uma atitude oposta à que assumiu com relação ao *Nous* insistindo, contra o próprio Plotino, na unidade da Alma. Com efeito, enquanto Plotino falava da unidade da Alma quanto ao gênero e à espécie, Amélio falava de unidade da Alma também *quanto ao número,* e julgava que as diferenciações da alma dependessem apenas das diferentes relações que a alma pode assumir[5].

O esquema geral das hipóstases do sistema ameliano parece, pois, que tenha sido o seguinte:

Uno

Nous ou Espírito {
Primeiro *Nous* = O que é
Segundo *Nous* = O que tem
Terceiro *Nous* = O que contempla

Alma

Amélio tinha um grande apego não só à filosofia, mas também à religião positiva e às práticas dos cultos pagãos. Refere Porfírio:

4. Já nas fontes antigas encontramos o nome de Amélio expressamente associado ao de Numênio; cf., por exemplo, Proclo, *In Plat. Tim.*, III, p. 33, 33ss. Diehl; Siriano, *In Arist. Metaph.*, 109, 12ss.

5. Cf. Estobeu, *Anthol.*, I, p. 372, 25s. e p. 376, 2s. Wachsmuth.

Fervoroso sacrificante como era, Amélio circulava pelos ritos sagrados das neomênias e de outras festas religiosas, sem deixar escapar uma só[6].

Evidentemente a filosofia não lhe bastava para alcançar o fim último, pelo menos em nível existencial. Todavia ele não elevou (ou não soube elevar) a nível especulativo as instâncias implícitas nesse seu comportamento prático e portanto, como já dissemos, não modificou a direção geral que Plotino comunicara à escola.

2. Porfírio

Por muito tempo, Porfírio foi pouco valorizado como pensador, mas muito apreciado como erudito e como divulgador do pensamento de Plotino[7]. O juízo feito por Bidez é típico, e muitos estudiosos o

6. Porfírio, *Vida de Plotino*, 10.

7. Porfírio nasceu em Tiro em 233/234 d.C., como se extrai dos elementos que ele mesmo fornece na *Vida de Plotino*, 4. Foi, primeiro, aluno de Longino em Atenas. De 263 a 268 d.C., esteve na escola de Plotino, onde seu pensamento filosófico alcançou a maturidade. Como consequência de grave crise depressiva, que o levou a desejar o suicídio, aconselhado por Plotino, deixou Roma e dirigiu-se à Sicília, a Lilibeu, onde reencontrou o equilíbrio espiritual. Voltou em seguida a Roma. Só nos últimos anos da sua vida (talvez depois de 298), conseguiu preparar e publicar a edição das *Enéadas* plotinianas, que, como sabemos, preparou por vontade do mestre. Morreu em torno de 305 d.C. Porfírio escreveu muitíssimo. J. Bidez, na sua obra (que permanece ainda hoje fundamental) *Vie de Porphyre le philosophe néo-platonicien*, Gent 1913 (Hildesheim 1964), pp. 65*-73*, reconstruiu um catálogo de 77 títulos. R. Beutler forneceu recentemente outro com 68 títulos, aperfeiçoado à luz das recentes pesquisas, no seu artigo *Porphyrios* (1953) na *Realenzyclopaedie der classichen Altertumswissenschaft*, Pauly-Wissowa-Kroll, XXII, I, cols. 278-301 (cada título do catálogo de Beutler é pormenorizadamente justificado). Dessa conspícua produção chegou-nos relativamente pouco: onze obras completas e fragmentos de diversa extensão de cerca de trinta outras. As onze obras que nos chegaram são: *O antro das Ninfas*, a *Isagogé*, um *Comentário às Categorias de Aristóteles* (redigido sob a forma de perguntas e respostas), a célebre *Vida de Plotino, Sentenças sobre os inteligíveis*, a *Vida de Pitágoras*, os tratados *Sobre a animação do embrião* e *Sobre a abstinência dos animais*, a *Epístola a Marcela*, o *Comentário aos Harmônicos de Ptolomeu*, a *Isagogé ao Apotelesmático de Ptolomeu*. Para ulteriores indicações, ver o catálogo de Beutler. Na impossibilidade de apresentar tudo o que foi até agora publicado, limitamo-nos a indicar as traduções italianas: *Vita di Plotino*, aos cuidados de G. Pesenti, in: Ps. Pitagora, *I Versi aurei*..., pp. 47-84; *Vita di Plotino*, aos cuidados de V. Cilento, no vol. I das *Enéadas* plotinianas, Bari 1947,

acolheram na sua substância: "Se quisermos caracterizar Porfírio — escreve o estudioso belga — com expressões que empregaríamos para com um escritor do nosso tempo, diríamos dele que possuía o espírito vivo e rápido de um excelente publicista, uma pena alerta, tesouras hábeis, e que colocou sucessivamente esses instrumentos a serviço da credulidade e da superstição dos cultos orientais, da crítica científica e literária de Longino e, enfim, da religiosidade de Plotino. Em tudo o que nos ficou dos seus escritos, não há um pensamento nem uma imagem que se possa afirmar pertencer-lhe com certeza. Não somente ele se contradiz à medida que progride em idade e descobre novos pensadores e novos ambientes, mas igualmente no período mais belo e fecundo da sua vida, depois que sofreu o ascendente de Plotino, não conseguiu estabelecer entre os diversos compartimentos da sua inteligência comunicações suficientemente rápidas e bastante completas para suprimir as discordâncias e para fazer reinar no conjunto uma harmonia perfeita"[8].

No entanto, de algum tempo para cá nota-se entre os estudiosos uma inversão do caminho e um esforço notável, coroado em parte de êxito, para revalorizar Porfírio também sob o ponto de vista filosófico[9].

---

pp. 1-35; *Lettera ad Anebo* (que nos chegou em fragmentos) e a *Lettera a Marcella*, aos cuidados de G. Faggin (edição bilíngue), Florença 1954 (a *Lettera ad Anebo* foi preparada em edição bilíngue também por A. R. Sodano, Nápoles 1958); *Sentenze*, aos cuidados de P. Pistone, in "Atti dell'Accademia di scienze morali e politiche di Napoli", 79 (1968), pp. 135-170; *Isagoge*, aos cuidados de B. Maioli, Pádua 1969. Recordamos que em 1961, P. Hadot atribuiu a Porfírio a paternidade de um comentário anônimo ao *Parmênides*, do qual Kroll publicara amplo fragmento (W. Kroll, *Ein neuplatonischer Parmenidescommentar in einem Turiner Palimpsest*, in "Rheinisches Museum", 57 [1892], pp. 599-627); de Hadot, ver também o artigo *Fragments d'un commentaire de Porphyre sur le Parménide*, in "Revue des études grecques", 74 (1961), pp. 410-438, e a nova edição, com tradução francesa e comentário, in: *Porphyre et Victorinus*..., vol. II, pp. 60-113.

8. Bidez, *Vie de Porphyre*..., pp. 132s.

9. Indicamos as principais obras que contribuíram para renovar radicalmente os estudos e as pesquisas sobre Porfírio: W. Theiler, *Porphyrios und Augustin*, Halle 1933 (Schriften der Koenigsburger Gelehrten Gessellschaft, Geisteswissenschaftliche Klasse, X, 1); o já citado artigo de Beutler na Pauly-Wissowa (cf. nota 7); H. Dörrie, *Porphyrio's Symmikta Zetemata*, Munique 1959 ("Zetemata", XX); o XII volume dos "Entretiens sur l'Antiquité Classique", inteiramente dedicado ao nosso filósofo: *Porphyre*, huit exposés suivis de discussions par H. Dörrie, J. H. Waszink, W. Theiler, P. Hadot, A. R. Sodano, J. Pépin, R. Walzer, Vandoeuvre-Genébra 1966; P. Hadot,

As novidades mais notáveis apareceram no âmbito da metafísica. Já no século passado, alguns estudiosos tinham notado que o Ser, a Vida e a Inteligência, que em Plotino são as características essenciais do Espírito, tendem a tornar-se, em Porfírio, hipóstases propriamente ditas[10]. Recentemente, porém, Pierre Hadot mostrou como, na realidade, Plotino foi bem mais longe[11]. Instigado pela doutrina dos *Oráculos Caldaicos,* bem como pela metafísica plotiniana, nosso filósofo estabeleceu, como se depreende de alguns testemunhos, uma *enéada* no vértice da teologia, ou seja, três hipóstases, caracterizada cada uma por uma tríade, ou seja, por três momentos distintos. Utilizando todos os testemunhos que a esse propósito chegaram até nós, Hadot conseguiu demonstrar que "as três tríades eram constituídas todas pelos mesmos termos e não se distinguiam entre si a não ser pelo predomínio de um termo sobre o outro"[12], obedecendo ao seguinte esquema:

Pai ou subsistência [= Uno]	*Subsistência* Vida (= Potência) Inteligência
Vida [= Potência]	Subsistência *Vida* Inteligência
Inteligência	Subsistência Vida *Inteligência*

Hadot explicou a significação desse esquema: "No nível do Pai a Inteligência se reduz a um estado de pura subsistência [ὕπαρξις]; vida e inteligência se confundem com o primeiro termo. Saindo da

---

Porphyre et Victorinus, já citado na nota 7 (este volume apresenta as perspectivas mais inovadoras).

10. Cf. Vacherot, *Histoire critique*..., II, pp. 39ss., e Zeller, *Die Philosophie der Griechen*, III, 2, p. 705 e nota 1.

11. Ver o volume *Porphyre et Victorinus*, já citado e, sobretudo, o artigo *La métaphysique de Porphyre*, no volume *Porphyre* da coleção "Entretiens sur l'Antiquité Classique" (citado acima na nota 9), pp. 127-163.

12. Hadot, *La métaphysique de Porphyre*, p. 138 (no esquema que apresentamos, o cursivo indica o termo que predomina em cada uma das tríades).

subsistência, a inteligência torna-se vida, e é essa a segunda tríade; ela se encontra, então, em um estado de alteridade e infinitude. A inteligência é verdadeiramente a si mesma somente na terceira tríade, quando então predomina sobre a vida e a subsistência. Nessa enéada, o Pai ou a subsistência é, pois, o primeiro momento da autogeração da Inteligência"[13].

O Uno, segundo Porfírio, não está acima da tríade (ou da enéada), mas coincide com o primeiro termo dela, como nos é expressamente referido. Para o nosso filósofo, o Uno seria o ser puro (a potência absoluta) a partir do qual deriva e se desenvolve a Inteligência[14].

Em resumo, Porfírio parece não se ter despojado de todo da mentalidade medioplatônica[15], ligando o Uno à Inteligência de maneira tal que, como veremos, os pensadores neoplatônicos da corrente pagã posterior não podiam aceitar (ao passo que, por um motivo oposto, a posição porfiriana se prestava a ser utilizada com vantagem por parte dos pensadores cristãos para a elaboração da doutrina trinitária).

Observou-se, além disso, que Porfírio, a propósito do problema da origem do mundo, aproxima-se, de certa maneira, da concepção da criação a partir do nada, rejeitando expressamente a necessidade da matéria para a geração do mundo e sustentando a origem temporal do mundo[16].

Todavia, com base nos testemunhos que chegaram até nós[17], não é possível avaliar a incidência e o alcance dessas teses na economia da metafísica porfiriana.

Nosso filósofo mostrou uma sensibilidade particular para com a problemática moral. Parece mesmo que atribuiu um lugar altamente privilegiado à componente ética, concebendo a filosofia como "salvação

---

13. Hadot, *La métaphysique de Porphyre*, p. 141.

14. Para um aprofundamento deste ponto, ver Hadot, *La métaphysique de Porphyre*, pp. 148-157. Remetemos a Hadot também para a complexa documentação.

15. Na *Cambridge History of Later Greek and Early Medieval Philosophy*, pp. 287ss., Lloyd fala de "tendência monista" de Porfírio. A nosso ver, a tese é muito discutível e a questão se resolve muito melhor tendo presente a doutrina da Inteligência do médio-platonismo e também o fato de que os *Oráculos Caldaicos*, que Porfírio comentou e nos quais se inspirou, são amplamente influenciados pela metafísica médio-platônica (cf., vol. VII, pp. 387-398).

16. Cf. Beutler, *Porphyrios*, cols. 303s.

17. Ver as indicações de Beutler, *Porphyrios*, cols. 303s.

da alma", ou seja, como caminho de purificação e instrumento de elevação a Deus[18]. A "salvação" consiste, exatamente, em libertar-se, primeiro do peso do corpo, depois das paixões da alma e, enfim, em subir até Deus através da própria alma. Segundo Porfírio, isso é possível, uma vez que dentro de nós existem, ao mesmo tempo, "o que é salvado" e "o que salva". E o que salva é "um verdadeiro mestre"[19] presente na nossa alma, a saber, Deus e a sua lei ou, se preferirmos, a inteligência que reconhece em si a marca de Deus e da sua lei. Eis dois textos significativos:

> [...] A inteligência é mestra, salvadora, alimento, guardiã e guia; ela entende a verdade no silêncio e, descobrindo a lei divina com a contemplação de si mesma, reconhece no seu íntimo a lei nela impressa desde a eternidade[20].

> Deus se espelha sobretudo nas mentes puras, mas não se pode ver nem através do corpo, nem através da alma torpe e obscurecida pelo vício. A beleza de Deus é intacta, sua luz é Vida resplendente de verdade; o vício é falsidade por causa da ignorância e é deformação por causa da feiura moral. Por isso, deseja e pede a Deus o que ele mesmo quer e é, porque bem sabes que quanto mais um homem ama o corpo e as coisas afins ao corpo, tanto mais desconhece Deus e obscurece em si a visão Dele, mesmo se for honrado como um deus por todos os homens. O homem sábio é conhecido de poucos ou mesmo, se queres, é desconhecido de todos, mas é conhecido de Deus. Portanto, que a inteligência siga a Deus e contemple em si a Sua imagem; a alma siga a inteligência; o corpo, enquanto possível, sirva à alma, tornando-se puro para ela que é pura: de outra forma, tornado impuro pelas paixões da alma, ele, por sua vez, derramará sobre ela as suas impurezas[21].

A distinção porfiriana das virtudes apoia-se também no esquema exposto nessa passagem; ela assinala sem dúvida uma clareza maior e um certo aprofundamento da doutrina plotiniana a respeito.

As virtudes se dividem em quatro graus:

a) No grau mais baixo estão as "virtudes políticas" que consistem "na moderação das paixões" (ou, como diz Porfírio em outros termos, no "seguir a direção da razão nos deveres e nas ações da vida"). São elas: a *sabedoria*, entendida como moderação da parte

---

18. Cf. Eusébio, *Praep. evang.*, IV, 7, 1; IV, 8, 1.
19. Porfírio, *Epístola a Marcela*, 9.
20. Porfírio, *Epístola a Marcela*, 26.
21. Porfírio, *Epístola a Marcela*, 13.

irracional, a *fortaleza*, como moderação da irascibilidade, a *temperança*, como moderação da concupiscência e a *justiça* como o que "faz com que todas as virtudes individualmente cumpram o próprio ofício em mandar e obedecer".

b) As virtudes políticas ou civis são apenas o momento preparatório de virtudes ulteriores, as "catárticas", que consistem num desapego do corpo e das ações corpóreas. Nesse âmbito, a *sabedoria* consiste em agir sem seguir o corpo, a *temperança* em não ser perturbados pelas afecções do corpo, a *fortaleza* em não temer a separação do corpo (como se isso significasse um ir para o nada), a *justiça* no comando da razão sem oposições. Essas virtudes não são apenas *virtudes que purificam a alma*, são também *virtudes da alma purificada,* e o seu fim consiste em "fazer-nos semelhantes a Deus".

c) O terceiro gênero de virtudes é o da "alma intelectualmente operante" ou, podemos assim dizer, o gênero das *virtudes da alma espiritualizada*. Nesse nível, a *sabedoria* é contemplação daquilo que a inteligência possui, a *justiça* é operar segundo a inteligência, a *temperança* é conversão interior da inteligência, a *fortaleza* é impassibilidade.

d) O quarto grau é constituído pelas "virtudes paradigmáticas" ou "exemplares" que são próprias do Espírito e constituem justamente os exemplares das virtudes que estão na alma.

Eis as conclusões a que chega Porfírio a esse propósito:

> Quatro, pois, são os gêneros das virtudes, das quais algumas são da mente, isto é, as exemplares, que participam da própria substância inteligível; outras são da alma que se volta para a mente e é plenificada por ela; as terceiras são as da alma humana ocupada em purificar-se ou já purificada do corpo e das paixões inferiores; as outras, enfim, adornam o homem enquanto põem um freio ao irracional e criam a moderação com respeito às paixões. Quem tem as virtudes maiores e também as menores não agirá predominantemente segundo as menores, mas somente segundo as diversas circunstâncias. Já as metas, como foi dito, diferem segundo o gênero. A meta das virtudes civis é impor moderação aos afetos no cumprir as ações prescritas pela natureza; das catárticas é apagar toda memória dos afetos; das outras, enfim, é agir em conformidade com a inteligência, tendo abandonado os afetos. A meta das outras é análogo ao que foi dito. Assim, quem age segundo as virtudes práticas é homem probo; quem age segundo as catárticas é divino e é um

bom gênio; quem age somente segundo as intelectuais é Deus. Portanto, é conveniente que primeiro nos ocupemos com as catárticas, buscando possuí-las nessa vida e, através delas, chegaremos gradualmente às mais altas[22].

Além disso, Plotino se distinguiu como comentador de Platão e também de Aristóteles. Ele estava convicto, como já disse Amônio Saca, da possibilidade de conciliar os dois filósofos, como o diz explicitamente uma obra sua, infelizmente perdida, com o significativo título: *Sobre a unidade das seitas de Platão e Aristóteles.*

No conjunto dessa atividade, tornou-se importante sobretudo o comentário às obras de Aristóteles, que se tornará um ponto de referência obrigatório para todos os neoplatônicos posteriores[23]. É particularmente importante a atitude de Porfírio com respeito às categorias aristotélicas. Com efeito, elas tinham sido objeto de uma crítica cerrada por parte de Plotino, que as considerava do ponto de vista ontológico; o nosso filósofo, ao contrário, as repropõe e discute sob o ponto de vista lógico e as considera de grande utilidade nesse terreno. Dessa maneira Porfírio fazia com que a lógica aristotélica reentrasse no campo da especulação neoplatônica. A *Isagogé*, que é uma breve mas suculenta introdução à problemática das categorias através do estudo dos cinco "predicamentos", é explícita sobre esse ponto:

Desde o momento em que, Cresaório, para compreender a doutrina das categorias de Aristóteles, é necessário saber o que seja o *gênero,* o que seja a *diferença,* o que seja a *espécie,* o que seja o *próprio* e o que seja o *acidente,* e dado que *tal conhecimento é igualmente necessário para a formulação das definições e, em geral, para tudo o que diz respeito à divisão*

---

22. Porfírio, *Sentenças,* XXXII, 6-7, pp. 17s. Mommert. Segundo Beutler, Porfírio teria atribuído à vontade um papel essencial, ligando a ela o conceito de pecado. O estudioso alemão chega mesmo a afirmar que não Agostinho (como pensa a maioria), mas Porfírio, no âmbito do pensamento ocidental, teria atribuído à vontade um lugar determinante. Se fosse assim, a importância de Porfírio na história da ética se tornaria muito importante. Mas os documentos que Beutler apresenta (*Porphyrios,* cols. 306s.) não provam esta tese.

23. Recordemos que Porfírio teve uma atitude ambígua com relação a Aristóteles, embora sendo grandemente devedor dele. Foi Porfírio o primeiro a observar que nas *Enéadas* estavam presentes doutrinas peripatéticas e "encontravam-se densas questões de metafísica aristotélica" (*Vida de Plotino,* 14). Foi grande mérito de Porfírio ter afastado toda ambiguidade e recuperado definitivamente Aristóteles para o neoplatonismo.

e à demonstração, cujo exame é de grande utilidade, vou fazer-te uma breve relação desses pontos, com a qual buscarei expor-te em breves palavras, em forma, por assim dizer, de introdução, tudo o que os antigos filósofos disseram a propósito, abstendo-me de pesquisas mais profundas e tocando apenas parcialmente mesmo as questões mais simples. Para começar, no que diz respeito aos gêneros e às espécies, *acerca da questão sobre se são entidades existentes em si ou se são simples concepções que têm lugar na mente e, admitindo-se que sejam entidades existentes, se são corpóreas ou incorpóreas e se, finalmente, são separadas ou, ao contrário, existem nas coisas sensíveis e dependem delas, me absterei de falar já que um problema dessa natureza é muito profundo e exige uma outra investigação e mais ampla; aqui procurarei mostrar-te, ao invés, as conclusões mais pertinentes de um ponto de vista lógico às quais chegaram sobre esses últimos pontos e sobre outros objetos da minha investigação, os antigos e, de modo particular, os Peripatéticos*[24].

É essa a célebre passagem que, entre outras coisas, dará origem à conhecida disputa sobre os universais na Idade Média.

Além disso, Porfírio foi o primeiro a comentar os *Oráculos Caldaicos* em função das categorias neoplatônicas[25]. Com esse seu comentário, ele lançava as premissas para o nascimento da tendência que logo após se tornará dominante, sobretudo por obra de Jâmblico. Os *Oráculos caldaicos,* juntamente com os *Poemas* órficos (e com os grandes poetas do passado como Homero[26] e Hesíodo), tornaram-se uma espécie de Bíblia pagã, ou seja, textos que eram considerados expressões de uma revelação divina, que a filosofia devia acolher como ponto de partida para a própria reflexão.

Porfírio levou a cabo uma intensa polêmica contra a religião cristã numa vasta obra em quinze livros, intitulada justamente *Contra os cristãos.* (A obra não chegou até nós mas, a julgar pelos fragmentos e pelos testemunhos, não era uma contraposição da antiga visão do mundo à nova, mas se dedicava com muita habilidade à crítica dos

---

24. Porfírio, *Isagogé*, 1.

25. O escrito no qual Porfírio comentava os *Oráculos Calcaicos* não deve ser confundido com *A filosofia dos Oráculos*, que mencionamos abaixo, o qual era uma obra juvenil, escrita em época pré-plotiniana.

26. Um ensaio significativo da interpretação alegórica de Homero, feita por Porfírio, encontra-se em *O antro das Ninfas*.

textos bíblicos)[27]. Ele, porém, não abraçou de modo indiscriminado a causa do paganismo e, ao menos depois do encontro com Plotino, criticou, na *Carta a Anebo*, a teurgia e as superstições nas quais tinha acreditado na juventude e que exaltara na sua *Filosofia dos Oráculos*[28]. Nele prevaleceu, em suma, o espírito especulativo peculiar de Plotino mesmo se, depois da morte deste, voltou a fazer alguma concessão à teurgia na obra *Sobre a volta da alma*[29]: as práticas teúrgicas agiriam somente sobre a parte inferior da alma, ou seja, sobre a "alma pneumática", vale dizer, sobre o "veículo" (ὄχημα) etéreo do qual toda alma é revestida. Parece porém que Porfírio, mesmo reconhecendo à teurgia uma certa eficácia, não a considerasse de modo favorável[30].

---

27. Os fragmentos e os testemunhos dessa obra foram recolhidos por A. von Harnack, Berlim 1916.

28. Cf. G. Wolff, *Porphyrii de philosophia ex oraculis haurienda librorum reliquiae*, Berlim 1856 (reimpr. anast., Hildesheim 1962).

29. Ver os fragmentos dessa obra recolhidos por Bidez, *Vie de Porphyre*..., pp. 25*-44* e a refinada exegese fornecida pelo mesmo estudioso, nas pp. 88-97.

30. Sobre a teurgia ver o que dissemos, no vol. VII, pp. 395-398 e o que diremos adiante, pp. 165-167.

III. JÂMBLICO E A ESCOLA SIRÍACA

1. Jâmblico e a nova direção da filosofia neoplatônica

Com Jâmblico e a sua escola, verificou-se uma grande reviravolta na história do neoplatonismo. Trata-se, exatamente, da reviravolta que permitiu à filosofia helênica sobreviver ainda por dois séculos, utilizando todas as restantes energias do espírito grego já no seu ocaso.

Nascido em Cálcis, na Síria, nos fins da primeira metade do século III d.C.[1], Jâmblico, antes de ter contato com a filosofia neoplatônica, teve oportunidade, provavelmente em Alexandria, de conhecer e apreciar a filosofia neopitagórica da qual foi admirador fervoroso[2], bem como a filosofia aristotélica na escola do peripatético Anatólio, que se tornou depois bispo de Laodiceia[3]. Somente num segundo momento, Jâmblico entrou em contato com Porfírio (talvez

1. Enquanto no século passado situava-se o nascimento de Jâmblico em torno de 280 d.C., os estudiosos tendem atualmente a deslocá-lo muito mais. Já Bidez propunha situá-la em 250 (cf. *Le philosophe Jamblique et son école*, in "Revue des études grecques", 32 [1919], p. 32); A. Cameron propõe 245-250 (*The Date of Iamblichus' Birth*, in "Hermes", 96 [1968], pp. 374-376); J. M. Dillon propõe 242 (*Iamblichi Chalcidensis*... [já citado acima, p. 143, nota 3], p. 7); B. Dalsgaard Larsen pensa em 240 (*La place de Jamblique*... [já citado acima, p. 143, nota 3], p. 27). A argumentação em favor dessa datação é extraída das notícias que nos chegaram a respeito do casamento de uma filha do nosso filósofo.

2. Jâmblico conheceu a filosofia neopitagórica (foi influenciado sobretudo por Nicômaco de Gerasa) provavelmente em Alexandria, como nota Dalsgaard Larsen. Com efeito, se Jâmblico nasceu de fato em torno de 240 (ou pouco depois), então não se pode pretender que Porfírio tenha sido seu *primeiro* mestre. "É em Alexandria" — nota o estudioso dinamarquês — "que se deve buscar os seus mestres. Nada mais natural para um intelectual sírio helenizado" (*La place de Jamblique*..., p. 3). Também Dillon fala de um período "pitagórico-hermético" na evolução do pensamento do nosso filósofo (*Iamblichi Chalcidensis*..., p. 18).

3. Sabemos por Eunápio (*Vidas*, V, 1, 2) que Jâmblico teve por mestres Anatólio e depois Porfírio. Que esse Anatólio seja o peripatético, e não, como queria Zeller, um homônimo discípulo de Porfírio (cf. Zeller-Martano, p. 2), é tese hoje em dia aceita pela maioria. Não só o deslocamento da data de nascimento (cf. nota 1) torna atualmente a tese provável, mas também a maciça presença da componente aristotélica no nosso filósofo (do *Protrético* ao *De anima* e aos comentários às obras do Estagirita)

encaminhado pelo próprio Anatólio)[4]. O encontro com Porfírio deve ter sido decisivo na medida em que significou, substancialmente, o encontro com a especulação neoplatônica. As relações entre os dois pensadores foram inicialmente boas. Mas se deterioraram talvez antes mesmo da morte de Porfírio, a propósito de um ponto crucial: justamente a respeito da interpretação e avaliação das relações entre filosofia e religião positiva e, em particular, entre a especulação racional e a teurgia. A ruptura tornou-se irreparável, e Jâmblico assumiu diante de Porfírio uma atitude não apenas crítica, mas fortemente hostil[5]: os aspectos e as práticas da religião pagã que Porfírio tinha criticado e rejeitado em grande parte deviam, ao contrário, constituir para Jâmblico um momento essencial e mesmo o coroamento da filosofia. Foi exatamente essa a concepção que inspirou a escola (fundada na Síria nos inícios do século IV)[6], bem como as obras mais significativas do nosso filósofo[7].

---

depõe decisivamente em favor dela (cf. Dalsgaard Larsen, *Jamblique*..., pp. 37ss.; Idem, *La place de Jamblique*..., p. 4).

4. Cf. Dillon, *Iamblichi Chalcidensis*..., p. 9, o qual formula a hipótese de que Porfírio tenha conhecido Anatólio em Atenas, nos anos 50, e que este seja o Anatólio a quem Porfírio dedicou as suas *Questões homéricas* (obra que se situa no período em que Porfírio era discípulo de Longino em Atenas).

5. Que as relações entre os dois filósofos tenham sido boas, pode-se facilmente extrair do fato de que Porfírio dedicou a Jâmblico a obra *Sobre "conhece-te a ti mesmo"* (cf. Estobeu, *Anthol.*, III, p. 579, 21 Hense). A gravidade da ruptura posterior é provada, para nos limitar aos documentos mais evidentes, pelo *De mysteriis* (que é uma refutação da porfiriana *Epístola a Anebo*) e pelos fragmentos que nos chegaram do *Comentário ao Timeu*. Dillon observa que dos 32 fragmentos desta obra nos quais é mencionado Porfírio, 25 exprimem dissenso. Jâmblico chegou a ponto de acusar Porfírio de "barbaresca vanglória" (cf. Proclo, *In Plat. Tim.*, I, p. 152, 12ss., e, em particular, p. 153 Diehl).

6. De Malala (*Chronographia*, XII, p. 312, 11-12 Dindorf) se extrai que Jâmblico ensinava em Dafne (perto de Antioquia) na época de Maxêncio e Galério (305-312). Se assim fosse, só em idade avançada o nosso filósofo teria aberto a sua escola na Síria. A data coincidiria com a da morte de Porfírio. Todavia alguns pensam que Jâmblico tenha deixado Porfírio muito cedo, e que se tenha estabelecido em Antioquia por um longo período, antes de voltar à Síria (cf. Dalsgaard Larsen, *Jamblique*..., pp. 40-42; Idem, *La place de Jamblique*..., pp. 4s.). A data de morte do nosso filósofo é conjecturalmente situada no terceiro decênio do século IV (em torno de 325).

7. Um catálogo comentado das obras de Jâmblico encontra-se em Dalsgaard Larsen, *Jamblique*..., pp. 42-65, e em Dillon, *Iamblichi Chalsidensis*..., pp. 18-25.

O rumo diferente que Jâmblico imprimira ao neoplatonismo foi bem percebido pelos antigos. Olimpiodoro, por exemplo, contrapõe expressamente a posição de Plotino e Porfírio à de Jâmblico, Sirano e Proclo, no texto seguinte:

Recordamos os títulos mais significativos. Em primeiro lugar, a imponente *Antologia das doutrinas pitagóricas*, em dez volumes, que constituía uma vasta introdução à filosofia (através da filosofia pitagórica, considerada paradigmática). *Os mistérios do Egito* são hoje concordemente atribuídos ao nosso filósofo (Zeller o atribuía a um discípulo da escola siríaca; mas depois da atenta pesquisa de K. Rasche, *De Jamblicho libri qui inscributur de mysteriis auctore*, Münster 1911, e as sólidas provas por ele aduzidas, os estudiosos mais qualificados se pronunciaram a favor da sua autenticidade), e, como veremos, constituem uma importante obra programática. A *Teologia caldaica*, a *Teologia platônica* e o *Tratado sobre os Deuses* provavelmente constituíam a *suma* do nosso filósofo (a primeira devia ser uma obra conspícua, dado que, como resulta de uma passagem de Damáscio [ver a nota 12], era formada de pelo menos 28 livros). Grande importância, pelas razões que daremos adiante, tiveram os seus comentários a Platão e a Aristóteles. De Platão, Jâmblico comentou o *Alcibíades maior*, o *Fédon*, talvez o *Crátilo*, o *Sofista*, o *Fedro*, o *Filebo*, o *Timeu* e o *Parmênides*. De Aristóteles certamente comentou as *Categorias* e os *Primeiros Analíticos* e, provavelmente, também outras obras. De conteúdo aristotélico é também o *Tratado sobre a alma*, do qual nos chegaram fragmentos. Enfim, devemos mencionar as suas *Epístolas*, na maioria endereçadas a discípulos, das quais Estobeu conservou importantes fragmentos (ver o elenco compilado por Dalsgaard Larsen, *Jamblique*..., pp. 50s.). Dessa rica produção chegou-nos muito pouco. Possuímos alguns volumes inteiros (quatro e, talvez, cinco) da *Antologia das doutrinas pitagóricas*, a saber: *De vita pythagorica* (ed. Deubner, Leipzig 1937, reproduzida com aperfeiçoamentos por M. von Albrecht, em edição bilíngue, Zurique-Stuttgart 1963), *Protrepticus* ou *Adhortatio ad Philosophiam* (ed. H. Pistelli, Leipzig 1888), *De communi mathematica scientia* (ed. N. Festa, Leipzig 1891), *In Nicomachi Arithmeticam Introductionem* (ed. H. Pistelli, Leipzig 1894). Provavelmente é de Jâmblico pelo menos uma parte do conteúdo da obra *Theologumena Arithmeticae*, que nos chegou anônima (ed. De Falco, Leipzig 1922); de fato, o próprio Jâmblico (*In Nicom.*, p. 125, 15ss. Pistelli) nos diz que uma obra com esse título devia constituir o sétimo volume da *Antologia das doutrinas pitagóricas*, e no escrito anônimo que nos chegou com esse título, pelo menos uma parte revela semelhanças linguísticas com os escritos autênticos do nosso filósofo. Chegou-nos completo também o *De musteriis*, muitas vezes editado e traduzido (cf. M. Sicherl, *Die Handschriften, Ausgaben und Uebersetzungen von Jamblichos de mysteriis,* Berlim 1957). A mais recente edição foi preparada por Éd. des Places, com tradução francesa, introdução e notas, Paris 1966. Já falamos das edições dos comentários: cf. p. 143, nota 3. Os fragmentos do *De anima* encontram-se em tradução francesa, com comentário, em A. J. Festugière, *La Révélation d'Hermès Trismégiste*, vol. III, Paris 1953, pp. 177-248. Em língua italiana foram traduzidos: a *Vida pitagórica*, aos cuidados de A. R. Sodano, Rusconi, Milão 1984.

Alguns põem em primeiro lugar a *filosofia*, como Porfírio, Plotino e muitos outros filósofos; outros, porém, põem em primeiro lugar a *arte sacerdotal* [ἱερατική], como Jâmblico, Siriano e Proclo [...][8].

Fora bem mais salientada pelos antigos a importância do pensamento de Jâmblico. Com efeito, muito frequentemente os neoplatônicos posteriores qualificam Jâmblico como "o divino" e o louvam e exaltam sem reserva.

O leitor moderno que toma contato com o que nos chegou desse pensador ficará, sem dúvida, admirado com esses elogios, desiludido ou mesmo chocado, como aconteceu com Zeller e os estudiosos que o seguiram. Mas, sem levar em conta o fato de que as obras de Jâmblico que chegaram até nós são (com exceção do *De mysteriis*) as menos significativas, é necessário observar que o pensamento do nosso filósofo não pode ser compreendido segundo os cânones abstratos da dialética hegeliana, mas somente se tivermos bem presente a situação histórica na qual se encontrou.

Ora, considerado desse ponto de vista, Jâmblico se mostra efetivamente um pensador de destaque, porque soube tornar-se intérprete dos problemas dos pagãos cultos do seu tempo e soube apontar soluções consideradas bastante fecundas.

As novidades trazidas pelo nosso filósofo aparecem particularmente significativas ao menos em três direções diferentes.

1) Plotino limitara-se a criticar a seita particular de cristãos (por sinal, doutrinalmente herética) que era constituída pelos gnósticos. Porfírio, na sua volumosa obra *Contra os cristãos* limitara-se a um tipo de crítica histórico-erudita. Ora, criticar os cristãos não era o bastante, era necessário fazer algo mais: era preciso relançar positivamente o paganismo, justamente na configuração sincretista greco-oriental de que ele se revestira e, em vista desse fim, era necessário dotá-lo de um rigoroso fundamento teórico. Em suma, era necessário refundamentar em nível conceptual o politeísmo da última fase da cultura grega.

Ora, justamente na ontologia neoplatônica, repensada oportunamente, sobretudo a partir dos estímulos dos *Oráculos Caldaicos*, nosso filósofo encontrou a fundamentação teórica do politeísmo. Deve-se

---

8. Olimpiodoro, *In Plat. Phaed.*, p. 124, 4ss. Norvin.

observar que Jâmblico teve fácil êxito nessa reforma, uma vez que a multiplicação das hipóstases metafísicas e a multiplicação dos Deuses têm a mesma raiz, pois nascem, em última análise, da mesma orientação do espírito, como já há tempos foi justamente observado.

Doutra parte, como vimos, a escola de Plotino havia já, conquanto timidamente, aberto o caminho para Jâmblico: Amélio distinguira três hipóstases no Espírito dando-lhes o nome de Deuses, e Porfírio introduzira as suas inovações metafísicas inspirando-se nos *Oráculos caldaicos*[9].

2) O paganismo na sua forma derradeira não podia, porém, satisfazer-se com essa refundamentação ontológica do politeísmo, penetrado como estava de aspirações soteriológicas e sedento de ritos e de práticas mágicas e teúrgicas, capazes de aplacar e tornar propícios os deuses.

Como já dissemos, enquanto Plotino não faz menção à teurgia, Porfírio, depois de tê-la praticado na juventude, criticou-a na sua *Carta a Anebo* (sacerdote egípcio). O núcleo da crítica porfiriana consistia em denunciar a falácia das pretensões da teurgia, a partir do princípio de que os deuses são "impassíveis". Evidentemente, se os Deuses são impassíveis, não é possível agir sobre eles com práticas como aquelas que a teurgia usa. (A admissão de certa eficácia da teurgia tal como Porfírio a admite no *De regressu animae* foi de alcance muito limitado, como acima já observamos.)[10]

Era, pois, necessário defender a teurgia dessas críticas e oferecer-lhe uma justificação teórica, de maneira a poder assegurar-lhe um lugar adequado na vida do espírito.

Essa tarefa foi levada a cabo por Jâmblico na obra já repetidamente citada *Sobre os mistérios do Egito* que leva o subtítulo "Resposta de Abamon à carta de Porfírio a Anebo e solução das dificuldades que nela se encontram". (Abamon é um nome de sacerdote, que Jâmblico utiliza como pseudônimo, como que para indicar justamente a sua função de intérprete dos Deuses.)

O apego particular à teurgia, que se encontra não somente no paganismo tardio popular, mas igualmente na filosofia helênica tardia, é

9. Cf., *supra*, p. 148ss.
10. Cf., *supra*, p. 154s.

particularmente significativo. O puro *logos* enquanto tal era então julgado insuficiente para garantir a obtenção do fim último sem o auxílio de forças metarracionais. O modo com o qual Jâmblico se fez intérprete desse sentimento é, como veremos, verdadeiramente paradigmático.

3) Sabemos que na última fase da filosofia grega a forma literária do comentário, sobretudo a Platão e Aristóteles, conheceu uma difusão muito ampla. Plotino, nesse particular, é uma exceção. Mas já Porfírio retornou à forma literária do comentário, com a qual releu Homero, os *Oráculos caldaicos*, os diálogos platônicos e as obras aristotélicas. Mas Porfírio adotou um critério de comentário bastante livre e mesmo, em grande parte, arbitrário, como se vê sobretudo na sua exegese do homérico *Antro das ninfas*. Ora, também nesse campo Jâmblico soube trazer uma significativa inovação. De fato, ele introduziu alguns cânones exegéticos rigorosos, que deveriam mostrar-se muito fecundos.

Vejamos mais detidamente como o nosso filósofo realizou essas reformas.

2. A metafísica e a teologia de Jâmblico

A fundamentação especulativa do politeísmo está substancialmente conexa com a complexa operação da multiplicação das hipóstases[11].

A esse propósito, uma primeira novidade consiste em ter Jâmblico invertido o caminho seguido por Plotino ao repensar a ontologia neoplatônica. Com efeito, vimos que Porfírio (ao menos nos últimos tempos da sua vida), tendia a articular o Uno à tríade inteligível e a concebê-lo como primeiro membro dela (determinando-a a partir daí segundo um ritmo eneádico). Jâmblico, ao contrário, não somente

11. Dalsgaard Larsen observou, a este respeito, que é necessário levar em conta o processo histórico pelo qual se deu essa "multiplicação": Jâmblico não partiu de Plotino, mas do neoplatonismo, do neopitagorismo, das revelações dos *Oráculos Caldaicos*, dos tratados herméticos, da gnose (*La place de Jamblique*..., p. 14). Isso, porém, só é verdade em parte, pois, sem a mediação das categorias plotinianas, seria impensável o sistema de Jâmblico.

volta a reafirmar a transcendência do Uno com respeito ao Inteligível, como Plotino o fizera, mas afirma a necessidade de introduzir, entre o Uno e o cosmos inteligível, um segundo Uno. Refere Damáscio:

> Depois disso devemos proceder à investigação de outro ponto: os primeiros princípios anteriores à tríade inteligível são dois, vale dizer, o que é absolutamente inefável [= o primeiro Uno] e o que não está coordenado com a tríade [= o segundo Uno], como diz o grande Jâmblico no livro vigésimo oitavo da sua *Teologia Caldaica*? Ou então, como opinou a maior parte dos filósofos depois dele, depois da causa inefável [= o Uno] segue-se imediatamente a primeira tríade inteligível? Ou ainda devemos abandonar essa hipótese e devemos dizer, com Porfírio, que o Pai da tríade inteligível é o princípio único de todas as coisas?[12]

Como se depreende desta passagem, parece que a posição de Jâmblico tenha sido considerada por grande parte dos neoplatônicos posteriores demasiado radical (a maioria preferiu ater-se ao único Uno de Plotino; Damáscio, como veremos, seguiu porém nosso filósofo). Evidentemente Jâmblico sentia a necessidade de distinguir os dois aspectos característicos do Uno plotiniano (isto é, o pelo qual ele é dito absolutamente transcendente, de todo inefável, e aquele pelo qual, ao invés, é dito potência produtora de todas as coisas) até fazer deles duas hipóstases diferentes[13].

Aquela que em Plotino era a segunda hipóstase, o Espírito (*Nous*), é transformada mesmo num complexo de hipóstases e momentos que, no estado atual da pesquisa, não é possível redesenhar a não ser nas suas linhas gerais. Em primeiro lugar, convém observar que Jâmblico julgou necessário distinguir o plano do "inteligível" (νοητόν) do plano do "intelectivo" ou, melhor, do "intelectual" (νοερόν), dividindo, dessa maneira, os dois traços essenciais do Espírito plotiniano que era, justamente, unidade sintética do *inteligível* e da *inteligência*. Mas isso não bastou. O plano do inteligível foi dividido em três tríades e ulteriormente foi dividido também o plano do intelectual[14].

---

12. Damáscio, *De principiis*, 43 (I, p. 86, 3-10 Ruelle).

13. Cf. a este respeito as observações de Dillon, *Iamblichi Chalcidensis*..., pp. 30-33.

14. Cf. Proclo, *In Plat. Tim.*, I, p. 308, 17ss. (= Dalsgaard Larsen, *Jamblique*..., fr. 230). Segundo esse texto, a divisão do plano do inteligível seria em três tríades e

Parece, além disso, possível (ao menos se nos apoiarmos num texto de Proclo corrigido mediante algumas conjecturas) que Jâmblico tenha já introduzido, antecipando desta sorte uma doutrina que se tornará técnica com os filósofos da escola de Atenas, também um plano intermediário entre o plano do inteligível e o do intelectual, vale dizer, o plano do *inteligível-e-intelectual* (νοητόν-καὶ-νοερόν), distinguindo-o também em tríades[15].

Também a esfera da Alma, segundo o esquema triádico geral, foi igualmente dividida em três ordens[16].

Eis um quadro sinótico que pode facilitar a compreensão do sistema de hipóstases de Jâmblico:

Princípio supremo absolutamente inefável (primeiro Uno)

Segundo princípio (segundo Uno)

<table>
<tr><td rowspan="3">Mundo do Espírito</td><td>Plano do inteligível, dividido em três tríades</td></tr>
<tr><td>(plano do inteligível-e-intelectual dividido em três tríades)</td></tr>
<tr><td>plano do intelectual, dividido em uma tríade (se se acolhe a correção do testemunho de Proclo referido na nota 15), ou então em três tríades mais uma hebdômada, se nos ativermos à leitura tradicional.</td></tr>
</table>

---

uma hebdômada; mas corrigindo o texto, como propõe Festugière, a sistematização resulta totalmente diferente (cf. a nota seguinte).

15. A. J. Festugière (Proclus, *Commentaire sur le Timée*, traduction et notes, 5 vols., Paris 1966-1968, vol. II, p. 164, nota 3) corrige da seguinte maneira o texto de Proclo, *In Plat. Tim.*, I, p. 308, 20ss. Diehl: "Deve-se ler [...] μετὰ τὰς νοητὰς <πρεῖς?> τριάδας καὶ τὰς τῶν <νοητῶν καὶ> νοερῶν θεῶν τρεῖς τριάδας ἐν τῇ νοερᾷ ἑβδομ<ῃ τρι>άδι (ἑβδόμαδι cod. correxi). τὴν τρίτην ἐν τοῖς πατράσιν ἀπονέμει τάξιν..." "Jâmblico atribui ao Demiurgo, depois das três tríades dos Deuses Inteligíveis e das três tríades dos Deuses Inteligíveis e Intelectuais, o terceiro lugar entre os Pais na sétima tríade, o Intelectual". Portanto, seriam *três tríades inteligíveis, três tríades inteligíveis-intelectuais e uma intelectual* (sétima somada às três).

16. Cf. Dillon, *Iamblichi Chalcidensis*..., frs. 50 e 54 (= Dalsgaard Larsen, *Jamblique*..., frs. 248 e 253). Jâmblico insistiu na diferença estrutural entre a Alma e as outras hipóstases (cf. Estobeu, *Anthol.*, I, pp. 362, 24-385, 10 Wachsmuth).

Alma	Alma hipercósmica Alma do Todo Almas particulares

Todas essas hipóstases[17] eram apresentadas não só sob o aspecto metafísico-ontológico, mas também sob o aspecto propriamente religioso e eram consideradas Deuses. Dessa maneira, justamente, Jâmblico justificava racionalmente o politeísmo.

Naturalmente, o número dessas hipóstases podia aumentar sem limite, multiplicando *ad libitum* o número das almas que existem no mundo. Desta sorte Jâmblico introduziu, além dos Deuses supramundanos, também um grande número de deuses intramundanos e ainda Anjos, Demônios e Heróis. Os deuses intramundanos foram depois divididos em ordens complexas e categorias, e foram multiplicados e sistematizados de maneira a oferecer lugar a todo panteão da fé do paganismo tardio[18].

À luz de tudo isso, torna-se clara — cremos — a afirmação de que a concepção da multiplicidade das hipóstases e a concepção da multiplicidade dos Deuses dependem de uma mesma atitude mental. Com efeito, como os deuses pagãos não são senão personificações e individualizações de forças e aspectos da natureza e do homem, assim as novas hipóstases, multiplicadas até o inverossímil, não são fundamentalmente senão a entificação e substantificação (ou, exatamente, a hipostatização) daquelas que eram para Plotino puras determinações conceptuais. Parece-nos que, nesse ponto, Zeller acertou plenamente (embora, no conjunto, como já dissemos, tenha julgado erradamente o nosso filósofo): "O melhor caminho para assegurar-se o divino parece-lhe [a Jâmblico] o de multiplicá-lo o mais possível

17. Para completar, recordamos que, segundo Dillon, a doutrina das Énades estaria presente em Jâmblico e seria desenvolvida por Proclo, como veremos (cf. *Iamblichus and the Origin of the Doctrine os Henads*, in "Phronesis", 17 [1972], pp. 102-106, reproduzido também em *Iamblichi Chalcidensis*..., Appendix B, pp. 412-416). Mas o papel dessas Énades em Jâmblico ainda não se mostra suficientemente claro.

18. Cf. o *De mysteriis*, e Dillon, *Iamblichi Chalcidensis*..., frs. 75-79 (com relativo comentário). Provavelmente inspiram-se em Jâmblico, Salústio, *De Diis* e Juliano nos seus mais famosos *Discursos* (cf., *infra*, pp. 172-175).

e de estabelecer os conceitos que determinam a sua essência e as relações com o finito, como formas autônomas uma ao lado da outra e uma acima da outra. *Mas isso justamente constitui o caráter distintivo da religião e, particularmente, da religião politeísta: o que é para o pensamento filosófico simplesmente um elemento conceptual, para a concepção religiosa é uma forma concreta*; o que lá tem a forma da universalidade, aqui tem a forma sensível da individualidade; enquanto as religiões monoteístas conservam a unidade do ser divino e situam as numerosas formas da intuição religiosa somente na história da sua revelação, a religião natural politeísta possui, ao contrário, a tendência característica de multiplicar o ser divino numa pluralidade de particulares"[19].

3. Jâmblico e a teurgia

Na justificação do politeísmo, Jâmblico podia servir-se largamente dos resultados aos quais chegara a especulação precedente (médio-platônica, neoplatônica e pitagórica). Mas, como era possível justificar a teurgia que, sob certos aspectos, parecia ser a antítese da filosofia e cujas pretensões Porfírio havia tão lucidamente rejeitado?

Em primeiro lugar, vejamos a concepção exata que Jâmblico tinha da teurgia[20]. No *De mysteriis,* ela era apresentada como uma prática e mesmo como uma arte com a qual, mediante ações oportunas, símbolos e fórmulas incompreendidos pela razão humana, mas compreendidos pelos Deuses, o homem podia unir-se com esses mesmos Deuses e beneficiar-se com seu influxo e seu poder. A união teúrgica com a divindade e as relativas práticas necessárias para realizá-la eram, pois, concebidas como decididamente metarracionais. Escreve textualmente nosso filósofo:

Não é o pensamento (ἔννοια) que une os teurgos aos Deuses; já que, em tal caso, o que poderia impedir os filósofos teóricos de alcançar a união

---

19. Zeller-Martano, pp. 44s.

20. Sobre esse tema, ver o que já dissemos no vol. VII, pp. 395-398 e o ensaio de Dodds, citado no vol. VII, p. 387, nota 1.

teúrgica com os Deuses? Mas a verdade não é essa. A união teúrgica é produzida com o cumprimento de ações inefáveis que agem acima de toda possibilidade de compreensão da inteligência e do poder dos símbolos inefáveis, compreensíveis somente aos Deuses. Por isso, não é com o pensamento que realizamos aquelas obras; nesse caso, com efeito, elas seriam efeito da nossa inteligência e dependeriam de nós; mas, nem uma coisa nem outra são verdadeiras. Com efeito, sem que exerçamos o nosso pensamento, os próprios sinais operam por virtude própria, cumprem a atividade que lhes é peculiar, e o poder inefável dos Deuses, aos quais são dirigidas essas obras, reconhece por si mesmo as próprias imagens sem ser despertado pela atividade do nosso pensamento [...][21].

Sob mais de um aspecto, essa passagem é significativa enquanto, além de constituir uma perfeita definição da teurgia, contém o fundamento sobre o qual se apoia a resposta às objeções de Porfírio, e revela a distância que separa a posição de Jâmblico (e do último neoplatonismo que o seguirá) da de Plotino e da sua escola.

Segundo Jâmblico, as objeções de Porfírio tombam se se mantém firmemente que *a teurgia é uma atividade acima da inteligência e da razão do homem e, portanto, acima das faculdades racionais.* Na teurgia, não é a atividade do homem que sobe até os Deuses e os alcança pois, nesse caso, a impassibilidade dos mesmos Deuses estaria comprometida, como justamente dizia Porfírio; trata-se, ao invés, do próprio poder divino que desce aos homens ou, melhor, que liberta os homens deste mundo e os reconduz aos Deuses; *trata-se, em suma, de uma iniciativa dos Deuses mais do que dos homens.*

Hadot esclarece esses conceitos: "Se pudéssemos obter a união perfeita com os Deuses por meio da contemplação, então seria por nossas forças que alcançaríamos o divino. Os Deuses seriam movidos, então, por seres inferiores. Ao contrário, se eles mesmos escolhem as práticas, incompreensíveis aos homens, mediante as quais podemos esperar unir-nos a eles, eles permanecem imóveis em si mesmos e mantém a iniciativa"[22].

Quem quer que nos tenha seguido até esse ponto, poderá compreender facilmente que o custo dessa operação tentada por Jâmblico

---

21. Jâmblico, *De mysteriis*, II, 11, 96s.
22. Hadot, *Porphyre et Victorinus*, vol. I, p. 94.

era muito alto. Ela significava exatamente *admitir explicitamente a incapacidade da filosofia, na sua acepção clássica, para conduzir o homem à obtenção do seu fim supremo.* Plotino, como acima observamos, reiterava ainda a convicção, totalmente grega, da possibilidade, para o homem, de realizar a "união" (ἕνωσις) com o Divino unicamente com as próprias forças, ao passo que Jâmblico nega, em nível temático, essa possibilidade.

É evidente que na teurgia e nos "atos e símbolos inefáveis" da teurgia, que a razão humana não compreende, mas os Deuses compreendem, o Pagão procurava o que doravante tornara-se claro não poder a razão *deixada a si mesma* assegurar; e que os cristãos recebiam na Graça e nos sacramentos, mas sobre fundamentos bem diversos e com bem diferentes garantias[23].

4. Os cânones da interpretação dos textos dos clássicos

K. Praechter[24] observou que foi um grande mérito de Jâmblico o ter introduzido cânones e regras para a interpretação dos textos clássicos e, em particular, dos diálogos platônicos, e os estudos mais recentes confirmaram a exatidão dessa tese.

Segundo Jâmblico, em primeiro lugar, um diálogo platônico devia ser interpretado *em função de um fim ou de um escopo unitário.* Segundo esse escopo, deveria ser interpretado não somente o conjunto, mas igualmente o prólogo e cada uma das partes.

---

23. Jâmblico deve ter ligado, pelo menos em parte, a sua ética à teurgia. De fato, sabemos que às classes de virtudes distinguidas por Porfírio, ele acrescentou as *virtudes hieráticas ou sacerdotais*, que se realizam na união mística com o absoluto, e as *virtudes teúrgicas*, que, verossimilmente, coincidiam com estas (cf. Olimpiodoro, *In Plat. Phaed.*, pp. 114, 22ss. Norvin; Marino, *Vida de Proclo*, 28). Talvez também o fato de destacar a diferença estrutural entre a alma e as hipóstases superiores (cf. nota 16), pelo menos no que diz respeito à alma do homem, devia evidenciar a necessidade de recorrer ao auxílio da teurgia. (Recordamos que também Jâmblico concebia as almas como revestidas da ὄχημα, *corpo etéreo*, destinado a permanecer mesmo depois da morte, exceto nas almas que souberam alcançar o máximo da purificação, que se tornavam anjos. Ademais, para o nosso filósofo, a reencarnação só podia ocorrer em corpos humanos).

24. Cf. Praechter, *Richtungen...*, pp. 128ss.

Em segundo lugar, era possível, segundo Jâmblico, ler um diálogo platônico em vários níveis. Com efeito, ele concebia a metafísica, a matemática, a física e a ética como estreitamente unidas entre si, segundo a relação de "modelo" e de "imagem" ou "cópia". Mais exatamente: a metafísica era o modelo, a matemática, a imagem; por sua vez, a matemática era o modelo com relação à física e esta era a imagem daquela; a ética era estreitamente ligada à matemática. Sobre o fundamento desse esquema era, pois, possível interpretar os diálogos *em nível diverso, sem infringir a regra do escopo principal, passando da imagem ao modelo*, ou seja, de uma exposição física ao seu modelo matemático (ou então também passando das partes ao todo)[25].

Em razão de todas essas contribuições, os últimos filósofos pagãos deram ao nosso filósofo o epíteto de "divino". Ele havia comunicado um pouco de vida ao agonizante pensamento helênico. De Jâmblico, com efeito, dependem todas as outras escolas neoplatônicas pagãs.

5. Teodoro de Asina e outros discípulos de Jâmblico

Depois da morte de Jâmblico, a sua escola dissolveu-se.

Sópatros de Apameia, que Eunápio considera o pensador de maior destaque entre os discípulos de Jâmblico, para nós é pouco mais que um nome, uma vez que não ficaram testemunhos que permitam reconstituir o seu pensamento. Ele se transferiu para Constantinopla onde, num primeiro momento, gozou de muita influência na corte imperial, mas foi depois justiçado sob a acusação de magia[26].

De Deuxipo chegou-nos um comentário às *Categorias* que é, porém, pouco significativo[27].

---

25. Sobre Jâmblico como exegeta, ver o volume de Dalsgaard Larsen, *Jamblique...*, *passim*, que contém, no momento, a última palavra sobre a questão.

26. Cf. Eunápio, *Vidas*, V, 1, 5; VI, 2, 7; VI, 2, 10ss.

27. Foi publicado na grande coleção "Commentaria in Aristotelem Graeca", IV, 2, aos cuidados de A. Busse, em 1888.

Ao invés, um certo número de testemunhos (só recentemente recolhidos e ordenados sistematicamente) foi-nos transmitido sobre Teodoro de Asina[28]. Ele teve relações com Amélio e, talvez por meio de Amélio, também com o pensamento de Numênio. Primeiramente foi discípulo de Porfírio e, depois, esteve na escola de Jâmblico, diante de cuja doutrina manteve, porém, uma atitude crítica. Em particular, parece que não se interessou pelas práticas teúrgicas. Mas sua metafísica depende, indubitavelmente, da reforma de Jâmblico.

Ele estabeleceu um Primeiro, inexprimível e indizível, como "fonte de todas as coisas e causa da bondade". Do Primeiro deduziu uma tríade que exaure o "plano do inteligível" e que ele denominava Uno. Tratava-se, pois, de um *Uno triádico*, por assim dizer, ou de uma tríade unitária. Os membros dessa tríade foram designados utilizando a simbologia dos três sons de ἕν, ou seja do Uno (que são o *espírito áspero* correspondente ao *h* aspirado, o *épsilon* e o *ni*), segundo os métodos do neopitagorismo. A essa tríade Teodoro fez seguir aquela que exaure o "plano do intelectual", caracterizada pelo *ser*, o *pensar* e o *viver.* Ulteriormente ele deduziu uma tríade de Demiurgos, caracterizada respectivamente pelo *ente*, o *pensamento* e a *vida* (note-se que, para caracterizar essa tríade, Teodoro usava os *substantivos* correspondentes aos *infinitos* com os quais indicava os membros da tríade precedente, querendo evidentemente significar que aqueles eram produtos da atividade destes), e dividiu ainda cada membro dessa tríade em outras tríades. Finalmente, distinguiu três hipóstases também no âmbito da alma[29].

Eis um esquema na página seguinte que esclarece essa intrincada construção:

---

28. Ver W. Deuse, *Theodoros von Asine, Sammlung der Testimonien und Kommentar*, Wiesbaden 1973. Teodoro nasceu nos últimos tinta anos do século III e morreu "o mais tardar em torno de 360 d.C.", diz Deuse (p. 1). Nos seus anos juvenis pôde ainda ouvir Porfírio e, em seguida, talvez apenas por breve tempo, Jâmblico (o Teodoro do qual fala Eunápio, *Vidas*, V, 1, 4-5 [Deuse, *Theodoros*..., test. 3], provavelmente é o nosso filósofo).

29. Cf. Deuse, *Theodoros*..., tests. 6 e 12, com o relativo comentário.

O Primeiro

Mundo do Espírito	Plano do inteligível	Uno, dividido em três tríades deduzidas dos três sons de ἕν (hen = Uno)
	Plano do intelectual	Ser (= ser anterior ao ente) Pensar (= pensar anterior ao pensamento) Viver (= viver anterior à vida)
	Plano do Demiurgo	Ente ou pensamento substancial Pensamento ou substância intelectual Vida ou fonte da vida (cada tríade é dividida em outras tantas tríades)
Plano da Alma		Alma em si Alma universal Alma do Todo

Posteriormente Teodoro operou distinções complexas a propósito da Alma considerada em si e nas suas relações com o corpóreo, introduzindo, ainda uma vez, considerações de tipo pitagórico tiradas das letras da palavra *psyché* e do número correspondente[30].

O pensamento de Teodoro tem importância limitada e é historicamente interessante sobretudo na medida em que, consolidando o sistema da dialética triádica, prepara ulteriormente o caminho para a sistematização definitiva de Proclo.

30. Cf. Deuse, *Theodoros*..., pp. 3-11.

IV. A ESCOLA DE PÉRGAMO

1. Características e expoentes da escola de Pérgamo

Com a morte de Jâmblico, Edésio, um de seus discípulos mais apreciados, foi morar em Pérgamo, na Mísia, e ali fundou uma escola. Primeiramente, obedecendo a um oráculo que lhe falara em sonho, refugiou-se na solidão da vida agreste na Capadócia. Difundida porém a notícia, muitos foram ter com ele, desejosos de ouvir seu ensinamento, e o obrigaram a retornar à vida social. Ele escolheu justamente Pérgamo como sede da escola e essa logo se tornou muito florescente bem como muito notável a fama de Edésio[1].

Entre os discípulos de Edésio, destacaram-se Máximo, Crisanto de Sardes, Prisco e Eusébio de Mindo[2]. Também Juliano, o futuro imperador, veio a Pérgamo atraído pela fama de Edésio. Entre os seguidores de Edésio, Juliano escolheu os seus mestres: Máximo, que se tornou seu mestre em Éfeso, e Crisanto[3].

A essa escola ligou-se Eunápio (discípulo de Crisanto), que nos deixou uma obra sobre a vida desses filósofos[4].

Além disso, ligaram-se a Juliano o célebre retórico Libânio, cujos interesses filosóficos não estavam, porém, em primeiro plano[5], e Salústio, que colaborou ativamente com o imperador para a restauração do politeísmo pagão[6].

São características dessa escola: 1) a forte redução da componente metafísico-especulativa, 2) a não menos forte acentuação da componen-

---

1. Cf. Eunápio, *Vidas*, VI, 4, 1ss.
2. Sobre esses personagens somos informados sobretudo por Eunápio (cf., *infra*, nota 4).
3. Cf. Eunápio, *Vidas,* VII, 1, 5ss.
4. Das *Vidas* de Eunápio foi feita recentemente uma edição aos cuidados de G. Giangrande, *Eunapii Vitae sophistarum*, Roma 1956, que substitui a velha edição de Boissonade. Dessas *Vidas* existe uma tradução italiana, mas muito antiga, no vol. IV de *Storici minori volgarizzati ed illustrati*, Milão 1831, aos cuidados de S. Blandi.
5. Libânio nasceu em torno de 314 e morreu em 393 d.C. As suas obras que nos chegaram foram publicadas por R. Foester, Leipzig 1903-1922, em 11 volumes.
6. Ver, mais adiante, a nota 16.

te religioso-místico-teúrgica, levada mesmo ao paroxismo por alguns expoentes, sobretudo por Máximo[7], 3) o quase total desinteresse pelas obras de Platão e Aristóteles ou, pelo menos, pela leitura sistemática daquelas obras por meio de comentários.

Eusébio de Mindo — com a sua habilidade dialética e com as suas fortes reservas à arte teúrgica, considerada como abuso insano de certos poderes que derivam da matéria, e com sua defesa da capacidade da razão — constitui a exceção que confirma a regra[8].

Chegou-nos muito pouca informação sobre a doutrina específica da maior parte dos expoentes dessa escola. Eunápio limita-se a narrar os fatos relativos à vida desses filósofos, ao passo que dá somente indicações fugazes e geralmente genéricas sobre o seu pensamento. No entanto, chegaram-nos algumas obras de Juliano e Salústio que, porém, não nos dão senão uma ideia parcial das concepções dessa escola.

Vejamos brevemente a orientação espiritual dessas duas personagens.

2. Juliano (o Apóstata)

A figura e a obra de Flávio Cláudio Juliano[9] pertencem mais à história política e religiosa do que à história da filosofia. Sua fama está ligada sobretudo à tentativa extrema com que ele (primeiro na qualidade de governador das Gálias, depois de imperador) procurou fazer reviver

---

7. Cf. Eunápio, *Vidas*, VII, *passim*. Máximo foi condenado à morte pelos cristãos em 372 d.C.

8. Cf. Eunápio, *Vidas*, VII, 2, 2-13.

9. Juliano nasceu em 332 d.C. Recebeu o título de César em 355 (aos 24 anos), o supremo encargo de imperador em 361. Morreu em batalha em 363. O encontro com Máximo deve ter ocorrido em 351. Em italiano foram traduzidas por R. Prati, com o título *Degli Dei e degli uomini*, Bari 1932, os seguintes escritos: *Ao rei Hélio, À grande mãe dos Deuses, Contra os cães ignorantes* e *Contra o cínico Heráclio*; no volume de A. Rostagni, *Giuliano l'Apostata*, Turim 1920, foram traduzidas e comentadas "obras políticas e satíricas": *Epístola ao filósofo Temístio, Mensagem ao Senado e ao povo de Atenas, Os Césares ou a festa dos Saturnais, Misopógones ou o inimigo da barba*, e os fragmentos do *Contra os cristãos*.

o espírito e a religião do helenismo. Foi uma tentativa que teve a vida efêmera de um meteoro, que se extinguiu mal se acendeu[10].

Qualquer que seja o juízo que se faça sobre essa tentativa (que não podemos aqui desenvolver), permanece evidente, em todo o caso, que Juliano, por uma série de razões parcialmente dependentes das circunstâncias das quais foi vítima, não entendeu profundamente o cristianismo e, portanto, nem as causas pelas quais a história não podia senão assinalar seu irresistível sucesso. Na verdade, sua empresa foi uma fuga ao passado. Mesmo que tenha sido verdade, como pensam alguns, que ele não quis tanto negar o cristianismo como tal quanto contestar a atitude exclusivista da nova religião com relação a todas as outras, tendo em vista uma religião universal que a todas abraçasse, mesmo assim permanecem verdadeiras as observações que fizemos.

Eis algumas das suas afirmações particularmente esclarecedoras:

> Parece-me oportuno expor aqui a todos as razões pelas quais me convenci de que a doutrina sectária dos galileus é uma invenção forjada pela malícia humana. Não tendo nada de divino e explorando a parte irracional da nossa alma, inclinada ao fabuloso e ao pueril, conseguiu fazer passar por verdade um amontoado de ficções monstruosas[11].

Ora, justamente ele que acusa o cristianismo de irracionalidade turva, e de ser um amontoado de ficções monstruosas, abandonou-se a uma admiração sem freios pela mais irracional das correntes do pensamento grego tardio, e mostrou um apego quase doentio pelas práticas teúrgicas. A propósito, Eunápio nos narra um fato bastante significativo. Quando Juliano estava em Pérgamo, Eusébio de Mindo continuava a insistir na superioridade do método racional em filosofia com relação às práticas teúrgicas, tanto que Juliano o forçou a revelar-lhe as razões dessa insistência. Então Eusébio revelou-lhe claramente o próprio pensamento. Ele buscava prevenir Juliano contra as artes mágicas de Máximo, o qual desprezava as demonstrações racionais para praticar a teurgia e a magia, e narrou algumas das proezas mágicas de Máximo, como o ter feito sorrir a estátua da

10. A imagem é de G. Negri, *L'imperatore Giuliano l'Apostata*, Milão 1902², pp. 485s., 517s.

11. Juliano, *Contra os cristãos*, fr. 1.

deusa Hécate e ter feito acender com luz fulgurante os fachos que ela tinha nas mãos. Conclui Eusébio:

> Mas tu não deves maravilhar-te com isso, como eu também não me maravilho; ao contrário, considera uma grande coisa a purificação que se obtém por meio da razão[12].

Ao que Juliano, sem hesitar, respondeu:

> Adeus, apega-te aos teus livros: tu me revelaste aquele que eu procurava[13].

Portanto, Juliano não procurava o *logos* e sim as turvas artes teúrgicas, nas quais Máximo era muito hábil. De resto, escreve ele numa carta a Prisco:

> Consegue-me todos os livros de Jâmblico sobre o meu homônimo [Juliano, o Teurgo]. Só tu podes fazê-lo [...]. Tenho uma paixão louca por Jâmblico em filosofia e pelo meu homônimo em teosofia, e julgo que os outros não são nada [...] em comparação com esses[14].

Deve-se notar que a doutrina neoplatônica propriamente dita não constitui senão o quadro geral no qual se situam tanto a alegorese como a teurgia. Os dois discursos mais célebres de Juliano, *A Helios Rei* e *À grande Mãe dos Deuses* são excelente exemplo da exiguidade especulativa do pensamento do imperador[15].

3. Salústio

O tratado de Salústio[16], *Dos Deuses e do mundo,* pertence provavelmente à política de restauração do politeísmo pagão promovida

---

12. Eunápio, *Vidas*, VII, 2, 11.
13. Eunápio, *Vidas*, VII, 2, 12.
14. Juliano, *Epístolas*, 12 (I, 2, p. 19, 2-4 Bidez).
15. Para ulteriores aprofundamentos, ver: R. E. Witt, *Iamblichus as a Forerunner of Julian*, no já citado volume de miscelânea *De Jamblique à Proclus*, pp. 35-67.
16. Com base nos mais recentes estudos, parece que esse Salústio deva ser identificado com Saturnino Salústio Segundo, elevado por Juliano, em 361 d.C., ao cargo de prefeito do Oriente (ao qual foi dedicado o discurso *Ao rei Hélio*). Ver a excelente introdução de G. Rochefort à sua edição do tratado, com tradução francesa ao lado: Saloustios, *Des Dieux et du monde*, Paris 1960, pp. IX-XXI. Com base numa série de elementos plausíveis, este estudioso fixa a data da composição do tratado entre março e junho de 362 d.C. (cf. pp. XXI-XXV).

por Juliano, e é uma espécie de manifesto da fé politeísta ou um catecismo dos seus artigos essenciais, como notou-se há tempos.

O escrito é de uma clareza e lucidez verdadeiramente excepcionais, e constitui um notável esforço para purificar as crenças pagãs, de modo a torná-las competitivas em face da religião cristã.

A maior parte das ideias expostas no breve tratado não são originais. Todavia, no esforço de competir com a concepção cristã, o autor sustenta algumas teses pouco comuns. Assim, por exemplo, afirma que a Providência existe para os povos, para as cidades, e também "para cada homem singular"[17].

Além disso, a interpretação da origem do mal é muito matizada. No mundo, diz Salústio, nada *é mau por sua natureza,* mas *torna-se mau pelas ações dos homens*, ou mesmo de alguns homens. Mais ainda, o mal não é cometido pelos homens por si mesmo, mas porque se apresenta falsamente sob a aparência de um bem. Os males nascem sempre e somente por causa de uma avaliação falsa dos bens, e a alma pode ser vítima dessa falsa avaliação "porque não é uma realidade primeira", ou seja, diríamos, *pela sua finitude*[18].

O conhecimento da existência dos Deuses, para Salústio como para todos os neoplatônicos, é *natural.* Nesse caso, o ateísmo é explicável como uma *espécie de "castigo".* Com efeito, é permitido pensar que aqueles que conheceram, mas desprezaram os Deuses, numa reencarnação posterior sejam punidos exatamente com a privação do conhecimento dos mesmos Deuses, como que exilados para longe deles. Os Demônios, diz Salústio, não são os únicos a punir as almas, mas é a própria alma que "dá a si mesma o próprio castigo"[19].

São esses os horizontes limitados nos quais se move o neoplatonismo da escola de Pérgamo. A um nível bem diferente, como agora veremos, a mensagem de Jâmblico será elevada na escola de Atenas.

---

17. Salústio, *Dos Deuses e do mundo,* IX, 7.
18. Salústio, *Dos Deuses e do mundo,* XII, 5.
19. Salústio, *Dos Deuses e do mundo,* XIX, 1.

V. PROCLO E A ESCOLA DE ATENAS

1. Origens da escola de Atenas

Examinamos acima as vicissitudes que levaram ao fechamento da Academia na época da conquista de Atenas por Sila (86 a.C.) e ao esgotamento da herança espiritual da gloriosa escola com Antíoco de Ascalon[1]. No fim da era pagã e no início da era cristã, o centro do qual partiram as ideias filosóficas mais significativas era, como sabemos, Alexandria, onde nasceram o pitagorismo na sua nova forma, o platonismo médio, a "filosofia mosaica" de Filo, o Hebreu, e o neoplatonismo.

Em Atenas, sem dúvida, mesmo depois do fim da gloriosa instituição fundada pelo próprio Platão, houve, embora de modo descontínuo, revivescências do platonismo por obra de mestres que reuniram em torno de si certo número de alunos. Recordemos Amônio, o Egípcio, mestre de Plutarco de Queroneia, e Calvísio Tauro, mestre de Aulo Gélio, que tiveram, no entanto, de ministrar o seu ensinamento de forma privada e não sob a égide de uma instituição propriamente dita[2]. No século III, temos notícia de dois "diádocos" platônicos, Teódoto e Eubulo[3]. Mas esses, provavelmente, tiveram apenas uma "cátedra" de filosofia platônica, publicamente financiada.

É provável que somente entre o fim do século IV e o início do século V d.C. tenha renascido em Atenas uma escola platônica sistematicamente organizada, com recursos e fundos próprios e com uma sucessão regular de chefes de escola[4], que continuou por mais de um século até 529, ano no qual o imperador Justiniano proibiu aos pagãos o ensino público.

Com essa nova escola, o neoplatonismo pagão produziu seus últimos frutos e depois foi definitivamente suplantado pelo pensamento

1. Cf., vol. VII, pp. 271ss.
2. Cf., vol. VII, pp. 281ss. e as relativas notas.
3. Cf. Porfírio, *Vida de Plotino*, 20.
4. Cf. Lynch, *Aristotle's School*, pp. 184ss.

cristão que, durante esse tempo, se constituíra, consolidara e difundira no Oriente e no Ocidente. À cidade na qual havia alcançado seu máximo esplendor, a filosofia antiga voltou para viver seu último e significativo estágio e para morrer.

Identificaram-se há tempos as razões da volta da última filosofia pagã[5] a Atenas. Em Constantinopla, o cristianismo doravante dominava sem oposição. Em Alexandria, a "escola catequética" tinha proporcionado fundamentos especulativos à mensagem cristã e constituía o mais firme polo de atração. Enfim, no mundo latino a filosofia grega não tinha mais nenhuma possibilidade de ser reproposta e relançada. Ao contrário, como já em seu tempo observava Vacherot, "na Grécia e, sobretudo, em Atenas, a nova religião, penetrando nas almas, não havia afastado os espíritos do culto da Antiguidade: cristãos e pagãos se uniam numa comum admiração pela arte e pela ciência gregas"[6]. Também as vicissitudes políticas ligadas à reação pagã promovida pelo imperador Juliano e as sucessivas represálias cristãs depois da morte de Juliano produziram em Atenas efeitos moderados. Em suma, a Grécia (e especialmente Atenas), "mesmo tornada cristã, permanecera o santuário das Musas; o amor à Antiguidade aproximava os espíritos [...]. A nova religião, soberana absoluta no Oriente, contentava-se, no momento, em ter destruído as escolas de filosofia e do politeísmo no centro do império, e deixava subsistir provisoriamente a escola de Atenas no seu isolamento e na sua impotência"[7].

Os filósofos da escola de Atenas são, assim, verdadeiros "sobreviventes". Uma data é particularmente significativa a esse respeito. Em 430 morria Santo Agostinho. Justamente na mesma época, chegava a Atenas Proclo, o homem que devia dar maior consistência à escola, e encontrava os fundadores Plutarco, filho de Nestório, já velho, e seu discípulo e amigo Siriano, e com eles se dispunha a levar a cabo a última e desesperada tentativa de fazer reviver um mundo que já pertencia ao passado.

---

5. Cf. Vacherot, *Histoire critique*..., II, pp. 192ss.
6. Vacherot, *Histoire critique*..., II, p. 193.
7. Vacherot, *Histoire critique*..., II, p. 194.

2. Os predecessores de Proclo: Plutarco de Atenas, Siriano e Domnino

O iniciador da escola neoplatônica de Atenas foi Plutarco, filho de Nestório[8]. Não sabemos quais tenham sido seus mestres nem conhecemos com exatidão as suas doutrinas. Dos testemunhos que nos chegaram, é possível, no entanto, conhecer quais foram os seus interesses espirituais e a sua problemática, que coincidem substancialmente com as linhas de força segundo as quais a escola caminhará.

Nas suas aulas, os textos de referência eram os de Platão e Aristóteles. A alguns desses textos ele dedicou comentários específicos. A filosofia de Aristóteles foi interpretada por Plutarco como propedêutica à de Platão, como uma espécie de "iniciação preparatória aos pequenos mistérios", ou seja, como uma condição para a iniciação nos mistérios superiores de Platão[9].

A problemática aprofundada com maior êxito por Plutarco parece ter sido a psicológica[10].

Além disso, cultivou com cioso apego a arte teúrgica que considerou provavelmente como um coroamento da filosofia[11].

Também sobre o sucessor de Plutarco, Siriano, nossa informação é precária. Dele chegou até nós um comentário a alguns livros da *Metafísica* de Aristóteles e alguns testemunhos que nos permitem apenas uma ideia muito aproximativa do seu pensamento[12].

No comentário à *Metafísica*, ele consolida a interpretação, provavelmente originária de Plutarco, que vê na filosofia do Estagirita uma

---

8. Do que diz Marino na *Vida de Proclo*, 12, depreende-se que Plutarco morreu em 431/432 d.C., quando Proclo tinha 22 anos. Sobre os inícios da escola de Atenas, cf. É. Évrard, *Le maître de Plutarque d'Athènes et les origines du néoplatonisme athénien*, in "L'Antiquité Classique", 29 (1960), pp. 108-133; 391-406.

9. Cf. Marino, *Vida de Proclo*, 13.

10. Sobre o tema, cf. H. J. Blumenthal, *Plutarch's Exposition of the De anima and the Psychology of Proclus*, no já citado volume, *De Jamblique à Proclus*, pp. 123-147.

11. Ele recebera do pai Nestório os segredos dessa arte e os transmitira apenas à filha, que, em seguida, os revelou a Proclo (Marino, *Vida de Proclo*, 28).

12. Siriano viveu a cavaleiro entre os séculos IV e V d.C. Provinha de Alexandria. O seu comentário a alguns livros da *Metafísica* aristotélica foi editado na coleção "Commentaria in Aristotelem Graeca", VI, 1, por W. Kroll em 1902.

concepção da realidade que se situa num plano diferente da concepção platônica. A conciliação dos dois filósofos não pode, pois, encontrar solução numa acomodação eclética do seu pensamento, mas, justamente, com a distinção e individuação dos planos diversos nos quais eles se movem. Para Siriano, as críticas de Aristóteles a Platão não atingem o alvo porque, justamente, não se elevam ao plano no qual Platão se move. A distinção desses níveis explica também por que o Estagirita possa constituir a primeira iniciação, útil para subir ao nível platônico superior (que, para o nosso filósofo é igualmente o dos pitagóricos).

Segundo Siriano, no nível superior estão também os poemas de Homero (entendidos naturalmente na interpretação alegórica), as poesias de Orfeu e os *Oráculos* que, como já repetidamente dissemos, constituem os verdadeiros "textos sagrados" do derradeiro paganismo. O projeto acalentado por Siriano de comentar, para Proclo e Domnino, os poemas órficos e os *Oráculos*, não pôde realizar-se em razão da sua morte[13].

Proclo declara ater-se em tudo ao mestre, o que levaria a supor que Siriano tenha antecipado muitas das ideias que encontramos no discípulo. Mas a semelhante afirmação não podemos dar senão um sentido muito amplo, uma vez que sabemos que os neoplatônicos acreditavam encontrar todas as suas doutrinas até mesmo já em Platão. Em todo caso, é provável que Siriano tivesse formulado, ao menos em parte, a lei da processão (à qual Proclo, como veremos, dá a máxima importância) e que consiste na relação triádica de permanência-processão-retorno. Com efeito, é atestado que Siriano a aplicava ao desenvolvimento da alma[14].

Se, antes de Proclo, Siriano foi, por algum tempo, sucedido por Domnino, não é totalmente claro. Em todo caso, Domnino foi um homem culto e mais um cientista do que um metafísico, como demonstram seus dois escritos que chegaram até nós[15].

---

13. Cf. Marino, *Vida de Proclo*, 26.

14. Cf. Proclo, *In Plat. Tim.*, II, p. 218ss. Diehl.

15. Um desses escritos tem o título *Manual de introdução aritmética* e foi publicado por J. F. Boissonade, *Anedocta Graeca*, IV, pp. 413-429 (Paris 1832; reimpr. anast., Hildesheim 1962). O outro intitula-se *Como se pode deduzir discurso de discurso* e foi publicado por C. E. Ruelle, na "Revue de Philologie", 7 (1883), pp. 82-94, com tradução francesa.

3. Proclo e a sua síntese filosófico-teológica

Proclo é o maior dos neoplatônicos pós-plotinianos[16] e algumas das suas páginas (sobretudo a síntese dos *Elementos de Teologia*) revelam nele a presença de um engenho especulativo de primeiro plano. Mas, a propósito de Proclo, pode-se dizer verdadeiramente que o seu engenho, como o mocho de Minerva, elevou-se quando era já tarde e a noite descia.

---

16. Proclo nasceu em Constantinopla, de pais provenientes da Lícia. Das indicações fornecidas por Marino e do horóscopo do nosso filósofo, conservado pelo próprio Marino (cf. *Vida de Proclo*, 35ss.), conclui-se que Proclo nasceu em 8 de fevereiro de 412 e morreu em 17 de abril de 485 d.C. Contudo, Marino diz que Proclo morreu aos 75 anos (*Vida de Proclo*, 3; 26), de modo que as contas não batem exatamente. É. Évrard, que reexaminou recentemente o problema (*La date de naissance de Proclus le néoplatonicien*, in "L'Antiquité Classique", 29 [1960], pp. 137-141), chega à conclusão de que a data de morte deve ser considerada exata, enquanto a data de nascimento pode ser tanto 409/410, como 411/412 d.C. (A favor de 410 pronunciaram-se estudiosos como Zeller, Freudenthal, Praechter.) Depois de um período de estudos em Alexandria, Proclo, não tendo ainda 20 anos, passou a Atenas, onde permaneceu toda a vida (só por um período de cerca de um ano ele deve ter deixado a cidade, provavelmente por motivos políticos). Escreveu numerosas obras (R. Beutler reconstruiu um catálogo de 50 títulos: ver a voz *Proklos* na *Realenzyclopaedie der classischen Altertumswissenschaft*, Pauly-Wissowa-Kroll, XXIII, cols. 190-208), muitas das quais (cerca de 20) nos chegaram. Recordamos aqui os escritos de caráter filosófico. As duas obras teóricas mais significativas são: a *Elementatio theologica* (ed. E. R. Dodds, Oxford 1933 e 1963²) e *In Platonis theologiam* (ed. Portus, Hamburgo 1618; nova edição iniciada por H. D. Saffrey e L. G. Westerink, Paris 1969ss.). De menor importância é a *Elementatio physica* (ed. H. Boese, Berlim 1958). Os comentários aos diálogos platônicos que nos chegaram são: *In Alcibiadem* (ed. L. G. Westerink, Amsterdã 1954), *In Cratylum* (ed. G. Pasquali, Leipzig 1908), *In Parmenidem* (ed. V. Cousin, Paris 1864; reimpr. anast. Hildesheim 1961), *In Rem Publicam* (ed. W. Kroll, Leipzig 1899-1901), *In Timaeum* (ed. E. Diehl, Leipzig 1903-1906). Entre os comentários recordamos também *In primum Euclidis elementorum librum commentarii* (ed. G. Friedlein, Leipzig 1873). Em tradução latina chegaram-nos os seguintes opúsculos: *De decem dubitationibus circa providentiam, De providentia et fato, De malorum subsistentia* (ed. H. Böse, Berlim 1960). Recordamos, enfim, as *Eclogae de philosophia Chaldaïca* (ed. A. Jahn, Haia 1891) e os *Hymni* (ed. E. Vogt, Wiesbaden 1957). Em língua italiana foram traduzidas a *Teologia platônica*, por E. Turolla, Laterza, Bari 1957; os *Manuais* e os textos mágico-teúrgicos, por C. Faraggiana, com nossa monografia introdutória: *L'estremo messaggio spirituale del mondo antico nel pensiero metafisico e teurgico di Proclo*, Rusconi, Milão 1985.

Com efeito, a síntese procliana pretende abraçar de maneira sistemática toda a vida espiritual da cultura grega, recolher todos os seus aspectos e dar deles uma justificação exata: da filosofia à poesia, à religião popular, aos mistérios, aos mitos e, em geral, a todas as crenças que haviam constituído a fé dos helenos, tal como viera a configurar-se na era imperial. Em todos esses componentes, ele encontra uma revelação segura da verdade.

Nosso pensador está convencido, com efeito, que levam à Verdade e a Deus não somente *a*) a filosofia por meio da razão (entendida no sentido mais amplo), mas também *b*) o mito através da fantasia e *c*) a fé por meio de uma imediata e transcendente união com o Absoluto.

a) Toda a sua filosofia nos mostra como a razão filosófica conduz ao Absoluto.

b) No que diz respeito ao mito, eis o que diz Proclo. Além de razão, a alma é dotada de fantasia. Por conseguinte, também o mito, que é uma figuração da fantasia, pode apresentar a verdade à alma sob essa forma. De fato, a própria natureza representa o modelo suprassensível sob a forma de imagens ou cópias sensíveis, a eternidade no fluir do tempo e o uno no múltiplo. Assim, também o mito remete ao suprassensível com a representação sensível; com as suas contradições aparentes impele a algo que transcende a razão e provoca um choque que leva à Verdade aquele que o sabe compreender[17].

c) Finalmente, no que concerne à fé, Proclo observa expressamente que ela constitui a união inefável com o Absoluto arcano e transcendente: união que liga não somente o homem com o Absoluto, mas todos os Deuses entre si e com o mesmo Absoluto:

Portanto, o que poderá unir-nos a esse Bem? O que poderá fazer-nos suspender a ação e o movimento que a Ele nos conduzem? E ainda, o que une todas as coisas divinas à primeira e inefável unidade do Bom? E como o Bom, estabelecendo cada coisa numa morada firme, ou seja, na relação de bem (aquele Bom vem antes de qualquer coisa) põe reciprocamente em si mesmo as coisas que a ele se referem na sua relação de causa? Para dizer tudo, *é a fé dos Deuses a que une de modo inefável* ao bem os gêneros de todos os Deuses, dos demônios e das almas que são felizes. *Convém, com efeito,*

17. Cf. Proclo, *In Plat. Remp.*, II p. 107, 14ss. Kroll.

buscar o Bom não pelo caminho do conhecimento, não por caminho incompleto, mas com ajuda da luz divina, depois de ter contemplado a si mesmo e ter cerrado os olhos, pôr-se de tal maneira no arcano e incognoscível princípio unitário dos seres. Esse tipo de fé é mais antigo do que o que se desenvolve em atividade de conhecimento; e isso não somente em nós, mas também nos próprios Deuses. Dessa maneira, os Deuses alcançaram unidade: em torno do único centro, de modo conforme ao Uno, eles recolhem todas as potências e os processos que delas partem. E se devemos definir e distinguir cada conceito, não se deve pensar que essa fé tenha qualquer identidade com o erro que está em relação com as coisas sensíveis. Na realidade, tal erro é inferior à ciência e, portanto, tanto mais inferior à própria verdade dos seres. Ao contrário, a fé dos Deuses transcende toda forma de conhecimento e une os segundos com os primeiros por meio de uma união excelsa. E não se deve pensar que a fé da qual agora tratamos seja conforme à das assim chamadas noções comuns. Com efeito, damos fé às noções comuns antes de todo ato racional. Mas mesmo delas o conhecimento tem um caráter dividido e parcial e não tem nenhuma identidade com a união divina; a ciência relativa a elas não só é inferior à ciência propriamente dita mas também à simplicidade noética. A mente se situa, então, para além de toda ciência, seja a primeira, seja a que lhe sucede. Portanto, não devemos dizer que uma atividade segundo a mente seja semelhante a tal fé. Trata-se sempre de uma atividade multiforme e, em razão da alteridade, separada do que é concebido pela mente. Em suma, trata-se sempre de um movimento inteligente em torno aos inteligíveis, ao passo que a divina fé deve ser uniforme, imóvel e sossegada; ao aportar ela fica imóvel, isto é, ao aportar no porto do bem[18].

Portanto, a fé coincide para Proclo com a própria *potência teúrgica* que é *sabedoria superior a toda sabedoria humana*, é uma espécie de *união metarracional com o Divino*, como já sabemos.

Sobre o fundamento dessas premissas, entende-se que a atividade do nosso filósofo tenha-se desenvolvido segundo essa tríplice direção: *a*) leitura e comentário dos filósofos e particularmente de Platão;

---

18. Proclo, *Teologia platônica*, I, 26.

b) comentário aos poetas (de Hesíodo a Homero e a Orfeu) e, em geral, à teologia grega e não grega; *c*) prática da teurgia.

Como podemos ver, trata-se do mesmo programa inaugurado por Jâmblico e que Proclo soube realizar perfeitamente.

4. A estrutura do incorpóreo ou o sistema procliano das hipóstases

Antes de tratar dos pontos mais originais do sistema de Proclo, lancemos um rápido olhar sobre a estrutura do incorpóreo, segundo o nosso filósofo.

Vimos como o sistema de divisão triádica, que tende a distinguir e a multiplicar as hipóstases plotinianas, foi consolidado de Amélio a Porfírio, a Jâmblico e a Teodoro de Asina. Proclo leva essa tendência às suas consequências extremas e mesmo ao limite do paroxismo.

No entanto, ele está convencido, como Jâmblico, de que entre o Princípio supremo e as hipóstases do mundo inteligível é necessário um intermediário. Este era, para Jâmblico, um segundo Uno, ao passo que para Proclo torna-se uma série de Énadas que coincidem com os Deuses supremos. Eis um texto eloquente no qual Proclo resume sua concepção do Uno e, em parte, das Énadas:

> Trata-se agora de retomar outra vez a doutrina arcana do Uno, de sorte que, avançando por esse caminho, possamos rememorar os segundos e terceiros princípios de todas as coisas. A todos os entes, portanto, e aos próprios Deuses que deram origem aos entes, preexiste uma causa única, separada e imparticipável. É uma causa inefável por qualquer discurso, incognoscível por qualquer ato cognoscitivo, incompreensível. Por si mesma ela produz todas as coisas; tem precedência de existência de modo inefável; faz voltar todas as coisas a ela mesma como caminho de retorno; é o fim ótimo e perfeito de tudo. Sócrates, na *República,* chama essa causa o Bom; é causa que verdadeiramente transcende, separada de todas as outras causas; causa que imprime o selo do Uno a todas as mônadas divinas, a todos os gêneros dos seres e às processões. De maneira semelhante ao sol, esconde a sua transcendência admirável e a sua incognoscibilidade com relação a todas as coisas cognoscíveis. O *Parmênides* a chama Uno. E, através das negações, demonstra a subsistência transcendente e inefável desse Uno que é causa

universal. E a argumentação, exprimindo-se depois por meio de expressões escondidas e enigmáticas na *Carta a Dionísio*, se demora em falar sobre a causa universal de todas as coisas belas. No *Filebo*, Sócrates se refere a ela como fundamento universal, porque causa de toda divindade. Todos os Deuses tem existência por meio deste primeiro Deus. É, pois, o mesmo chamá-la fonte de toda divindade quanto chamá-la reino dos entes, como pura Énada de todas as Énadas; também bondade geradora da verdade; ou, ainda, subsistência transcendente de todas as coisas; ou superior e além de todas as causas paternas e geradoras; ela deve ser venerada por nós no silêncio e na união que precede o silêncio; e formular votos para que ela possa iluminar a parte do fim místico que convém às nossas almas[19].

Considerando-se bem a doutrina das Énadas que se situam entre o Uno e o primeiro plano do inteligível (que é o Ser), poderia ser deduzida do próprio Plotino, como há tempos se notou e, em particular, da sua doutrina dos números que acima examinamos. Com efeito, lembremo-nos de que, para Plotino, o número "preexistia aos seres" e "não era os seres". Plotino dizia igualmente que o "Ser é número condensado na unidade", ao passo que os seres são "número desenvolvido"[20].

Explica-se como sobre o fundamento desses precedentes e das reflexões ulteriores de Jâmblico, aplicando a dialética hipostática, Proclo não tivesse de andar um longo caminho para chegar às suas "Énadas", que não são os primeiros entes, mas estão acima do ser e têm, antes, características análogas às do Uno: enquanto este é Uno; elas são "Unidade", enquanto o Uno é Bem, elas são "Bondade". Como o Uno, elas estão acima do inteligível e, portanto, como já foi dito, não somente acima do Ser, mas igualmente acima da Vida e do Pensamento. Essas Énadas-Deuses são, portanto, *superessenciais, supervitais* e *superintelectuais*[21]. Nunca, antes de Proclo, o politeísmo elevara os próprios Deuses (alguns dos próprios Deuses) a essa altura.

Às Énadas seguem-se as hipóstases do mundo do Espírito, que Proclo subdivide da seguinte maneira:

---

19. Proclo, *Teologia platônica*, III, 7.
20. Cf. Plotino, *Enéadas*, VI, 6, 9. Cf. também, *supra*, p. 164, nota 17.
21. Cf. Proclo, *Elementos de teologia*, 115.

Primeiramente ele distingue três grandes esferas do mundo espiritual: 1) a esfera do *inteligível*; 2) a esfera do *inteligível-intelectual;* 3) a esfera do *intelectual.* No fundo elas correspondem às três notas características com as quais Plotino procurara definir o Espírito, vale dizer, o *Ser,* a *Vida*, o *Pensamento*. Mas, enquanto em Plotino eram distinções conceptuais e definiam uma mesma hipóstase, em Proclo, ao invés, são outras tantas hipóstases. Como vimos, talvez Jâmblico tenha chegado a essa tripartição. É certo, porém, que somente com Proclo ela alcança seu pleno desenvolvimento. Leiamos, a propósito, um texto muito claro:

No princípio de todas as coisas que participam da inteligência está a Inteligência imparticipante; no princípio de todas as coisas que participam da vida está a Vida; no princípio das coisas que participam do ser está o Ser; desses, o Ser vem antes da Vida, a Vida vem antes da Inteligência. — Já que, em toda ordem de coisas, antes dos participantes vêm os imparticipantes, é necessário que antes do que é dotado de inteligência haja a Inteligência, antes do que é vivente, a Vida, e antes das coisas que são, o Ser. Além disso, já que a causa originária de um número maior de derivados é anterior à causa originária de um número menor de derivados, entre as causas acima citadas, o Ser ocupará o primeiro lugar: com efeito, ele está presente em todas as coisas dotadas de vida e inteligência (já que tudo o que vive e que participa da atividade intelectiva existe necessariamente), ao passo que o inverso não vale (pois nem todos os seres vivem e pensam). Em segundo lugar, está a Vida, já que todos os seres que participam da Inteligência participam também da Vida, enquanto o inverso não vale: com efeito, muitos seres vivem, mas permanecem todavia privados de atividade cognoscitiva. Em terceiro lugar, está a Inteligência, já que tudo o que, de alguma maneira, é capaz de conhecer, vive e existe. Se, pois, o Ser é causa de mais derivados, de menos a Vida e ainda de menos a Inteligência, em primeiro lugar está o Ser, depois a Vida e depois a Inteligência[22].

Já que tudo está em tudo, as hipóstases estão ligadas entre si:

Tudo é em tudo, mas em cada coisa no modo que lhe é próprio; com efeito, no ser há vida e inteligência, na vida, ser e pensar, na inteligência, ser e viver, mas todas as coisas num caso estão ao nível da inteligência, no outro ao nível da vida, no outro ao nível do ser[23].

---

22. Proclo, *Elementos de teologia*, 101.
23. Proclo, *Elementos de teologia*, 103.

Mas, desde o início as duas primeiras hipóstases do mundo do Espírito foram divididas por Proclo em tríades ulteriores e, posteriormente, em outras tríades. Porém, na terceira hipóstase vêm à tona subdivisões em hebdômadas[24].

É impossível, aqui, acompanhar o nosso filósofo nos meandros das deduções de todas essas tríades e hebdômadas, redesenhar a complexa trama de relações que as liga e mostrar, segundo o axioma neoplatônico de tudo em tudo, o múltiplo jogo do espelhar-se recíproco das várias hipóstases e dos seus momentos. Por outro lado, deve-se notar que o interesse não reside tanto nos resultados quanto na habilidade dialética com que Proclo chega até eles. Mas essa habilidade, para ser adequadamente avaliada, exigiria trabalhos monográficos e amplas análises.

Naturalmente essas hipóstases são Deuses, como o são as Énadas; mais ainda, Proclo não hesita em qualificar algumas delas com o nome das divindades gregas tradicionais[25].

Também a esfera da alma é pensada como pluralidade de hipóstases e dividida em: almas divinas, almas demônicas, almas "parciais". No interior dessas distinções, Proclo opera ainda ulteriores distinções. Em particular, no âmbito das almas divinas, ele distingue tríades de Deuses psíquicos com diversas funções e qualificações e identifica em alguns desses os Deuses do Olimpo. O nosso filósofo divide depois os Demônios em três classes: Anjos, Demônios propriamente ditos e Heróis. As almas "parciais" são as que admitem uma "mudança da inteligência à insensatez"; a esse grupo pertencem as almas humanas[26].

O seguinte esquema poderá ajudar a restituir em síntese uma visão de conjunto das principais distinções proclianas do mundo do incorpóreo:

Uno (= fonte de todas as Divindades)

Énadas (= Deuses supremos)

---

24. Cf. Proclo, *Teologia platônica*, V, 2.
25. Cf. Proclo, *Teologia platônica,* V, 3ss.
26. Cf. Proclo, *Teologia platônica*, VI, *passim*; *Elementos de teologia*, 184.

Espírito
- 1. *Tríades inteligíveis,* distintas em três tríades ulteriores e correspondentes aos Deuses inteligíveis
- 2. *Tríades inteligíveis-intelectuais,* distintas em três tríades ulteriores e correspondentes aos Deuses inteligíveis-intelectuais
- 3. *Tríades intelectuais,* distintas em hebdômadas intelectuais e correspondentes aos Deuses intelectuais

Alma
- 1. Almas divinas (= Deuses psíquicos) distintos segundo um complexo sistema hierárquico, entre os quais encontram lugar os Deuses do Olimpo
- 2. Almas demônicas
  - Anjos
  - Demônios
  - Heróis
- 3. Almas parciais

5. As leis que governam a processão da realidade a partir do Uno segundo Proclo

A grandeza de Proclo não está tanto no aperfeiçoamento desse desenho, já traçado em parte pelos seus predecessores, quanto no aprofundamento das leis que governam a processão da realidade, ou seja, justamente no aprofundamento daquele ponto que, como vimos, assinalava a conquista essencial do neoplatonismo.

Em primeiro lugar, deve-se registrar a perfeita determinação alcançada por Proclo da lei geral que governa a geração de todas as coisas entendida como um processo circular constituído por três momentos: 1) a "permanência" (μονή), ou seja, o ficar ou permanecer em si do princípio; a "processão" (πρόοδος), ou seja, o proceder desde o princípio; 3) o "retorno" ou a "conversão" (ἐπιστροφή) ou seja, o retornar ao princípio. Vimos que Plotino individuara já esses três momentos e que eles desempenham no seu sistema um papel bastante mais complexo de quanto comumente se crê. No entanto, Proclo vai além de Plotino, levando essa lei triádica a um nível excepcional de refinamento especulativo. A lei vale não somente em geral, mas também em particular: ela exprime, com efeito, *o próprio ritmo da realidade na sua totalidade, bem como em todos os seus momentos singulares.*

O Uno, assim como toda outra realidade que produz alguma coisa, produz em razão "da sua perfeição e superabundância de poder". Ora, todo ser que produz 1) *permanece tal qual é* (justamente em virtude da sua perfeição) e produz em razão desse seu permanecer imóvel e que não pode sofrer diminuição. 2) A processão não é uma *transição,* como se o produto que dela deriva fosse *uma parte dividida do produtor.* Ao contrário, a produção deve ser pensada como *uma multiplicação de si mesmo por parte do produtor em virtude da sua potência.* Além disso, o que procede é semelhante àquele do qual procede, e a semelhança é anterior à dessemelhança: a dessemelhança consiste somente no ser o produtor *melhor*, ou seja, *mais potente* do que o produto. Em outros termos, o produtor tem a mesma natureza do produto, mas *não da mesma maneira.* 3) Em consequência, as coisas derivadas têm uma afinidade estrutural com suas causas; além disso, aspiram a manter-se em contato com elas e, portanto, a "retornar" para elas. Portanto, as hipóstases nascem por via de semelhança, não por via de dessemelhança.

O processo triádico, por conseguinte, deve ser pensado a modo de círculo; não, porém, no sentido da distinção dos momentos, como se entre *permanência, processão e retorno* houvesse uma distinção de *antes* e *depois*, mas no sentido da coexistência dos momentos, ou seja, no sentido de que todo processo é *permanecer perene, proceder perene, retornar perene.* Além disso, deve ser sublinhado que, em virtude do *princípio da semelhança* acima explicado, não somente a causa *permanece* como causa, mas *também o produto em certo sentido permanece na causa no mesmo momento no qual dela procede,* e o motivo é que o proceder não é um "separar-se", isto é, um tornar-se totalmente outro; o *permanecer* é substancialmente o *assemelhar-se do produto ao produtor*, e essa semelhança, como foi dito, é a razão pela qual o produto aspira a "voltar" para a causa. Eis os textos:

Tudo o que é produzido imediatamente desde um princípio permanece nele e procede dele. — Se, com efeito, toda processão tem como propriedade a imutabilidade dos primeiros seres e um desenvolvimento fundado sobre a semelhança, pela qual os seres semelhantes existem antes dos dessemelhantes, também o produto permanece de alguma maneira no produtor. O que procede sob todos os aspectos não poderia ter nenhuma identidade com o que permanece, mas é dele absolutamente distinto; suposto, porém, que tenha alguma coisa em comum e unido a ele permaneceria nele, assim como ele existe permanecendo em si mesmo.

— Se, doutra parte, se limitasse a permanecer e não procedesse, nesse caso em nada seria diferente da sua causa, nem seria um ser que tenha tido um nascimento, diverso da causa imóvel; nesse caso, com efeito, é distinto e separado; mas, se é separado e a causa é imóvel, procede diferenciando-se dela, uma vez que ela é imóvel. — Portanto, na medida em que tem alguma identidade com o produtor, o produto permanece nele; na medida em que é diverso, procede dele. Mas, sendo semelhante, é idêntico e diverso ao mesmo tempo: portanto, permanece e procede juntamente, e uma coisa não pode estar separada da outra.

Tudo o que procede de um princípio volta-se, por essência, para aquele do qual procede. — De fato, se de um lado procedesse, mas não se voltasse para a origem dessa processão, não desejaria a sua causa: pois o que quer que tenha um desejo está voltado para o objeto do desejo. Mas todo ser aspira ao bem e cada um o alcança através da sua causa imediata; portanto, cada um deseja a sua própria causa. Com efeito, é por meio do ser do qual cada coisa recebe o ser, que possui também o seu bem; o desejo é dirigido, antes de tudo, para o ser do qual recebe o próprio bem. E a conversão tem como meta o ser para o qual tende o desejo.

Toda conversão tem lugar graças à semelhança dos seres que se voltam, para com o ser para o qual se voltam. — Tudo o que está sujeito à conversão tende a unir-se de modo completo e aspira à comunhão e ao laço com o objeto da conversão. Mas é a semelhança que entrelaça todas as coisas, assim como a dessemelhança distingue e separa. Se, portanto, a conversão é uma comunhão e uma conjunção, e toda comunhão e conjunção tem por base a semelhança, segue-se que toda conversão torna-se possível graças à semelhança.

Tudo o que procede de alguma coisa e para ela se volta tem uma atividade circular. — Com efeito, volta-se para aquilo do qual procede, reúne o fim ao princípio, e o movimento mostra-se único e contínuo, já que acontece, numa direção, a partir do que permanece imóvel, e na outra para o que é imóvel; por isso todo ser procede com movimento circular da sua causa inicial para sua causa inicial. Há ciclos maiores e ciclos menores, desde que as conversões se dirigem em parte ao que é imediatamente superior, em parte ao que está mais alto, até ao Princípio de tudo; com efeito, dele derivam todas as coisas e a ele retornam.

Todo efeito permanece na sua causa, procede dela e se volta para ela. — Se se limitasse a permanecer em nada seria diferente da sua causa, não podendo ser distinto dela. Com efeito, à distinção segue-se a processão. Se se limitasse a proceder, ficaria privado de comunhão e de acordo com a causa, não tendo com ela nada em comum. Se se limitasse a voltar-se para a causa, como se explicaria que, não recebendo da causa o seu ser, realize pelo seu próprio ser a sua conversão para o que lhe é estranho? Se permanecesse e procedesse, sem sofrer a conversão, como se explicaria a aspiração natural de cada coisa ao bem do próprio ser e ao Bem, e uma tensão ascendente para o ser que a gerou? Se procedesse e se voltasse sem permanecer como se explicaria que, tendo se afastado da causa, aspire a unir-se com ela quando, de outra parte, não estava com ela unida antes de afastar-se? Com efeito, se estivesse unida permaneceria, em qualquer hipótese, naquela condição. Se permanecesse e se voltasse sem proceder, como seria possível que realize uma conversão sem ter sofrido distinção? De fato, tudo o que se volta é semelhante a algo que retorna àquilo do qual está dividido no ser. — É necessário que se verifique uma dessas hipóteses: ou que haja somente permanência ou somente processão ou conjunção dos extremos entre si; ou conjunção do termo médio com um dos dois extremos, ou conjunção de todos os três termos. Fica, pois, estabelecido que todo ser permanece na sua causa, procede dela e se volta para ela[27].

Uma segunda lei é a do chamado "ternário", reconhecida já há tempos como "chave da filosofia de Proclo", e posta no primeiro plano em algumas pesquisas recentes[28]. Proclo afirma que toda realidade, em todos os níveis, do incorpóreo ao corpóreo, é constituída 1) pelo "limite" (πέρας) e 2) pelo "ilimitado" (ἄπειρον) ou infinito (que são como a forma e matéria) e que, portanto, 3) todo ser seja

27. Cf. Proclo, *Elementos de teologia*, 30; 31; 32; 33; 35.

28. A lei já tinha sido individuada por Vacherot, *Histoire critique*..., II, pp. 282ss., mas Zeller sustenta o contrário: "Não se deve inferir que Proclo considere

a "mistura" ou síntese desses dois termos (tese derivada do *Filebo* platônico). Lemos nos *Elementos de Teologia:*

> *Toda ordem dos deuses tem como princípios primeiros na sua origem o limite e o infinito. Mas alguns derivam mais da causa primeira do limite, outros da causa primeira do infinito.* — Cada um, com efeito, procede de ambas, porque os fluxos das causas primeiras atravessam todos os derivados. Mas, na mistura, predomina ora o limite, ora o infinito; e conforme prevaleçam as manifestações do limite e do infinito, resulta um gênero cuja característica é o limite ou o infinito[29].

A lei do ternário consiste, pois, em que cada ser seja constituído do *limite*, do *ilimitado* e da *mistura* diferente dos dois. A lei — deve-se notar — não vale apenas para todo *ente verdadeiro* e, em geral, para as hipóstases superiores, mas também para a alma, para os seres matemáticos, para os seres físicos, para tudo, afinal, sem exceção[30]. Proclo — note-se ainda — concebe o "misto" de finito e infinito seja como efeito seja como causa. De fato, excetuando-se o Uno, tudo é síntese dos dois princípios; portanto, depois do Uno, toda causa é um misto e então é permitido dizer que "o misto é resultado enquanto é obra do Uno que une finito e infinito; mas, enquanto manifesta o Uno, é princípio com relação ao finito e ao infinito"[31].

É quase supérfluo observar que o *infinito* ou o *ilimitado* corresponde ao momento da *processão*, ao passo que o *finito* ou o *limite* corresponde à *conversão* e ao *retorno*[32].

Nesse contexto, a matéria (sensível) vem a ser a *última infinitude* (ou ilimitação) e, portanto, "num certo sentido é boa"[33] (contrariamente

---

limitado e ilimitado, em vez de substâncias em sentido próprio, apenas como princípios universais de todo o ser" (Zeller-Martano, p. 151). Entretanto, os textos não dão razão a Zeller. Limite, Ilimitado e Misto são tanto uma tríade (a primeira tríade inteligível), como, também, uma lei geral da realidade, como foi plenamente confirmado pelos novos estudos. Cf. J. Trouillard, *L'Un et l'âme selon Proclos*, Paris 1972, pp. 71-89 e *passim*.

29. Proclo, *Elementos de teologia*, 159.

30. Cf., respectivamente, Proclo, *Elementos de teologia*, 89s.; *In Plat. Parm.*, IV, 937 a, 39ss. Cousin; *In Euclid.*, 6, 7-19 Friedlein; *In Plat. Tim.*, II, p. 196, 30ss. Diehl; etc.

31. Vacherot, *Histoire critique*..., II, p. 287.

32. Cf. Trouillard, *L'Un et l'âme*..., pp. 78ss.

33. Proclo, *In Plat. Tim.*, I, pp. 384, 27-385, 17 Diehl.

a quanto pensava Plotino) na medida em que é a última efusão do Uno segundo a lei unitária da realidade.

Merece uma última observação a utilização radical do princípio do "tudo em tudo segundo um modo apropriado" que se encontra na dialética de Proclo. Tudo está em tudo, segundo o nosso filósofo, seja em sentido ascendente, seja descendente.

Expliquemos melhor.

Na hipóstase superior, a inferior está *causalmente*, enquanto uma é *causa* da outra. Ao invés, na inferior a superior está *por participação*, a saber, enquanto a inferior é efeito da superior que é a causa, mas mantém com a causa as relações que acima examinamos (ou seja, não se separa mas, de qualquer maneira, permanece na causa e mantém uma semelhança com a causa). Em particular, se considerarmos o "tudo em tudo" do alto ao baixo (segundo a via da participação), o Uno está nas várias hipóstases do mundo do Espírito, a saber, nas hipóstases do Ser, da Vida e da Inteligência, e essas, por sua vez, estão nas hipóstases da Alma, que recapitulam em si o universo do incorpóreo que tornam manifesto fenomenicamente, tornando-o participante do corpóreo[34].

Os *Elementos de Teologia*, dedicados à explicação desses princípios e às leis gerais do sistema, permanecem a obra mais viva de Proclo, na medida em que o filósofo, tirando dos seus ombros em grande parte a preocupação dominante na *Teologia platônica,* qual seja a defesa intransigente da religião pagã, bem como a preocupação de construir o Olimpo metafísico, ou mesmo, o panteão metafísico capaz de acolher todos os Deuses, concentra-se no essencial e apresenta um tratado metafísico de primeira ordem. Eis o que, justamente, assegurará a essa obra um excepcional destino também na Idade Média[35].

6. A virtude teúrgica

Ao escrever a *Vida de Proclo*, Marino termina com a explicação da "virtude teúrgica" (concebida como superior a todas as outras

34. Proclo, *Elementos de teologia*, 103. Sobre a interpretação da alma neste sentido, cf. Trouillard, *L'Un et l'âme...*, *passim*.

35. Cf., sobre o tema, Dodds, *Proclus, The Elements...*, pp. XXVIss.

virtudes), virtude que Proclo teria possuído em grau excelente[36]. Como sabemos, tal virtude coincidia com a capacidade de reunir-se com o divino. Como acima dissemos, Proclo punha essa virtude acima mesmo de toda sabedoria humana, e a fazia coincidir com aquela "fé" que contém em si toda a ordem das virtudes.

Tendo em vista o que ao início expusemos, não deve parecer estranho o fato de que Proclo, para alcançar essa união com o Divino, se entregasse às práticas da teurgia e alimentasse uma segurança verdadeiramente total quanto à sua eficácia.

Da filha de Plutarco, Proclo aprendera os ritos e as fórmulas secretas da arte teúrgica e deles se servia frequentemente. Praticando as lustrações caldaicas, ele assegura ter visto aparições de Deuses em forma luminosa e, em geral, de ter visto aparições de Deuses e de Demônios. Marino diz-nos mesmo que Proclo possuía capacidades absolutamente extraordinárias, como a de provocar chuvas, prever terremotos, e outras coisas do mesmo gênero. Enfim, lembramos que Proclo estava convencido de pertencer à *cadeia hermética* (ou seja, à cadeia de vidas à qual estão presos aqueles que vivem a vida filosófica) e, em seguida a uma visão tida em um sonho, "persuadiu-se de ter a alma do pitagórico Nicômaco"[37]. Como se vê, estão presentes em Proclo não somente todas as componentes do último neoplatonismo, mas elas são levadas às suas consequências extremas e mesmo, como dissemos, aos limites da ruptura.

Depois dele, o que poderia ainda dizer a escola de Atenas?

7. O homem e a sua união com o Absoluto

No que diz respeito à concepção do homem, que é essencialmente alma, Proclo retoma sistematicamente as concepções típicas da sua escola.

Em particular, deve-se notar como o nosso filósofo desenvolve a ideia do ὄχημα, ou seja, do "veículo" ou corpo etéreo do qual é dotada toda alma humana, incorruptível e eterno como a própria alma, indivisível e impassível, do qual nunca a alma se despoja[38].

---

36. Cf. Marino, *Vida de Proclo*, 28.
37. Marino, *Vida de Proclo*, 28.
38. Proclo, *Elementos de teologia*, 196.

Proclo mantém, além disso (mas essa ideia é antiga e é encontrada já em Numênio), que, antes de entrar num corpo material corruptível nessa terra, a alma assuma algo como sucessivas estratificações ou "túnicas mais materiais"[39]. Depois da morte, despoja-se delas, mas não do veículo "etéreo" que, como dissemos, é eterno.

Além disso, é digno de nota o fato de que Proclo sublinhe a presença do Divino na alma, que não coincide nem com a vida própria da alma nem com o seu pensamento, mas é como *uma presença ou uma participação do Uno,* que torna possível a união mística com o Uno. Com efeito, a união mística com o Uno é possível, assim como várias formas de conhecimento, por meio da conjunção do semelhante com o semelhante. Essa ideia, em si muito antiga, é colorida de valências novas no contexto do sistema procliano, dado que, para o nosso filósofo, a alma recapitula e contém em si, segundo a lei do "tudo em tudo", todas as precedentes hipóstases e, portanto, de alguma maneira deve conter também o Uno. Ela é, com efeito, o desdobramento extremo da potência do Uno e, no mundo sensível, desempenha analogicamente a função que o Uno tem no incorpóreo: a alma é o laço imanente dos seres, ao passo que o Uno é o laço transcendente.

Eis uma das páginas mais significativas que explica o principal desses temas:

> Portanto, admitida de alguma maneira a cognoscibilidade do Divino, resta que ele seja cognoscível com a substância da alma e somente por meio dela, na medida do possível. Com efeito, dizemos que, em qualquer caso, as coisas iguais são conhecidas por meio das coisas iguais. Assim, evidentemente, o sensível com a sensação, o opinável com a opinião, a discursividade com o pensamento discursivo, o ato intuitivo da mente com a mente. Desse modo, também com o uno o que é uno em sumo grau, e com o inefável o que é inefável. A esse propósito, Sócrates dizia acertadamente no *Alcibíades* que a alma, penetrando em si mesma, veria não só outras coisas, mas mesmo a Deus; de fato, recolhendo-se na própria união e no centro da vida universal, livrando-se de toda pluralidade e de toda variedade de potências multiformes em si inexistentes, ascende então para o alto, para o cimo extremo de todos os seres. E do mesmo modo que nas mais santas cerimônias iniciáticas se diz que os iniciados primeiro encontram formas prévias de Divindade de variado

39. Proclo, *Elementos de teologia*, 209.

aspecto; depois penetram ulteriormente e se sentem mais seguros, como que defendidos e circundados pela profundidade do rito e recebem então em seu seio, em pureza perfeita, justamente a iluminação divina; e como soldados despojados de armamentos (assim eles mesmos diriam) finalmente recolhem participação do Divino; do mesmo modo, creio, também na contemplação de todas as coisas. A alma, olhando somente para as coisas que a seguem, vê apenas sombras e simulacros dos seres. Se, porém, volta-se para si mesma, então desdobra a própria singularidade e as próprias razões. Primeiramente, no entanto, poderá contemplar quase apenas a si mesma; depois, aprofundando a investigação, encontra, com o conhecimento de si, também a inteligência e a ordem dos seres. Mas, retirando-se no recesso interior de si mesma, quase no inacessível lugar santo da alma, poderá contemplar, com as pupilas cerradas, a estirpe dos Deuses e as Énadas dos seres. *Com efeito, todas as coisas estão também em nós sob uma forma que a alma traz consigo; razão pela qual a nossa natureza pode conhecer todas as coisas; basta despertar as potências ocultas em nós e as imagens de todas as coisas. Mais ainda, o sinal mais nobre do ato humano é justamente esse poder distender-se, na paz profunda de toda potência, para o Divino; como a dança O circunda e gira em torno Dele.* Certamente é condição indispensável excitar a soma de todas as faculdades residentes na alma no sentido dessa união. E convém lançar fora todas as coisas, todas as coisas posteriores ao Uno e vir morar junto Dele e unir-se com Ele, o inefável; com Ele, para além de todos os seres[40].

8. Os sucessores de Proclo: Marino, Isidoro, Damáscio e Simplício

A Proclo sucedeu, em 485 d.C., Marino de Neápolis (a antiga Siquém), um judeu que passou ao paganismo[41]. Conseguiu alcançar esse posto pela sua grande capacidade de trabalho e pela sua assiduidade[42]. Do que Damáscio nos diz pode-se facilmente deduzir o quanto o pensamento de Marino carecesse de profundidade[43]. Sabemos, de fato, que esse filósofo não seguiu Proclo na interpretação

40. Proclo, *Teologia platônica*, I, 3.

41. Cf. Damáscio, *Vida de Isidoro*, 42, e 141 (pp. 66, 8 e 196, 1 Zintzen).

42. Cf. Damáscio, *Vida de Isidoro*, 142 (p. 196, 8-10 Zintzen).

43. A obra de Marino dedicada à *Vida de Proclo* constitui a mais eloquente prova da escassez especulativa desse autor. (O escrito foi publicado por Boissonade em Leipzig, em 1914 e reimpresso em Amsterdã em 1966).

do *Parmênides,* voltando a compreendê-lo como um escrito sobre as Ideias e não sobre as hipóstases[44].

Não teve maior importância Isidoro, que ocupou o cargo por breve tempo e que parece ter tido interesses mais místico-teosóficos do que filosóficos[45].

Ao invés, de estatura bem diferente foi Damáscio, que primeiro estudou em Alexandria e dirigiu depois a escola de Atenas[46]. Damáscio apresenta características iguais a Proclo. No entanto, e não obstante a extraordinária habilidade dialética de que era dotado, não pôde avançar além de Proclo. Com efeito, com Proclo, o neoplatonismo torna-se um *hortus conclusus,* sem saídas. Nessas condições, tornar a discutir um sistema que tinha tocado os limites das próprias possibilidades, mais do que a um fortalecimento, só poderia levar a seu enfraquecimento. Foi justamente o que aconteceu com Damáscio.

Em verdade, já o título da sua maior obra é significativo: *Problemas e soluções com respeito aos primeiros princípios.* Trata-se, justamente, de problemas, ou seja, de dúvidas e de aporias que se adensavam sobre os princípios do sistema e que eram resolvidos. Compreende-se que em Damáscio prevaleça em grande parte a solução positiva; todavia, as aporias deixam as suas marcas, abrindo fendas nas certezas que, nos seus predecessores, haviam permanecido

---

44. Cf. Damáscio, *Vida de Isidoro*, 275 (p. 304, 12-15 Zintzen).

45. Essa impressão se extrai da própria *Vida de Isidoro*, escrita por Damáscio, seu discípulo, que pretendia ser um panegírico.

46. Damáscio nasceu em Damasco (cf. *Vida de Isidoro*, 200 [p. 274, 4-9 Zintzen]). Não somos informados sobre as datas de nascimento e de morte. Com bases conjecturais, pensou-se em 470 d.C. como ano de nascimento e em 544 d.C. como ano da morte. Além de Marino, teve como mestre Amônio, filho de Hérmias (do qual falaremos no próximo capítulo), que o iniciou no estudo das obras platônicas. Dele nos chegou uma obra monumental: *Problemas e soluções concernentes aos primeiros princípios* (a edição comumente utilizada é a de C. A. Ruelle, Paris 1889; reimpr. anast. Amsterdã 1966 [cf. a tradução francesa de A. E. Chaignet, *Damascius le Diadoque. Problèmes et solutions touchant les premiers principes*, 3 vols., Paris 1898; reimpr. anast. Bruxelas 1964]). Ademais, possuímos o comentário *Sobre o Parmênides de Platão* (editado por Ruelle, Paris 1889), que, segundo alguns, seria continuação da primeira obra. Da *Vida de Isidoro* existe a nova edição de C. Zintzen, Hildesheim 1967. A Damáscio são atribuídos os comentários ao *Filebo* e ao *Fédon*, outrora atribuídos a Olimpiodoro (cf. *Damascius, Lectures on the Philebus*, wrongly attributed to Olympiodorus, Text, Translation, Notes and Indices by L. G. Westerink, Amsterdã 1959).

inconcussas. Aqui e ali Damáscio deixa escapar expressões de dúvida acerca da possibilidade de o homem alcançar a verdade absoluta, que é privilégio dos Deuses.

Além disso, embora mantendo o esquema procliano, Damáscio é tentado a acrescentar novas hipóstases. Na extremidade inferior, ele acrescenta os "*Deuses materiais* que elaboram a matéria enquanto tal"[47].

Mas as suas observações mais significativas referem-se às realidades que estão no vértice do sistema. Enquanto Proclo fala de Uno e de Énadas, Damáscio tende a pôr o Absoluto, num certo sentido, acima do próprio Uno, fazendo-o seguir de um Uno-Todos (ἕν-πάντα) e, ulteriormente, de um Todos-Uno (πάντα-ἕν) que são, evidentemente, hipóstases introduzidas com a esperança ilusória de explicar melhor a dedução da multiplicidade. Nesse multiplicar as hipóstases para "mediatizar" o Absoluto e o que a Ele se segue, Damáscio acabava como afastá-lo ainda mais e, no limite, com empurrá-lo, num certo sentido, fora do sistema da realidade. Em consequência, o nosso filósofo escreve acerca do Absoluto:

> Não se deve denominá-lo Princípio, nem causante, nem primeiro, nem anterior a tudo, nem além de Tudo e, menos ainda, se deve chamá-lo Tudo. Em resumo: não se deve dar-lhe nome algum: não é possível concebê-lo nem pensá-lo[48].

Portanto, não se pode dizer nada desse Absoluto inefável que está mesmo além do Uno; aliás, não se pode nem mesmo qualificá-lo como inefável ou incognoscível. Com esses termos e com outros semelhantes, nós, com efeito, apenas designamos *o estado do nosso pensamento em face Dele, não a sua natureza.* Ele é "o que não está absolutamente em parte nenhuma", no sentido de que é absolutamente transcendente: é o nada que está acima do ser e não, evidentemente, o nada que é a negação do ser. É óbvio que, desse Absoluto inefável (no sentido que foi explicado), a processão não pode ser senão inefável[49].

Damáscio, na verdade, consegue, de um lado, esvaziar quase completamente aquele que era o sustentáculo do sistema e, de outro, arrisca-se a sufocar o próprio sistema debaixo do acúmulo das

---

47. Damáscio, *De principiis*, 134 (II, p. 13, 26 Ruelle).
48. Damáscio, *De principiis*, 2 (I, p. 4, 7ss. Ruelle).
49. Cf. Damáscio, *De principiis*, 3-8 (I, pp. 5ss. Ruelle).

hipóstases multiplicadas as quais, uma vez esvaziado o primeiro Princípio no modo que foi visto, acabam com perder toda significação e a tornar-se um monte de ruínas.

Simplício, conquanto se declarasse seguidor da escola ateniense, concentrou seus interesses no comentário, sobretudo no comentário das obras de Aristóteles, seguindo em grande parte as pegadas dos Alexandrinos (em Alexandria fora ouvinte de Amônio). Entre os seus comentários que chegaram até nós, o comentário à *Física* de Aristóteles permanece até hoje um ponto de referência indispensável (posto que ele segue os cânones da interpretação objetiva) e uma fonte de informação de primeira ordem[50].

---

50. Os comentários que nos chegaram foram publicados na coleção "Commentaria in Aristotelem Graeca", dos quais daremos indicações analíticas no vol. V.

VI. A SEGUNDA ESCOLA NEOPLATÔNICA DE ALEXANDRIA

1. Características da última fase do neoplatonismo alexandrino

Acima já chamamos a atenção sobre a oportunidade de se distinguir duas escolas neoplatônicas de Alexandria ou, pelo menos, duas fases distintas do neoplatonismo naquela cidade. Com efeito, depois da morte de Amônio (pela metade do século III) seu círculo se dispersou: Plotino fundou sua própria escola em Roma; Orígenes, o Pagão, e Herênio, como parece, não formaram pólos particulares de atração.

Em Alexandria não havia condições para um desenvolvimento especulativo ulterior do neoplatonismo nas direções segundo as quais vimos moverem-se as outras escolas neoplatônicas. Naquela cidade, com efeito, o pensamento cristão lançara rapidamente raízes profundas e, como antes recordamos, a "escola catequética" com Clemente e com Orígenes, o Cristão, tinha começado a elaborar um sistema filosófico-teológico propriamente dito com um cunho cristão e destinado a tornar-se a alternativa vencedora.

Além disso, deve-se notar que em Alexandria, desde muito tempo, já se formara e consolidara o espírito das ciências particulares e da pesquisa empírico-erudita. Nessa direção, portanto, podiam refugiar-se os espíritos sedentos de saber, num momento no qual se dissolvia a antiga visão do mundo e uma nova visão nascia e, por conseguinte, não era fácil escolher na desorientação geral.

Essas condições históricas explicam as características particulares que o neoplatonismo assume nos séculos V e VI d.C.

a) De um lado encontramos alguns pensadores que recebem ideias cristãs e mesmo se convertem ao cristianismo.

b) De outro, temos um grupo de pensadores e de estudiosos que parecem ter mais o gosto da erudição do que da especulação e que se dedicam de preferência ao comentário no qual a exegese prevalece sobre a reelaboração filosófica.

c) Tanto em uns quanto em outros encontra-se uma espécie de "simplificação" do neoplatonismo. Os primeiros redimensionam a especulação neoplatônica, de modo a fazê-la compatível com a mensagem cristã ou capaz, de alguma maneira, de receber instâncias cristãs. Mais ainda, como há tempos foi observado, alguns desses tendem até *a reconduzir o platonismo a posições do platonismo médio ou em todo o caso, a simplificá-lo o mais possível*[1]. De resto, não por acaso justamente de dois representantes dessa corrente nos vêm os únicos testemunhos que possuímos sobre a doutrina de Amônio Sacas: e essa doutrina — note-se — constituía justamente a forma mais simples do neoplatonismo, já fecundado mesmo pelo criacionismo cristão[2]. Da sua parte, os comentadores orientaram-se a compreender os textos num sentido que hoje chamaríamos tendencialmente histórico-filosófico ou, se preferirmos, em sentido mais objetivo renunciando, como já indicamos, a muitas das superconstruções que se encontram na escola de Jâmblico e na de Atenas.

d) Encontramos mesmo nos comentadores uma preferência pelas obras aristotélicas. Considerando bem, isso implica uma escolha, num certo sentido, de "neutralidade" exatamente no nível programático. Com efeito, vimos como desde a sua origem a escola de Atenas já havia compreendido Aristóteles como via de acesso a Platão e, portanto, de uma maneira em certo sentido "instrumental" ou, se preferirmos, propedêutico-experimental. Portanto, a leitura e o comentário de Aristóteles podiam ser tolerados ou mesmo utilizados pelos cristãos. Assim se compreende que a escola de Alexandria tenha podido sobreviver mesmo ao fechamento da escola de Atenas.

e) Os neoplatônicos alexandrinos tiveram, desde o início, relações com a escola de Atenas: Hiérocles foi discípulo de Plutarco de Atenas, Hermias foi ouvinte de Siriano, e Amônio frequentou Proclo. Mais tarde, membros da escola de Atenas foram ouvintes de expoentes da escola alexandrina: por exemplo, Damáscio e Simplício ouviram Amônio. No entanto, não obstante essas relações, as diferenças permaneceram bem nítidas, havendo até certa aversão entre as duas escolas.

---

1. Essa tese foi sustentada pela primeira vez por Praechter, *Die Philosophie des Altertums*, pp. 635-647, e teve sucessivas confirmações.
2. Cf., *supra*. pp. 5-12.

2. Os pensadores neoplatônicos alexandrinos e o entrelaçamento entre platonismo e cristianismo

A escola alexandrina teve um surto de vida entre o fim do século IV e os inícios do século V d.C.[3], sobretudo pelo impulso de uma excepcional figura de mulher: a célebre Hipátia. Filha de um cientista, Hipátia primeiro aprendeu a fundo as ciências matemáticas e astronômicas. Entregou-se depois à filosofia e, no seu ensinamento, apoiou-se sobretudo em Platão e em Aristóteles. Seu vasto saber e sua influência notável provocaram a aversão dos cristãos, dos quais tombou vítima em 415 d.C.[4].

Entre seus numerosos discípulos, teve certa importância Sinésio de Cirene, que depois converteu-se ao cristianismo e acabou bispo. Sinésio conservou sempre uma grande admiração por Hipátia, o que para ele foi possível não somente pelos vínculos do discípulo, mas também pela sua convicção acerca da possibilidade de uma convivência da filosofia com a fé cristã. Seu neoplatonismo é bem elementar. Encontram-se nele alguns influxos dos *Oráculos caldaicos* e de Jâmblico e o que ele apresenta de novo com respeito à tradição neoplatônica é somente a inserção, bastante rapsódica, de ideias cristãs[5].

Hiérocles de Alexandria foi um contemporâneo mais jovem de Sinésio e primeiramente frequentou Plutarco em Atenas[6]. Nas suas aulas, ministradas em Alexandria com grande êxito, como também nos seus escritos, ele concentrou seu interesse sobretudo sobre os problemas morais. Seu *Comentário sobre os Versos de Ouro*[7], constitui um excelente documento sobre suas ideias e sobre o seu apurado estilo de exposição e de escritura. Também em Hiérocles encontram-se claramente as características que acima indicamos como sendo peculiares da segunda escola alexandrina, como as pesquisas recentes confirmam sempre mais[8]. Com

3. Portanto, paralelamente ao nascimento da escola de Atenas.

4. Cf. o verbete *Hipázia* em Suda.

5. Parece que foi eleito bispo em torno de 410 d.C.

6. A atividade de Hierocles (cf. Damáscio, *Vida de Isidoro*, 54, p. 80, 1ss. Zintzen) situa-se em torno da metade do século V d.C.

7. Cf. a recente edição aos cuidados de F. W. Köhler, Stuttgart 1974.

8. Cf. Theo Kobusch, *Studien zur Philosophie des Hierokles von Alexandrien*, Munique 1976. Kobusch destaca expressamente os traços "neoplatônicos" do nosso

efeito, o nosso filósofo tende, de um lado, a uma simplificação do neoplatonismo e, de outro, a acolher algumas ideias cristãs como, por exemplo, a de criação e a do papel da liberdade de Deus na mesma criação. Também as convicções de Hiérocles de que Deus ajuda os homens no caminho da salvação e de que a liberdade humana é um dom divino, denotam evidentes influências cristãs[9].

Interesse análogo pelos problemas éticos encontram-se em Teosébio, discípulo de Hiérocles. Compreende-se assim que ele tenha chamado a atenção sobre a filosofia de Epíteto[10].

Também ligou-se a esse ambiente Eneias de Gaza, platônico cristão que viveu entre o século V e o século VI d.C., autor de um afamado diálogo com o nome de *Teofrasto*[11].

Nemésio, bispo de Emesa, também deve ser lembrado nesse contexto. Seu escrito *Sobre a natureza do homem*, composto provavelmente nos inícios do século V d.C., utiliza conceitos neoplatônicos (simplificados à maneira alexandrina) e ideias próprias da ciência grega, para mostrar a razoabilidade e a credibilidade da perspectiva cristã[12].

3. Os comentadores neoplatônicos alexandrinos

O numeroso grupo de comentadores que dão vida ao último estágio da cultura alexandrina tem como chefe de fila Hérmias (contemporâneo de Proclo e, juntamente com ele, discípulo de Siriano) do qual chegou até nós um comentário do *Fedro*[13].

---

filósofo. Noutra direção move-se I. Hadot, *Le problème du néoplatonisme alexandrin, Hieroclès et Simplicius*, Paris 1978.

9. Cf. Kobusch, *Studien...*, pp. 193-196.

10. Cf. Suda, verbete *Epicteto*.

11. Ver a edição com tradução italiana de M. E. Colonna: Enea di Gaza, *Teofrasto*, Nápoles 1958.

12. A edição do *De natura hominis* foi preparada por C. F. Matthaei, Halae Magdeburgicae 1802 (reimpr. anast. Hildesheim 1967). Para um aprofundamento das doutrinas contidas no tratado, ver o recente estudo de A. Siclari, *L'antropologia di Nemesio di Emesa*, Pádua 1974.

13. O comentário foi publicado por P. Couvreur, *Hermiae Alexandrini in Platonis Phaedrum Scholia*, Paris 1901.

Mas o verdadeiro chefe da escola foi o filho de Hérmias, Amônio, que foi discípulo de Proclo depois da morte prematura do pai. (Amônio foi estimado não só como comentador de Platão e Aristóteles, mas também como estudioso de matemática e astronomia.) Discípulos de Amônio foram Asclépio e Olimpiodoro, ao passo que Elias e David foram discípulos de Olimpiodoro. Desses autores chegaram-nos certo número de comentários. Desses se conclui, de modo bastante evidente, o juízo que acima formulamos[14].

Deve-se notar que, além de "neutralizar", no sentido já explicado, os textos filosóficos comentados, alguns desses autores se converteram ao cristianismo. João Filopono, em particular, não apenas se converteu, mas também escreveu obras em defesa de alguns conceitos essenciais de origem bíblica, como o da criação do mundo. Platão foi considerado por Filopono como próximo ao cristianismo e essa sua proximidade é explicada com a convicção, difundida no ambiente alexandrino, de que o filósofo ateniense tivesse se inspirado na *Bíblia*. O tratado de Filopono *Sobre a eternidade do cosmos*, que chegou até nós, foi composto em torno de 529 d.C., e, de maneira bastante significativa, foi dirigido contra Proclo[15].

Talvez também Olimpiodoro se tenha convertido ao cristianismo, ao passo que os nomes de Elias e David por si sós atestam a estirpe judeu-cristã desses homens.

Com Estevão de Alexandria, encerra-se a lista dos comentadores dessa escola. Depois de ter ensinado em Alexandria, Estevão, depois de 610 d.C., transferiu-se para Bizâncio[16].

---

14. Os comentários desses autores são geralmente utilizados como instrumentos para a exegese de Aristóteles e não são estudados em si e por si. Só recentemente começou-se a dar alguns passos nessa direção. Citamos, por exemplo, a contribuição de K. Kremer, *Der Metaphysikbegriff in den Aristoteles-Kommentaren der Ammonius-Schule*, Münster-Westafalen 1960.

15. O *De opficio mundi* foi publicado por G. Reichardt, Leipzig 1897.

16. Ao ambiente alexandrino também esteve ligado João Lido (século VI d.C.), que serviu na corte de Bizâncio, do qual nos chegaram um *De mensibus* (em extratos) e um *De ostentis*, nos quais o autor se remete a textos platônicos e neoplatônicos. O *De mensibus* foi publicado por R. Wuensch, Leipzig 1898, e o *De ostentis*, por C. Wachsmuth, Leipzig 1863.

VII. INDICAÇÕES SOBRE OS NEOPLATÔNICOS DO OCIDENTE LATINO

Para completar o quadro, lancemos um rápido olhar sobre os assim chamados neoplatônicos do Ocidente latino.

Eles não constituíram uma escola propriamente dita; todavia, certos traços que possuem em comum permitem considerá-los de modo suficientemente unitário.

Em quase todos eles, a erudição prevalece sobre a especulação. Em geral trata-se, com efeito, de autores de traduções de obras platônicas e aristotélicas e de comentários.

Além disso, quase todos foram cristãos desde o início da sua atividade, ou então converteram-se em seguida à nova religião. Também nesses autores, analogamente ao que vimos a propósito de alguns expoentes da escola de Alexandria, encontra-se um notável estreitamento especulativo do neoplatonismo e, mesmo, o retorno, em alguns pontos, a posições do platonismo médio.

Primeiramente deve-se recordar Calcídio, autor de uma tradução e de um comentário do *Timeu* platônico (primeira metade do século IV), que teve grande importância na Idade Média.

Nesse mesmo século viveu Mário Vitorino, que se converteu ao cristianismo nos últimos anos da sua vida (em torno de 357). Traduziu em latim alguns tratados lógicos de Aristóteles, a *Isagoge de* Porfírio e alguns escritos neoplatônicos, compôs tratados lógicos, gramaticais e retóricos, bem como comentários a Cícero e a Aristóteles. Os escritos teológicos compostos depois da sua conversão contêm uma tentativa original de síntese, que lhe assegura um lugar na história da patrística.

Entre o século IV e o século V, viveu Macróbio, cuja fama está ligada sobretudo ao *Comentário do Sonho de Cipião*, de Cícero, no qual predomina uma forma do costumeiro neoplatonismo simplificado. Cita frequentemente Platão, mas igualmente Plotino. Macróbio não cita (o que é muito indicativo) nomes de neoplatônicos posteriores a Porfírio. O *Comentário* nos mostra um Macróbio pagão. No entanto, alguns estudiosos pensam que ele se tenha convertido no fim da vida.

Na primeira metade do século V, viveu Marciano Capela, autor de uma obra de caráter enciclopédico com o título *As núpcias de Mercúrio com a filologia*, que contém um tratado em compêndio das sete artes liberais: gramática, retórica, dialética, geometria, aritmética, astronomia e música, que serão depois conhecidas como as artes do "trívio" e do "quadrívio". Também essa obra teve grande importância na Idade Média.

Alguns historiadores incluem nesse quadro também o nome de Boécio, que viveu a cavaleiro entre os séculos V e VI, considerando-o sobretudo na sua atividade de tradutor e intérprete das obras lógicas de Aristóteles, e o mais notável mediador entre a Antiguidade e a Idade Média. Mas Boécio, considerado no conjunto da sua obra (vejam-se, em particular, seus opúsculos teológicos), já está voltado para outros horizontes.

O estudo desses autores, mais do que um capítulo conclusivo da história da filosofia antiga, assume sua significação verdadeira num capítulo sobre as fontes do pensamento e da cultura medievais. A sua função e a sua importância histórica está com efeito, quase inteiramente, no ter sido elos de conjunção e passagem entre duas civilizações e duas culturas[1].

---

1. Por razões de espaço indicaremos as obras desses autores, que interessam no âmbito do presente trabalho, no vol. V, nos verbetes respectivos.

VIII. O FIM DA FILOSOFIA ANTIGO-PAGÃ

1. O edito de Justiniano e a proibição do ensinamento público aos pagãos

O fim da filosofia antigo-pagã tem uma data oficial, a saber, o ano 529 d.C., ano em que Justiniano proibiu aos pagãos todo ofício público e, portanto, manter escola e ensinar.

Eis dois trechos significativos do *Codex Justinianus:*

> No que diz respeito a todas as outras heresias (chamamos heresias as seitas que pensam e praticam um culto em oposição com a Igreja católica e apostólica e a fé ortodoxa), queremos que entre em vigor uma lei por nós promulgada e por nosso divino pai, na qual são estabelecidas disposições adequadas não referentes às ditas heresias, mas também referentes aos samaritanos e aos pagãos. Ninguém que tenha sido contagiado por tais heresias poderá desempenhar graus no exército ou exercer ofícios públicos, *nem, na qualidade de professor que se ocupe de alguma disciplina, possa arrastar os ânimos das pessoas mais simples nos seus erros e possa torná-los mais fracos na verdadeira e pura fé dos ortodoxos. Permitimos que ensinem e que recebam subvenção pública somente aqueles que são de fé ortodoxa*[1].

> Proibimos que seja ensinada qualquer doutrina da parte daqueles que são afetados pela insânia dos ímpios pagãos. Por isso, nenhum pagão finja instruir aqueles que desventuradamente o frequentam, enquanto, na realidade, outra coisa não faz senão corromper as almas dos discípulos. Além disso, que ele não receba subvenções públicas, porque não tem nenhum direito derivado de escrituras divinas ou de editos estatais, para pretender a uma licença desse gênero. Se alguém aqui (i. é, em Constantinopla) ou nas províncias for culpado dessa falta e não se apressar em retornar à nossa santa Igreja, juntamente com a sua família, ou seja, juntamente com a mulher e filhos, incidirá nas sanções acima ditas, suas propriedades serão confiscadas, e eles mesmos serão exilados[2].

Esse edito é, sem dúvida, bastante importante, e não menos importante para o destino da filosofia pagã é a data na qual foi

1. *Codex Iustinianus*, I, 5, 18, 4s. (p. 57 Krueger).
2. *Codex Iustinianus*, I, 11, 10, 2s. (p. 64 Krueger).

promulgado. Deve-se observar que 529 d.C., assim como todas as datas que fecham ou abrem uma época, apenas sanciona com um acontecimento rumoroso o que, doravante, era uma realidade produzida por toda uma série de acontecimentos precedentes. Com efeito, como vimos, em Alexandria assim como no Ocidente latino, não apenas se verificara um processo de simplificação do sistema neoplatônico, de modo que o atrito com os cristãos fosse sempre mais atenuado, mas muitos pensadores acabaram por acolher a mensagem cristã e a converter-se. Permanecia, é verdade, a escola de Atenas; tratava-se, porém, já agora, como de uma fortaleza isolada, minada de todas as partes e talvez próxima da ruína: algumas dúvidas levantadas por Damáscio e mesmo a posição de Simplício são muito sintomáticos, como acima já salientamos.

O edito de 529 outra coisa não fez senão acelerar e sancionar *de jure* o fim para o qual, *de facto*, a filosofia antigo-pagã por si mesma já estava inexoravelmente destinada.

Convém, no entanto, dar alguma explicação sobre o alcance e sobre os efeitos desse edito.

2. A sorte dos neoplatônicos da escola de Atenas depois do edito de Justiniano

Como os estudiosos recentemente observaram, as passagens acima lidas do edito estabelecem uma proibição em geral e não mencionam nenhuma escola em particular[3]. De fato, somente acreditando em alguns testemunhos de historiadores e cronógrafos antigos, de teor nitidamente hostil, seria possível concluir que a escola de Atenas tenha sido fechada e seus membros dispersos naquele mesmo ano[4]. Também as notícias que nos foram transmitidas sobre o confisco das propriedades da escola (que eram numerosas) não parecem referir-se imediata e necessariamente a 529. Doutra parte, sabemos que membros ilustres da escola de Atenas não abandonaram logo a cidade, mas

3. Cf. Lynch, *Aristotle's School...*, pp. 165ss., e as indicações bibliográficas aí dadas, nas notas 2-5.

4. Cf. Procópio, *Anedocta*, 26, 74b, 1s. (p. 143, 3ss. Dindorf) e Malala, *Chronographia*, XVIII, 187 (p. 451, 16 ss. Dindorf).

somente em 531/532. Com efeito, em 531 subira ao trono da Pérsia o rei Cosroe, um admirador da cultura grega, que acendeu muitas esperanças no ânimo dos neoplatônicos atenienses e a ilusão de encontrar na Pérsia condições políticas semelhantes àquelas sonhadas na *República* platônica. Para a corte de Cosroe transferiram-se Damáscio, Simplício, e outros cinco neoplatônicos: Prisciano Lido, os fenícios Hérmias e Diógenes, o frígio Eulâmio e Isidoro de Gaza, como nos refere o historiador Agatia[5].

Mas o que atraíra esses homens à Pérsia mostrou-se como sendo uma simples miragem. Cosroe tinha uma estatura moral bem diferente da dos tiranos Dionísio I e Dionísio II, dos quais Platão foi vítima repetidas vezes na Sicília. Na verdade, ele era um amante da sabedoria grega. Mas, por capacidade e por engenho, estava bem longe do ideal do rei-filósofo, e as condições da sua corte e do reino estavam mais distantes ainda do ideal da *República* platônica.

Foi breve, por conseguinte, a estada dos neoplatônicos atenienses na Pérsia. Em 533, a Pérsia concluiu com o Império Romano um tratado de paz no qual, como parece, se garantia — entre outras coisas — a possibilidade para esses filósofos, além de retornar à pátria, de viver segundo os seus costumes e de "não serem obrigados a mudar a fé recebida dos antepassados"[6]. De nada valeu o desejo de Cosroe de reter os filósofos na sua corte. A desilusão, o desconforto e, talvez, a nostalgia da pátria impeliram-nos a voltar para a Grécia.

A atividade dos sete filósofos durante a estada persa limitou-se a traduzir obras platônicas e aristotélicas[7], à compilação de alguns manuais e à composição de livros para uso dos principiantes. O *Solutiones eorum de quibus dubitavit Chosroes Persarum rex*, de Prisciano Lido, que chegou até nós em tradução latina[8], é prova bastante eloquente de quanto dissemos.

Parece que, depois da volta a Atenas, Simplício tenha continuado a atividade de escritor, compondo seus comentários privadamente e, provavelmente, sem seguidores. De resto, como foi já observado, não se pode dizer que Simplício "tenha feito mais do que elaborar

5. Cf. Agázia, *Historiae*, II, 30 (p. 80, 5ss. Keydell).
6. Agázia, *Historiae*, II, 31 (p. 81, 15-19 Keydell).
7. Cf. Agázia, *Historiae*, II, 28 (p. 77, 9ss. Keydell).
8. Cf., *supra*, p. 8, nota 14.

conscientemente uma doutrina que já existia e que tinha chegado essencialmente às suas conclusões definitivas"[9].

Certos estudiosos pensam que a atividade de alguns neoplatônicos em Atenas possa mesmo ter prosseguido até a invasão dos eslavos, ou seja, até mais ou menos 580[10]. Mas, mesmo que assim tenha sido, a situação não teria mudado substancialmente, pois se trataria de uma sobrevivência equivalente a um estado de mera agonia.

O pensamento filosófico tinha então levado a cabo a mais radical μετάνοια, ou seja, a mais radical das revoluções espirituais. Há muito fora concluída a "segunda navegação" e se iniciara e já avançara bastante aquela que poderemos chamar a "terceira navegação".

Numa passagem do *Fédon* que escolhemos como epígrafe desta obra, Platão escrevera:

> Com efeito, tratando-se desses assuntos [i. é, daqueles que tocam os destinos supremos do homem] não é possível fazer senão uma dessas duas coisas: ou apreender de outros qual seja a verdade; ou então, se isto é impossível, aceitar, entre os raciocínios humanos, o melhor e mais difícil de refutar e *sobre esse, como sobre uma jangada, afrontar o risco da travessia do mar da vida [...]*[11].

A isto, Platão acrescentara:

> [...] *A menos que se possa fazer a travessia de modo mais seguro, com risco menor, sobre uma embarcação mais resistente, isto é, confiando numa revelação divina*[12].

Mas nem Platão nem nenhum grego teriam podido supor qual fosse a "embarcação mais resistente" e "qual a travessia segura através do mar da vida". Sob esse aspecto, a mensagem cristã se apresentava como a mais desconcertante, mais radical e mais avançada nas questões últimas; e justamente por essa razão foi a vencedora.

Referindo-se evidentemente à passagem platônica acima lida, diz Santo Agostinho:

---

9. Zeller-Martano, pp. 225s.
10. Cf. Lynch, *Aristotle's School...*, p. 167.
11. Platão, *Fédon*, 85c.
12. Platão, *Fédon*, 85d.

Ninguém [...] pode atravessar o mar deste século se não é levado pela cruz de Cristo[13].

Justamente essa que se realiza sobre o lenho da cruz, é a "terceira navegação".

13. Agostinho, *Comentário ao Evangelho de João*, homilia II, 3.

(Fragmento de escultura): É outra cabeça de filósofo. Muito provavelmente representa um neoplatônico tardio. Como conjectura, alguém pensou que possa representar Jâmblico. Conserva-se no Museu de Atenas.

Essa é a parte que se conservou bem do rosto que reproduzimos na p. 138 e que pode muito bem representar Proclo ou um dos últimos neoplatônicos.

CIDADES DE NASCIMENTO E SEDES DAS ESCOLAS DOS FILÓSOFOS ESTUDADOS NESTE VOLUME

● Cidades natais dos filósofos

N.B. Apolônia, onde nasceu o naturalista Diógenes talvez seja — entre

⊙ Cidades natais dos filósofos

Apolônia cretense referida por Estêvão de Bizâncio, mas isso não é seguro.

Edições Loyola

editoração impressão acabamento

rua 1822 n° 341
04216-000 são paulo sp
T 55 11 3385 8500/8501 • 2063 4275
www.loyola.com.br